중학생을 위한

교과서 속에
숨어 있는

논술

◀심화편▶

중학생을 위한

교고과서 속에
숨어 있는

논술

◀심화편▶

| 로고스교양연구회 지음 |

살림

참된 논술 교육이 우리 교육의 미래다

논술, 참살이 교육의 희망

　패스트푸드 업체들이 울상이라고 한다. 참살이 열풍 탓이다. 패스트푸드는 그 열풍의 중심에서 참살이에 역행하는 음식으로 집중 포화를 맞았다. 참으로 '잘' 살아보겠다는 사람들의 깨달음이 식생활도 바꾸고 있다.

　사실 패스트푸드는 단순히 음식에 그치지 않는다. 음식을 준비하고 먹는 과정은 하나의 문화이다. 음식이 문화라면 우리는 음식을 통해서 당대를 살아가는 사람들의 삶의 태도를 유추해 볼 수 있다. 가령 과거 중앙아시아의 유목민은 고기를 말안장에 깔고 다니다가, 배가 고프면 양념을 쳐서 날 것으로 먹었다고 한다. 여기서 우리는 방목지를 찾아 항상 이동해야 했던 그들의 삶을 그려볼 수 있다. 패스트푸드는 우리가 유목민과 얼마나 많이 닮았는지를 보여 주는 코드이다. 신속함과 편리함. 선택의 폭을 정해 놓은 규격화된 메뉴. 빨리 먹고 자리를 뜨게끔 만들어진 매장의 공간. 패스트푸드는 유목민적 리듬을 강조하는 우리 시대에 매우 적합하게 개발된 음식문화이다. 아닌 게 아니라 햄버거의 기원은 저 유목민들의 말안장 밑에 깔려 다져졌던 바로 그 스테이크라고 한다. 그래서 우리는 늘어가는 패스트푸드 매장의 빈자리를 보면서 빠른 유목적 생활리듬에 지쳐 휴식을 갈망하는 현대인들의 저항을 읽어낼 수 있다.

교육에도 이런 참살이 열풍이 불었으면 좋겠다. 우리의 교육도 패스트푸드를 닮았기 때문이다. 패스트푸드와 같은 교육은 천천히 사고하는 과정을 생략한다. 규격화된 패스트푸드 메뉴처럼 학생들의 사고를 오지선다형 선택지 안에 가두는 게 우리의 교육이다. 하지만 햄버거 하나를 간편하게 만들 듯 사람을 관리하는 게 목표가 아니라면, 교육의 패스트푸드화는 비극이다. 패스트푸드를 밀어내고 있는 슬로우푸드와 같은 아이템이 교육에도 절실히 필요하다. 다행인건 어렵사리 그런 아이템이 발견되었다. 바로 논술이다.

교과서, 참된 논술 교육이 딛고 서야할 유일한 디딤돌

논술은 패스트푸드처럼 규격화된 우리 교육을 개혁하는 희망일 수 있다. 논술은 정답을 가르칠 수 없는 유일한 과목이다. 정답은 학생들 스스로 만들어야 한다. 논술은 학생들이 국가가 마련한 오지선다형 속에서 관리되는 사람이기를 거부할 수 있는 계기를 마련해 준다. 이것은 결국 우리 교육이 품고 있는 인재양성의 목적과도 일치한다. 모두가 똑같은 목소리를 내는 것이 아니라 모두가 각자의 목소리로 소통하며, 자신이 이 사회의 주인임을 표현하는 민주시민의 양성. 논술은 우리 교육이 그 목표에 도달하기 위해 지금껏 찾아낸 방법 중 가장 괜찮은 방법이다.

그러나 종종 그렇듯 이상과 현실의 궁합이 좋을 수만은 없나보다. 시장에 던져진 논술은 하나의 정형화된 상품으로 전락했다. 새로운 형태의 교육에 공교육이 당황하던 사이, 교육기업들은 자신들의 상품 카탈로그에 논술이라는 메뉴를 추가했다. 논술이 대입을 위해 필요한 하나의 전형요소인 것은 분명한 사실이지만, 그렇다고 논술이 하나의 독립된 과목은 아니다. 공교육은 이 점을 놓치고 있고, 사교육은 이 점을 십분 활용한다. 공교육 체계 하에서 논술 교육은 마땅히 책임질 주체가 없는 미아가 되었고 사교육 시장은 미아가 된 논술을 하나의 독립된 교과목인 양 만들어 버렸다. 논술이 사교육 시장만 부풀리고자 만들어진 것이 아니라면 이러한 현상은 시급히 개선되어야 할 문제점이 아닐 수 없다.

이러한 논술 교육의 현실을 고민하면서 우리가 써 낸 책이 바로『교과서 속에 숨어 있는 논술』이었다. 논술 교육을 정상화시키기 위해 우리가 주목했던 것은 교과서였다. 개념과 사상에 대한 불친절한 설명을 보충하고, 절충론과 조화론이라는 사회문제를 보는 뻔한 시각만 교정할 수 있다면 교과서는 논술문제의 보고라는 게 우리의 판단이었고, 제대로 된 논술 교육은 정상적인 교과과정을 이수하는 과정을 통해 이루어져야 한다는 게 우리의 신념이었다. 이런 우리의 신념은 다행히도 많은 선생님들과 학생들의 지지를 받았다. 또 새롭게 바뀌는 입시제도 아래에서 이제 대학들도 우리의 입장과 뜻을 같이할 것으로 보인다. 실제로 2008년 서울대 논술고사 예시문제는 우리 책에 실린 내용과 거의 흡사해서 저자들 스스로도 놀랐다. 그러나 이것은 우연의 일치가 아니다. 논술을 통해 우수한 학생들을 변별하려는 대학들의 의지와 사교육 조장이라는 비판의 절충점은 교과서밖에 없기 때문이다.

중학생을 위한 논술, 어떻게 가르쳐야 하나

책의 호응에 고무된 우리는 내친 김에 중학생을 위한 책도 만들어보기로 했다.

처음엔『교과서 속에 숨어 있는 논술』과 비슷한 형식으로 텍스트를 구성하면서 글의 수준만 조정하려고 했다. 실제로 학생들을 지도해 본 결과, 중학생들에게 본격적인 개념적 사고를 요구하는 것은 무리였다. 토론을 시키면 쉽게 흥분해 감정싸움을 하고, 칠판 앞에 서서 아이들에게 가장 익숙한 주입식 설명을 하면 졸고, 글을 써 보라고 하면 아는 게 없어서 못 쓰겠다고 투정하는 게 보통의 중학생들이다. 게다가 중학생들에게 논술은 아직 먼 미래의 일일 터이다. 당장 내신에 아무런 영향을 미치지 못하는 논술 수업에 긴장과 활기가 있을 리 없었다.

그래서 논술의 핵심은 버리지 않되, 중학생들에게 알맞은 교육방법을 찾아야 했다. 교과서 속에서 아무리 참신하고 재미있는 논술 주제를 뽑아서 학생들에게 가르친들, 그것이 기존의 단조로운 수업방식이라면 아이들에겐 골치 아픈 교과서 공부의 연장일 뿐이다. 교과서를 토대로 논술주제와 쟁점을 뽑되, 그것을 전달하는 과정에서 아이들이 흥미를 잃지 않고 따라올 수 있게끔 만들어야 한다. 비단 텍스트뿐만 아니라 독서와 멀티미디어 자료를 통해 다각도로 주제와 쟁점을 이해시킬 수 있도록 해야 한다. 이 책이 그림책처럼 예뻐지게 된 사연이 여기에 있다.

하지만 예쁘게 생겼다고 이 책을 아이들의 흥미 위주로 채워진 책이라고 생각하면 오판이다. 우리는 책을 재미있게 만들면서도 논술의 핵심을 놓치지 않고자 고심했다. 논술의 핵심은 바로 논증적 사고력과 그것을 글로 표현할 수 있는 능력이다. 우리는 현재 유행하고 있는 중학교 논술의 경향에 편승하지 않고, 대학이 요구하고 있는 정통 논술의 맥을 놓지 않음으로써 그러한 신념을 실현하고자 했다. 시중에는 중학생을 겨냥한 '국어 논술'이나 '독서 논술'이라는 이름의 책이나 학원 강좌들이 난립하고 있는 실정인데, 이는 논술이라는 이름을 무책임하게 전용하는 일이다. 국어 공부를 열심히 하는 것은 중요하다. 그러나 논술은 국어 공부만 열심히 하면 덤으로 되는 공부가 아니다. 독서를 많이 하는 것도 중요하다. 그러나 책만 무턱대고 읽는다고 논술 실력이 향상되는 게 아니다. 논술은 통합교과적 사고력을 바탕으로 논증적 글을 쓰는 능력을 측정하는 시험이기 때문이다.

이 책을 만드는 작업이 지난한 과정이 될 수밖에 없었던 건 바로 이러한 고집 때문이기도 하다. '논술'이라는 말이 하나의 상품을 지칭하는 단어가 되지 않길 바라는 게 저자들의 마음이다.

이 책의 구성과 전체적인 활용법

책은 기초편과 심화편, 두 권으로 나누었으며, 각 책은 12가지 주제로 구성했다. 기초편과 심화편의 형식은 크게 다르지 않다. 단지 심화편은 기초편에 비해 난이도가 조금 높고, 셋째 시간 마지막 부분에 '이런 말 저런 얘기'라는 제목으로 사설이나 칼럼이 실려 있다는 게 차이점이다. 기초편과 심화편의 주제들은 서로 별개의 주제가 아니라 큰 주제에 있어서 서로 밀접하게 관련되어 있다. 가령 기초편 7장과 심화편 7장은 모두 경제관련 문제를 다루고 있다. 학년별 수준에 따라 책을 나눈 것은 아니기 때문에 학습능력이 충분한 학생은 기초편의 주제를 공부한 후, 바로 관련된 심화편의 주제로 넘어가도 좋다.

이 책의 장점은 한 가지 주제를 다양한 방식으로 접근해서 생각해 봄으로써 학생들에게 주제에 대한 깊은 이해가 가능하도록 구성했다는 것이다. 그래서 각각의 주제는 네 시간으로 나누었다.

첫째 시간엔 학생들의 대화를 통해 앞으로 다루게 될 주제를 알아보고 뒤이어 등장하는 로고스 선생님의 강의를 통해 주제에 대한 배경지식을 습득한다. 학생들은 앞으로 다루게 될 주제가 무엇인지 이 수업을 통해 개괄적인 감을 잡을 수 있을 것이다.

둘째 시간은 주제와 관련된 영화를 감상하고 토론해 보는 시간이다. 아직 텍스트 독해에 익숙하지 않은 학생들이 자칫 추상적으로 느낄 수 있는 주제에 대해 더 구체적인 그림을 그려 보도록 하기 위해 마련된 수업이다.

셋째 시간은 주제와 관련 깊은 사회문제들을 생각해 보는 시간이다. 그래서 이 수업은 신문기사, 인터뷰, 만화, 사진, 통계자료들을 활용해서 진행된다. 다양한 자료임에도 한 가지 주제 아래 일관되게 모아 놓은 자료와 문제들이기 때문에 NIE수업자료로 쓰기에도 부족함이 없을 것이다.

넷째 시간은 주제와 연관된 독서·토론수업으로 꾸며져 있다. 이 시간은 학생들에게 논술에 적합한 독서방법을 훈련시키기 위해 마련되었다. 독서붐이 일고 이런저런 추천도서들이 난무하고 있지만, 논술을 위해서는 중구난방 책을 읽는 게 그다지 바람직하지 못하다. "왜 이 책을 읽어야 하죠?"라는 학생의 물음에 부모님이나 선생님은 "추천도서니까.", "좋은 책이니까."라고 단순하게 답변해서는 안 된다. 논술을 위해서는 문제의식을 갖고 책을 읽는 독해력이 요구된다. 이 시간에 과제로 제시된 책들과 추천도서들은 모두 그런 관점에서 읽어야 한다. 막연하게 줄거리를 따라가고 감상하는데 그치는 독서가 아니라 현재 다루고 있는 주제와 연관지어 책을 읽을 수 있도록 연습해야 한다.

첫째 시간을 제외하고 매 시간 마지막에는 본격적인 논술쓰기를 위한 논제가 마련되어 있다. 원고지면이 삽입되어 있긴 하지만 책을 편집하는 과정에서 글자수를 일정하게 맞추어 배열하지 못했다. 그래서 논제는 가급적 책에 직접 쓰지 말고 따로 원고지에 쓰라고 권하고 싶다. 글쓰기 능력에 따라 다르겠지만 처음엔 400자부터 시작해서 심화편 후반부쯤에 이르렀을 땐 최소 800자 이상을 쓸 수 있도록 노력해야 한다.

끝으로, 한 가지 아쉬운 점이자 독자들에게 죄송한 점을 전해야 할 것 같다. 마지막 12번째 강의의 넷째 시간은 생략되었다. 최근에 많은 쟁점을 만들고 있는 주제임에도 아직까지 관련된 청소년 도서가 출간되어 있지 못하기 때문이다. 좋은 도서가 출간된다면, 차후에 개정판을 통해서라도 채워 넣을 생각이니 독자들의 양해를 구한다.

로고스교양연구회

중학생을 위한
교과서 속에 숨어 있는
논술 ◀심화편▶
| 차례 |

1강 인간, 다시 태어나다

4강 혐오스런 문화도 이해해야 하나요

5강 역사는 과거의 사실 그대로를 전하나요

클릭! 교과서

6강 남들과 다르게 생각하면 틀린 건가요

클릭! 교과서

7강 경제가 성장하면 가난한 사람이 없어지나요

8강 영어를 못하면 교양인이 될 수 없나요

9강 못사는 나라에 살면 불행한가요

12강 공부도 컴퓨터가 대신해 줄 날이 오나요

클릭! 교과서

1강
인간, 다시 태어나다

클릭! 교과서

인간은 행복을 추구할 권리가 있으며, 선거권을 통해 주권을 행사하고, 불합리한 차별 대우를 받지 않아야 한다. 또, 정당한 절차 없이 구속당하지 않으며, 언론·출판·집회·결사와 같은 기본적인 인권을 보장받는다.

시민사회에서 국가는 이러한 시민의 권리를 적극 보장하고, 국민의 복리 증진을 위해 노력한다. 그 과정에서 국가가 하는 일은 공개되어 있고, 비판이 허용되며, 다수의 정당과 단체들이 참여하고 경쟁할 수 있는 여건이 보장되어 있다.

이러한 이념과 조건을 갖춘 시민사회는 인간의 능력을 믿고 각자의 개성을 존중하는 다원 사회로 나타난다. 사람들은 획일성을 강요하는 전체주의 사회와는 달리 개인의 가치관에 따라 자유롭게 생각하고 행동한다.

—도덕2(서울대학교 사범대학 국정도서 편찬위원회), p.43~44.

「탐구활동」

인권선언

· 인간은 태어날 때부터 자유롭고, 평등하다.

· 모든 주권은 국민에게 있다.

· 모든 시민은 입법에 참여할 수 있는 권리가 있으며, 누구든 법에 의하지 않고는 체포, 구금될 수 없다.

· 사상과 의견의 자유로운 교환은 사람이 가진 가장 귀중한 권리의 하나이다.

· 재산은 신성하여 누구든 침범할 수 없다.

—사회2(중앙교육진흥연구소), p.65.

다른 교과서에는 없나요?

도덕1(서울대학 사범대학 국정도서 편찬위원회), Ⅰ-3.인간다운 삶의 자세 (2)생명은 왜 소중한가, p.93~94.

도덕2(서울대학 사범대학 국정도서 편찬위원회), Ⅰ-2.현대사회와 시민 윤리 (1)시민 사회와 시민의 자질, p.41~45.

도덕2(서울대학 사범대학 국정도서 편찬위원회), Ⅰ-3.민주적 생활 태도 (1)민주 사회와 인간 존중, p.77~79.

사회2(중앙교육진흥연구소), Ⅱ-2.시민혁명과 시민사회의 성립 (2)미국의 독립 혁명 「탐구활동」, p.62.

사회2(중앙교육진흥연구소), Ⅱ-2.시민혁명과 시민사회의 성립 (3)프랑스혁명, p.65.

사회2(금성출판사), Ⅱ-2.시민혁명과 시민사회의 성립 「심화활동」, p.65.

대화로 주제 찾기

 지혜 우미야, 뭘 그렇게 진지하게 생각해?

 우미 응…… 사실 오늘 선생님에게 이상한 말을 들었어.

 지혜 무슨 말? 혼나기라도 했니?

 우미 아니, 도덕 시간에 선생님께서 그러시는데, 오늘날 우리가 알고 있는 인간
       이란 발견된 거라는 거야. 이상하지 않니? 사람이란 엄마 뱃속에서 태어
       나는 것이지, 누군가가 만드는 게 아니잖아. 선생님 말씀대로라면 우리는
       모두 로봇이란 말이잖아……?

 지혜 글쎄, 어떤 맥락에서 나온 얘기인지 좀 자세히 들어 봐야 알 것 같은데?

명석 무슨 말이긴, 사람이란 신의 창조물이란 말씀이겠지. 성경도 안 읽어 봤니? 하나님께서 아담을 창조하시고, 아담이 외로워 보여 그의 갈비뼈로 이브를 만들어 주셨으니…….

 지혜 깜짝이야!

 우미 홀연히 등장해 멋지게 답을 해주려고 한 노력은 가상하다만, 틀렸어. 분명 선생님이 그런 뜻에서 말씀하신 건 아닐 거야.

 명석 그럼 대체 뭔데?

 우미 응, 선생님 말씀이 예전에 사람들은 명석이의 말처럼 신이 인간을 만들었다고 생각하고 살았대. 그런데 신 중심의 세계관을 가졌던 중세라는 시절이 끝나 가면서 사람들은 더 이상 자신을 신의 창조물로만 생각하지 않기 시작했다는 거야.

 지혜 그렇지. 많이 들었던 얘기지. 그런데 뭐가 문제야?

 우미 그런데 얘기를 거기까지밖에 못 들었어. 꾸벅꾸벅 졸다가 정신을 차려 보니 수업을 마칠 시간이 됐지 뭐야. 어제 밤늦게까지 소설을 읽느라 늦게 잤더니 도저히 졸음을 참을 수가 없었어. 그런데 문제는 수업을 마치면서 선생님이 과제를 내주셨거든. "인간이 새롭게 발견되었다는 것은 무슨 뜻인가?"라는 주제로 글을 써 오는 거야. 그래서 우리 반에서 1등 하는 친구에게 물어봤는데, 그 친구는 그냥 수업 시간에 들은 내용 쓰면 된다고 하면서 교과서 펴 들고 다음 시간 예습하는 거 있지?

 명석 푸하하! 자존심이 상했겠군.

 지혜 명석아, 우미는 심각한데 도움은 못 줄망정 그렇게 웃을 수 있니?

 명석 하하, 미안. 좋아. 내가 사과하는 뜻에서 과제물을 풀 수 있는 힌트를 주지. 너무 어려워할 필요 없어. 우미 네가 졸기 전까지 들었던 내용만으로도 충분히 글을 쓸 수 있는 문제인 것 같은데?

 우미 어, 정말?

 명석 간단하지. 중세엔 교회와 교황의 권력이 강했잖아? 그러니까 신 중심의 세계관을 사람들에게 주입할 수 있었던 거지. 그런데 근대에 들어와서 교회의 권위가 약해지자 신 중심의 세계관은 점점 힘을 잃은 거야. 문제는 여기서부터야. 신이 창조하지 않았다면 인간은 누가 만든 거지? 이때 다윈이라는 학자가 등장해서 말하지. "인간은 원숭이에서 진화했다!" 이 말은 곧 인간도 자연 속에서 살면서 자연법칙을 거역할 수 없는 동물이라는 말이지. 그러니까 선생님이 내주신 문제의 답은 "인간은 자신이 동물의 일종이라는 사실을 발견했다." 정도가 되겠지.

 우미 야, 명석이 너 오늘은 좀 마음에 든다.

지혜 가만있어 봐. 그런데 뭔가 좀 이상하지 않아?

 명석 뭐가?

 지혜 과학 시간도 아니고 도덕 시간이었다는데, 선생님이 그런 결론을 내리시진 않았을 것 같아. 뭔가 다른 의미에서 그런 문제를 내셨던 게 아닐까?

 우미 하긴 그렇다. 명석이의 답이 명쾌해서 좋긴 좋은데…… 수업의 주제가 창조론이냐, 진화론이냐, 뭐 이런 건 아니었던 것 같아.

 명석 뭘 고민해. 내 생각이 맞을 거야. 이래 봬도 대학교에서 생물학을 전공하고 있는 우리 큰누나에게 들은 얘기라고. 지혜 넌 너무 의심이 많아서 문제야. 오랜 세월 연구 끝에 밝혀진 과학 지식 정도는 좀 믿어 줘야 하지 않을까?

 지혜 나는 지금 진화론이 틀렸다는 말을 하는 게 아니야. 진화론이 옳은지 창조론이 옳은지는 지금 여기서 문제가 되는 게 아니라는 거지. 우미가 말했듯이 수업의 주제도 아니었던 것 같고.

 우미 그럼 지혜 넌 답이 뭐라고 생각해?

 지혜 글쎄, 내가 그 수업을 들은 게 아니라서 나도 뭐라고 확실히 얘기할 순 없어. 하지만 내 생각에 선생님의 의도는 다른 데 있지 않나 싶어.

명석 꼬인다 꼬여.

 우미 우리 이러지 말고 로고스 선생님에게 물어보는 게 어때?

 지혜 & 명석 그래, 그거 좋은 생각이다!

로고스 선생님과 생각 주무르기

_"인권의 발견"

우리는 주변에서 '개인' 혹은 '개인주의'라는 말을 많이 듣고 삽니다. 대체로 개인이란 다른 사람들과 구분되는 개성을 가진 인격체라고 간단히 말할 수 있습니다. 요즘은 개인이

최초의 인간 아담, 그는 진정한 개인이었을까?

라는 말에 대해서 심각하게 생각할 필요가 없는 시대인 것 같습니다. 바로 여기 살아 숨쉬고 있는 '내'가 개인이고, 또 내 친구인 '너'도 개인이고, 그 밖에 수많은 사람 모두가 개인이라고 우리는 손가락으로 가리켜 보일 수 있습니다.

성경에 최초의 인간 아담이 등장합니다. 아담은 세상에서 유일한 사람이었고, 그렇다면 이미 태초에 인간은 개인이라는 자격을 지니고 있었다는 말이 됩니다.

27

그러나 그는 진정 지금 우리가 생각하는 모습의 개인이었을까요? 그렇다고 대답하기엔 2퍼센트 부족하지요? 자, 그 2퍼센트를 찾아낼 때, 우미가 고민하는 문제가 풀릴 것입니다.

자연과 사회의 이치에 순응하며 살다

인류가 문명을 이루고 수천 년의 시간을 살아오는 동안 권력도 없고, 돈도 많지 않은 평범한 사람이 힘 있는 자에게 굴복하지 않고 살아온 날들이 얼마나 될까요? 모든 일을 자신이 주인이 되어 결정하고 선택하면서 살게 된 것은 언제부터일까요?

아주 오랜 시간 사람들은 자기가 날 때부터 자유로운 존재이고, 내가 선택한 일을 하면서 살 수 있을 거라는 생각을 하지 못했습니다. 그저 태어나면서부터 자연스럽게 속하게 되는 가족이나 마을의 한 구성원으로서 공동체 생활을 하는 게 사람들이 사는 모습이었습니다. 그야말로 순리에 따르는 삶이었지요. 이렇듯 우리의 조상들이 우리와는 전혀 다른 모습으로 살았던 것은 오늘날처럼 경제적으로 풍요롭지 못했기 때문입니다. 오늘날 우리가 사용하고 있는 기술도 갖고 있지 못했지요. 따라서 그들은 먹고살기 위해서 서로 협동하지 않으면 안 되었습니다. '나'만을 생각할 겨를이 없었습니다. 나보다는 '우리'가 잘살아야만 먹고살 수 있었던 것입니다.

이렇듯 우리 조상들은 나보다는 내가 속한 공동체의 규범을 더 중요하게 여기면서 살았습니다. 함께 생존하기 위해서는 전래되어 온 규범에 따라 행동해야 했기에, 자신만의 인생을 설계하고 개척해 나가면서 살아야겠다는 생각을 할 여지가 없었지요. 다시 말해 자연법칙과 사회규범에 순응하면서 살았을 뿐, 자신의 인생을 스스로 책임지면서 사는 능동적 인간일 수 없었습니다. 오늘날 우리가 생각하는 개인이란 바로 이런 능동적인 인간을 말합니다. 옛날 사람들은 그렇게 살지 못했기 때문에 진정한 의미의 개인이라고 할 수 없는 것입니다.

다시 아담에 대해 이야기해 볼까요? 우리는 아담을 진정한 개인이라고 생각하기에는 뭔가 부족하다고 생각했습니다. 왜 그럴까요? 에덴동산의 평화와 풍요로움 속에서 아름답게 사는 아담의 모습. 언뜻 보면 자유롭게 홀로 산다는 의미에서 개인인 것 같지만, 자신의 삶을 능동적으로 살지 못했다는 점에서 보면 진정한 개인은 아니었던 것입니다. 왜냐고요? 그의 인생을 책임지는 것은 아담 자신이 아니라 하나님이었으니까요.

인간, 개인으로서 다시 태어나다

중세를 벗어나 그저 주어진 자연과 사회규범에 순응하지 않고 능동적으로 살게 되면서 사람들은 자신을 새롭게 돌아보게 됩니다. 아마 우미가 깜빡 조느라고 듣지 못했던 도덕 선생님의 말은, 이렇듯 중세를 벗어나 근대라는 시대에 접어들면서 사람들이 자신의 가치를 새롭게 발견하게 되었다는 것을 의미했을 겁니다. 이전까지는 자신을 그저 어느 한 공동체의 일원으로 생각하던 것을 이제는 다른 사람들로부터 독립된 '개인'으로 생각하게 된 것이지요.

이러한 역사적 사실은 매우 중요합니다. 지혜가 언뜻 말한 것처럼, 사람들이 스스로를 자유롭고 능동적인 '개인'이라고 인식해야 민주주의가 가능하기 때문이죠. 민주주의는 자유로운 개인들의 권리가 전제되지 않는다면 성립할 수 없는 제도이기 때문입니다. 예를 하나 들어 볼까요? 여러분이 언제나 여러분이 속한 공동체의 규칙에 따라 살아야만 한다고 가정해 봅시다. 그렇다면 오늘날과 같이 선거를 통해서 지도자를 뽑을 수 있을까요? 없을 겁니다. 여러분에겐 선택할 자유가 없을 테니까요. 이렇듯 인간이 스스로를 개인이라고 생각한 사실은 민주주의가 시작될 수 있는 디딤돌이 되었던 것입니다.

인권의 발견

"인간은 태어날 때부터 자유로우며, 평등한 권리를 가진다." 프랑스혁명 (1789년 7월 14일부터 1794년 7월 28일에 걸쳐 일어난 프랑스의 시민혁명)의 인권선언입니다. 프랑스혁명은 우리가 지금 살고 있는 민주주의라는 제도를 세운 중요한 역사적 사건입니다. 그런 중요한 혁명을 통해, 사람들은 사람이면 누구나 권리가 있다고 주장합니다. 이러한 생각은 사람들의 의식이 그만큼 전 시대보다 진보했음을 뜻합니다. 혁

프랑스 인권선언문. 인류가 '모든' 인간에게 적용되는 권리를 깨달은 것은 그리 오래되지 않았다.

명 이전의 사람들은 신분 질서로 인해 태어나면서부터 평등하지 못했고, 또 그런 불평등이 당연한 것이라고 생각했으니까요. 그러나 오늘날에는 누구도 그런 생각을 하지 않습니다. 우리는 모두 똑같은 사람으로 태어난다고 생각하는 게 오늘날의 상식임은 여러분도 잘 알고 있을 것입니다.

하지만 실천이 뒤따르지 않는 선언은 그야말로 하나의 선언에 그칠 수밖에 없습니다. 가령 새 학기가 시작될 때마다 이런저런 계획을 세우고 꼭 지키겠다고 결심하지만, 며칠 가지 못해 흐지부지해지는 경험들을 떠올려 보세요. 그 경우 여러분의 계획은 실천하지 않았기 때문에 그저 선언으로 끝나는 거죠. 인권선언도 마찬가지입니다. 거창한 선언만큼이나 부단히 실천하려는 노력이 없다면 결국 자유

도, 평등도 허울 좋은 구호에 그치게 됩니다.

우리가 함께 생각해 볼 주제로 인권을 다루는 이유도 여기에 있습니다. 우리는 모두 평등하게 살 권리가 있습니다. 그런데 현실은 그렇지 못합니다. 장애인들은 비장애인들이 누리는 평범한 행복을 느끼며 살고 있을까요? 우리는 피부색이 다른 사람들을 어떤 눈으로 바라보고 있나요? 우리 집보다 못살고, 나보다 공부 못하는 친구들과 어떻게 지내고 있나요? 이제 여러분의 삶 속에서 인권에 대해 진지하게 생각해 봐야 할 것입니다.

영화로 보는 우리 주제
_「여섯 개의 시선」

임순례, 정재은, 여균동, 박진표, 박광수, 박찬욱. 영화감독 여섯 사람이 뭉쳤습니다. 앗! 잘 모르는 사람들이라고요? 그렇다면 영화 「여섯 개의 시선」을 감상해 보세요. 감독 여섯 사람이 뭉쳤다는 사실만으로도 왜 화제가 되었는지 이해할 수 있을 거예요.

여섯 개의 단편은 한국 사회에서 벌어지고 있는, 그리 녹녹지 않은 주제를 때로는 경쾌하게, 때로는 섬뜩하리만치 비판적인 시선으로 다루고 있습니다. "인간은 누구나 똑같은 존재이고, 그 때문에 평등하게 살

영화 「여섯 개의 시선」, 2003.

권리가 있다."는 평범한 선언이 현실에서 어떻게 왜곡되고 있는지 잘 보여 주고 있지요. 이 중 박찬욱 감독의 「믿거나 말거나, 찬드라의 경우」를 살짝 들여다볼까

요? 찬드라는 네팔에서 온 노동자입니다. 공장에서 일하던 그녀는 어느 날 분식집에서 밥을 먹고 계산을 하려다 지갑을 가지고 나오지 않았다는 것을 알게 되지요. 가게 주인은 그녀의 어눌한 말투와 남루한 행색에 의심을 품고는 '밥값을 계산하지 않는 아줌마'를 경찰서에 신고합니다. 경찰서에서는 찬드라를 정신이 이상한 '행려병자'라 규정하고 정신병원에 보냅니다. "나는 네팔 사람입니다." "나는 미치지 않았어요." 하지만 그녀에게 돌아온 것은 강제 투약뿐이었습니다. 그렇게 정신병원에 갇혀 보낸 시간이 6년 4개월이랍니다.

여러분이 분식집 주인이었다면, 경찰이었다면, 혹은 정신병원의 의사였다면 어떻게 해결했을까요? 그들과 달랐을까요? 달라야 한다고 생각한다면, 일상 속에서 '인권'에 대해 열심히 공부하고, 나와 다른 사람을 거리낌 없이 인정하는 연습을 부지런히 해야 합니다.

자, 다음은 영화 속 여행을 도와줄 간단한 지도입니다.

첫 번째 여행 : 실업고 3학년 여고생의 속마음 훔쳐보기_「그녀의 무게 The 'Weight' of her」, 감독 임순례.
두 번째 여행 : 가까운 미래, 모범적인(?) 아파트 구경하기_「그 남자의 사정(事情) The man with an affair」, 감독 정재은.
세 번째 여행 : 꿈 많은 청년과 거리 산책하기_「대륙횡단 Crossing」, 감독 여균동.
네 번째 여행 : 영재교육을 받는 똑똑한 아이 만나기_「신비한 영어 나라 Tongue Tie」, 감독 박진표.
다섯 번째 여행 : 잘생긴 남자와 예쁜 아가씨의 멋진(?) 데이트_「얼굴값 Face Value」, 감독 박광수.
여섯 번째 여행 : 평화와 사랑이 끝나지 않는 곳, 네팔_「믿거나 말거나, 찬드라의 경우 Never Ending Peace And Love」, 감독 박찬욱.

❶

여섯 이야기의 주제를 각각 한 문장으로 표현해 보세요.

❷

두 번째 여행 「그 남자의 사정(事情)」은 "성폭력 가해자의 인권도 지켜져야 한다."는 주장을 했다는 이유로 논란이 되었답니다. 여러분은 어떻게 생각하나요?

❸

세 번째 여행 「대륙횡단」의 주인공은 장애인입니다. 그는 광화문 거리를 혼자 횡단하는 계획을 세웁니다. 이 횡단은 주인공에게 어떤 의미가 있을까요?

❹

다섯 번째 여행 「얼굴값」을 참고하여 "얼굴값 하네~."라는 말 속에 담겨 있는 사회적 편견에 대해 고민해 봅시다.

❺

인권 영화 「일곱 개의 시선」을 만들기로 했습니다. 여러분이 감독이라면, 어떤 소재로 영화를 만들고 싶은가요? 「여섯 개의 시선」에서 다루었던 소재도 좋고, 새로운 소재도 좋습니다. 여러분이 우리 사회에서 다루고 싶은 인권 문제 일곱 가지를 찾아 대강의 이야기를 구성해 봅시다.

영화 속 논술을 찾아라!

● 「여섯 개의 시선」 중 박찬욱의 「믿거나 말거나, 찬드라의 경우」를 보고, 이는 인종차별이나 인권과 관련된 문제가 아니라 '그 당시(1990년대 초반)에는 외국인의 수가 적었기 때문에 일어날 수밖에 없었던 관리상의 실수'라고 주장을 하는 사람이 있습니다. 이 사람의 주장에 대해 이번 일이 인권 문제라고 반론하는 글을 써 봅시다.

셋째
시간

세상 둘러보기
_장애인 인권

한 끼 주고 감금 노동 노예 취급

식사 하루 한 끼. 업무 시간 외 감금. 무보수에 잦은 매질.

8세 수준의 정신연령을 가진 이 모(37 · 정신지체장애 3급) 씨가 지난해 9월까지 13년 동안 일해 온 경기도 성남시 한 가발 공장에서 받은 대

우다. 이씨는 재봉 자와 재봉 망치로 수시로 맞아 머리와 몸에 핏자국과 멍이 사라질 날이 없었다. 너무 힘들어 도망을 가기도 했지만 항상 인근 시장 근처에서 붙잡혔고, 돌아와 '노예 노동'을 반복했다.

부모가 숨진 후 8년 동안 농약을 치고 무거운 짐을 옮기는 힘든 농사일을 도맡아 온 김 모(25 · 정신지체장애 2급) 씨. 그 역시 한번도 임금을 받은 적이 없다.

자기도 모르는 사이 기초생활수급권자로 등록돼 정부로부터 생계비와 장애 수당을 받았지만 그 돈은 모두 이웃집 박 모 씨 통장으로 재 이체됐다.

장애우권익문제연구소는 17일 정신지체 장애인의 인권침해 사례 등을 주제로 연 토론회에서 이 같은 사례를 발표하고 적절한 대책 마련을 촉구했다.

연구소 측은 상담 사례를 분석한 결과, 정신지체와 정신질환 장애인에 대한 상담 건수는 2002년 전체 780건 중 62건(8%)에서 지난해 908건 중 113건(12%)으로 점차 증가하는 추세이며, 이 중에는 해당 장애인의 의사와 상관없이 노동력이 착취당하는 경우가 잦았다. 연구소는 정신지체 장애인의 인권침해 특성이 장기적으로 지속되고 지역 내에서 발생하며 선행으로 포장된다고 지적했다. 실제로 장기간 장애인을 착취한 이씨의 고용주와 김씨 보호자는 장애인을 보호하고 있다는 이유로 관할 지자체와 정부로부터 각각 표창장을 받은 것으로 나타났다.

장애인 착취의 경우 대부분 제보자가 없으면 사례가 적발되지 않는 것도 특징이기 때문에 관할 행정 당국의 관심이 필요하다고 강조했다. 피해자의 지능이 낮아 구체적인 정황 파악이 어렵기 때문에 가해자는 미약한 처벌을 받는 것도 큰 문제라고 밝혔다. 이씨의 고용주는 폭행 혐의에 대해 벌금 500만 원을 선고받는 데 그쳤고, 김씨의 이웃 박씨는 증거불충분으로 불기소 처분됐다. 따라서 장애인의 특성을 악용한 인권침해에 대해서는 가중 처벌이 필요하다고 연구소는 주장했다.

활동가 김희선 씨는 "행정 당국의 제도적 지원 체계가 없는 상황에서 관할 동사무소 등이 이들의 보호를 소홀히 했기 때문에 발생한 사건"이라며 "정신지체장애인에 대한 전반적 인권 실태 파악 후 장애인 성년후견인제 등 장기적 대책을 마련해야 한다."고 말했다.

—「국민일보」, 2005. 3. 17.

기사에 나오는 단어 중 모르는 단어의 뜻을 찾아서 적어 보세요.

세상 1

❶

장애인 중 특별히 정신지체장애인이 인권을 침해당하기 쉬운 이유는 무엇일까요?

❷

기사에 나온 것과 같은 문제가 발생한 책임은 누구에게 있다고 생각하나요? 책임져야 한다고
생각하는 사람이나 단체들을 적어 보고, 각각 어떤 책임이 있는지 말해 보세요.

❸

장애인의 인권을 짓밟은 이씨의 고용주와 김씨의 보호자가 정부로부터 받은 표창장은 어떻게
해야 한다고 생각하나요? 또 바람직한 표창 제도는 어때야 하는지 이 사건과 연관지어 생각
해 보세요.

인권운동사랑방, 윤정주 그림, 『뚝딱뚝딱 인권짓기(24쪽)』, 야간비행, 2002.

❶

일상생활에서 장애인들이 부딪치는 어려운 점에는 어떤 것이 있을까요? 되도록 많이 적어 보세요.

❷

만일 장애를 가진 준석이에게 다른 친구들보다 시험 시간을 더 준다면 다른 친구들을 차별하게 되는 것인가요? 여러분의 생각과 그 이유를 말해 보고, 친구들과 토론해 보세요.

❶

사진은 이승만 정부 시절 폭력배였던 이정재라는 사람이 사형을 당하기 직전에 벌을 받고 있
는 모습입니다. 죄를 지은 사람을 벌하는 방식에는 여러 가지가 있습니다. 그 중 사진과 같은
벌을 주는 것은 옳은 일일까요? 친구들과 토론해 보세요.

❶ 이 사진은 이라크에서 미군의 포로가 된 이라크 병사들의 모습입니다. 카메라를 바라보고 있는 병사가 우리에게 했을 법한 말을 상상해서 적어 보세요.

❷ 전쟁을 하면 포로들이 생길 수밖에 없습니다. 아군에게 총을 겨누었던 적군의 포로들을 어떻게 대해야 옳다고 생각하나요? 각자의 의견을 정리하여 친구들과 이야기해 보세요.

이런 말 저런 얘기
_김선일 씨 납치 사건

누가 김선일 씨를 죽였나

  김선일 씨는 이라크 무장 단체에 납치된 뒤 공개된 비디오테이프를 통해 분명하게 말했다. "나는 살고 싶다. 죽고 싶지 않다." 그러나 아무도 그의 간절한 소망을 실현시키지 못했다. 그는 결국, 어제 새벽 바그다드 외곽의 한 길거리에 목이 잘린 채 버려졌다. 그는 '땅바닥에 처참한 모습으로' 죽어 있었을 것이다. 그는 왜 죽어야 했는가. 아무도 설명해 주지 못하고 있다. 그는 잘못한 것이 없다. 이라크를 침공하지도 않았고, 이라크인과 전투하지도 않았다. 단지 "살고 싶다."고 했을 뿐이다. 그게 죄라도 된다는 말인가. 그렇지 않다면, 그는 왜 짐승만도 못한 죽음을 맞이해야 했는가.

  인간 이성으로는 이해할 수 없는, 이 부조리가 바로 테러리즘이다. 테러리즘은 인간 영역의 밖, 금수의 세계에서 가능한 현상이다. 테러리스트는 '한국'이라는 상징 하나 때문에 한국군의 파병과 아무런 상관이 없는 그를 가장 야만적인 방법으로 살해했다. 테러리스트는 미제국주의 협력자를 응징했다고 믿을지 모르겠다.

그러나 그것은 환상일 뿐이다. 그들이 한 짓을 보라. 세계 어디에서나 볼 수 있는 평범한 30대 젊은이의 고귀한 목숨을 이유없이 빼앗는 것, 이것이 그들이 한 일의 전부이다. 그 외에 아무것도 없다. 이렇게 테러리즘이 해결할 수 있는 것은 없다. 테러리즘은 인간을 파괴하고 그럼으로써 자기도 파멸로 이끄는 벌거벗은 폭력에 불과하다. 테러리즘을 뿌리 뽑아야 할 이유도 바로 여기에 있다.

그러나 김씨를 죽인 것은 테러리스트뿐만이 아니다. 미국도 책임이 있다. 미군은 그가 억류되어 있는 동안 팔루자 교외 주거 지역을 미사일로 공습, 이라크인 20여 명을 살해했다. 미군이 그의 생명을 구할 생각이었다면, 무장 단체를 자극하는 이런 행동을 삼가야 했을 것이다. 그리고 미군은 납치 사실을 공개 전 미리 알고 있었으면서도 한국 내 파병 반대 여론의 확산을 우려해 한국 정부에 통보하지 않아 미리 손쓸 기회를 놓쳤다는 의혹도 받고 있다.

한국 정부도 김씨의 생명을 구하는 데 최선을 다했는지 자성해 보아야 한다. 정부는 무장 단체가 한국의 파병 철회가 없으면, 그를 살해하겠다고 했는데도 파병 강행 방침을 발표한 바 있다. 그의 생명과 파병 가운데 파병을 선택한 것이나 다름없다. 당연히 이번 사태의 진행도 정부가 선택한 대로 되었다. 그는 죽고, 정부는 파병을 추진 중이다. 그동안 알려진 것과 달리 김씨가 3주 전에 납치됐으며, 중동 지역 한국대사관 직원이 그 사실을 알고 있었다는 증언도 그런 의심을 뒷받침해 주고 있다. 이 증언이 사실이라면, 정부는 김씨의 생명이 위험하다는 것을 알면서도 파병에 집착했다는 말이 된다. 이 모든 의혹에 대해 정부는 해명해야 한다.

"살고 싶다."는 너무나도 당연한 그의 호소는 이렇게 테러리스트, 미국, 한국 등 누구로부터도 진지하고 실질적인 도움을 이끌어 내지 못했다. 이것이 바로 그가 홀로 죽어 갈 수밖에 없었던 사정이다. 그런데 이제 와서 노무현 대통령, 콜린 파월 美국무장관의 조사가 다 무슨 소용인가. 국익 때문에 불가피했다고 할 수 있을지 모르겠다. 그러나 누가 파병을 곧 국익이라 정의할 수 있으며, 국익이 시민의 생명 위에 군림할 수 있다고 말할 수 있는가. 정부는 국제사회와의 약속이기 때문에 파병을 해야 한다고 강조한다. 그러면 국가는 최우선적으로 시민의 생명을 지켜야 한다는 시민과의 약속은 무언가.

이번 사건으로 많은 이라크인이 한국군의 파병이 이라크인을 위한 것이라기보다 미국을 지원하기 위한 것으로 인식하고 있음이 확인됐다. 세 번째 규모의 파병국으로서 전투를 해야 할지도 모른다. 이라크인에게 평화를 안겨 주고 이라크를 재건한다는 파병의 목적을 달성하기 어렵게 됐다. 의원 50여 명도 파병 재검토 결의를 했다. '제2의 김선일 씨'를 보고 싶지 않다. 정부는 '죽음의 행진'을 당장 멈춰야 한다. 시민의 생명이 곧 국익이기 때문이다.

—「경향신문」, 2004. 6. 24.

글쓴이의 핵심 주장을 짧게 요약하고 주제를 파악해 보세요.

이라크에서 우리 김선일 씨가 테러리스트들의 손에 의해 처참하게 살해된 데 대해 이루 말할 수 없는 충격과 무한한 분노를 표시하면서도 우리가 견지해야 할 최고의 원칙과 가치는 그 사건이 애통하면 애통할수록 절대 테러에 굴복해서는 안 된다는 점이다.

세계는 지금 한국이 이번 사건을 계기로 과연 이라크 파병 약속을 지킬 것인지 주목하고 있다. 대한민국은 당당한 국제사회의 일원으로서 어떤 경우에도 한번 한 약속은 끝까지 지키는 국가임을 이번에 보여 줘야 한다. 노무현 대통령이 오늘 대국민 담화를 통해 파병 원칙 불변을 거듭 천명한 것은 대단히 옳은 결정이다. 정부의 이런 노력에 국민은 협조해야 한다.

그러나 파병 문제는 상당한 우여곡절을 겪게 될 것 같아 걱정이 된다. 벌써 촛불을 들고 파병 반대의 불길을 지피려는 사람들이 거리에 나오고 있다. 명분 없는 전쟁에 우리의 청년들이 끌려간다며 논리 아닌 감성으로 국민의 말초신경을 자극하고 있다. 이번 사건을 계기로 아예 파병 백지화 쪽으로 여론 몰이를 하려는 것 같다. 열린우리당과 민노당, 그리고 일부 소장파 의원들이 파병 재검토 결의안을 제출할 움직임도 보이고 있다. 순수한 열정과 정의감의 눈으로 파병 문제를 보면 명분이라는 얘기를 할 수도 있다. 이처럼 반대하는 국민도 존재해야 한다. 그러나 금배지를 달고 있는 국민의 대표라는 사람들까지 진지한 모습으로 그런 얘기를 하는 것은 근본적으로 유치한 소영웅주의적 사고에 머물러 있기 때문이다.

파병 반대론자들에게 묻고 싶은 것은 대한민국이 누굴 위해 파병한다고 생각하는가이다. 미국을 위해서라고 당장 답하겠지만, 천만의 말씀이다. 우리의 국익을 위해 파병하는 것이다. 바로 우리의 국익을 위해 파병하는 것이지, 입만 열면 '자주'를 외치는 사람들이 왜 미국을 위해 파병하니까 우리가 파병을 해서는 안 된다고 얘기하는 저의를 모르겠다. 우리가 자주 국가이니까 당당히 파병하는 것이고, 한·미 관계를 위해 파병하는 것도 결국 국익을 위한 것이다. 한·미 관계 강화가 국익에 도움이 된다면 파병을 하는 것은 당연하다. 그리고 한줌도 안 되는 이라크 의 망나니들에게 굴복해 파병이라는 국제적 공약을 거둬 들인다면 그것은 국가라 고 보기 어렵다.

　정부는 파병 원칙에 있어 절대 흔들려서는 안 된다. 8월 초 선발대 파견, 8월 하 순~9월 초순 본대 파병 스케줄을 이번엔 어김없이 지켜야지, 또 다른 이유를 들 어 파병을 또 연기하면 진짜 우리 정부의 진정한 의도가 안팎에서 의심받게 된다. 이번 사건 와중에서 미국이 우리에게 정보를 주었느니 안 주었느니 하는 논란도 있지만, 그런 구차한 얘기로 문제의 본질을 왜곡시킬 것이 아니라 더욱 한·미 관 계를 공고화하는 계기로 삼아야 한다. 이번 비극적인 사건을 우리는 슬기롭게 헤 쳐나가야 한다.

─「문화일보」, 2004. 6. 23.

글쓴이의 핵심 주장을 짧게 요약하고 주제를 파악해 보세요.

나도 세상에 한마디!

● 얼마 전 이라크에서 김선일 씨가 피살되었습니다. 당시 대통령과 정부는 국가의 이익이 더 중요하다면서 김선일 씨를 구출하지 못했습니다. 여러분이 테러리스트에게 잡혀있는 죽기 직전의 김선일 씨였다고 상상해 봅시다. 테러리스트들은 여러분이 대통령에게 편지를 쓸 수 있도록 허락했습니다. 자, 이제 마지막 희망입니다. 왜 여러분을 살려야만 하는지에 대해서 대통령을 설득하는 편지를 쓰세요.

책으로 읽는 우리 주제
_『인종차별, 야만의 색깔들』

여러분, 혹시 하인즈 워드라는 미국 풋볼 선수를 아시나요? 2006년 NFL 슈퍼볼 최우수 선수상(MVP)을 받은 한국계 선수입니다. 상을 받은 후 그의 한국인 어머니와 함께 한국 언론을 후끈 달아오르게 했지요. 하인즈 워드의 사연을 듣고 우리 사회에서 벌어지는 인종 차별에 대해 반성을 하는 계기가 되기도 했고요. 하인즈 워드는 "내가 MVP이기 때문인지, 아니면 한국인들이 정말로 나를 받아들이고 있는지 아직도 어머니는 미심쩍어한다."고 토로하기도 했습니다. 그만큼 그의 어머니가

타하르 벤 젤룬, 『인종차별, 야만의 색깔들』, 홍세화 역, 상형문자, 2004.

한국에서 혼혈인, 흑인에 대한 인종차별을 아프게 경험했다는 얘기겠지요.

한국 사회에는 해결해야 할 여러 가지 인권 문제가 있습니다. 양성 평등, 장애

50

인, 청소년, 빈민 등 어느 것 하나 중요하지 않은 것은 없습니다. 그래서 우리는 논술 시간이나 다른 교과 시간을 통해 이런 인권 문제를 어떻게 풀어 나갈지 함께 공부하고, 고민합니다. 그러나 그 중에서도 유독 인종 문제를 낯설어했다는 것은 인정해야겠습니다. 여러분은 인종 문제를 역사적 사건이나, 미국 등 다인종 국가의 문제로만 여기고 있지 않은가요? 혹은 유럽이나 미국 등 선진 국가에서 우리 동포들이 '피해자'가 되어 겪고 있는 인종차별로 범위를 축소해 버린 것은 아닌지요? 하인즈 워드의 어머니가 느꼈듯, 우리도 알게 모르게 인종차별을 하고 있는 '가해자'일지도 모릅니다. 분노와 미안함만으로는 문제를 해결할 수 없습니다. 인종차별이 왜 생기는지, 어떻게 해결할 수 있는지를 정확히 알고 있어야 합니다. 책 『인종차별, 야만의 색깔들』은 이런 주제를 쉽게 이야기하고 있답니다. 나와 똑같은 인간인데, 피부색이 다르다는 이유로 차별받고 있는 이웃과 친구가 있는지 지금보다 훨씬 더 세심하게 살피게 될 것입니다.

- 『인종차별, 야만의 색깔들』을 읽고, 작은 단원별로 핵심 내용을 정리해 보세요.
  - 다름, 혹은 차이
  - 제노포비아
  - 과학과 인종주의
  - 종교와 인종주의
  - 증오와 편견, 인종주의라는 지옥
  - 희생양, 자신을 안심시키는
  - 절멸, 냉정한 계획
  - 식민주의, 백인의 짐 혹은 임무
  - 질문, 자유로운 영혼

책 속에 숨어 있는 논술

◉ 『인종차별, 야만의 색깔들』을 읽고, 책을 참고하여 인종주의란 무엇이며(정의), 왜 인종주의가 나타나게 되었고(배경), 인종주의를 해결하기 위해선 어떤 노력을 해야 하는지(해결 방안), 세 가지를 포함한 글을 한 편 써 봅시다.

로고스 선생님 추천 도서

박재동 외, 『십시일반』, 창비, 2003.

정지아, 『인권운동의 희망, 마틴 루터 킹』, 이룸, 2005.

앨런 스트래턴, 『샨다의 비밀』, 랜덤하우스중앙, 2005.

황대권, 『야생초 편지』, 도솔, 2002.

이란주, 『말해요, 찬드라』, 삶이보이는창, 2003.

윤수종, 『다르게 사는 사람들: 우리 사회의 소수자들 이야기』, 이학사, 2002.

인권운동사랑방, 『새벽을 깨우는 A4 한 장』, 사람생각, 2003.

인권운동사랑방 편, 『깨어나 일어나』, 사람생각, 2000.

2강
사회가 없으면
보호받을 수 없나요

클릭! 교과서

첫째 시간

대화로 주제 찾기

로고스 선생님과 생각 주무르기 : "보이지 않는 힘"

둘째 시간

영화로 보는 우리 주제 : 「우리들의 일그러진 영웅」

영화 속 논술을 찾아라!

셋째 시간

세상 둘러보기 : 감시 카메라와 인권

이런 말 저런 얘기 : 성범죄자 전자 팔찌

나도 세상에 한마디!

넷째 시간

책으로 읽는 우리 주제 : 「우상의 눈물」

책 속에 숨어 있는 논술

클릭! 교과서

⦁ 기원전 4세기경 고대 그리스의 철학자 소크라테스는 국가에 대한 반역 죄로 사형을 선고받고 독배를 마셨다.

⦁ 1960년 4월 19일, 독재 정권에 항거하여 학생과 시민들이 민주주의를 촉구하다가 죽기까지 하였다.

다음은 소크라테스와 4·19혁명에 참가했던 학생이 저승에서 나눈 대화를 가상으로 꾸민 것이다.

학생 : 당신은 왜 독배를 마셨죠? 원하기만 했다면 독배를 받지 않을 수도 있었잖아요?

소크라테스 : 나는 죽음이 두렵지 않았네. 영혼을 믿었으니까.

학생 : 그렇다고 부당한 법을 받아들인다는 건 시민으로서의 올바른 자세가 아니라고 생각합니다. 우리는 독재자들에 대항하여, 정당한 우리의

권리를 찾으려고 많은 희생을 치렀습니다. 그런데 당신은 죽음으로 인해 당신 혼자만이 정의로운 사람이 되었을 뿐, 나머지 사람들은 계속 부당한 법 아래 살아야 하지 않았습니까?

소크라테스 : 자네들의 상황과 나의 상황은 여러 면에서 달랐네. 자네들은 개인의 의사를 표현하는 충분한 자유가 없었네. 하지만 나는 아테네의 시민으로서 법과 제도를 만드는 데 참여하면서 시민으로서의 권리를 누리며 살았지. 나의 입장을 시민들에게 설득할 수 있는 기회도 있었네. 그들이 나를 이해하지 못한다고 내가 만든 법을 어기고 도망갈 수는 없었네. 나는 내가 누린 권리에 대한 의무를 행사한 것이네.

학생 : 합법적 절차를 거쳐 제정된 법과 제도라도 통치자에 의해 바르게 적용되지 않거나, 그 내용이 잘못된 경우에는 시민도 이에 대해 다툴 수 있어야 합니다. 그래야만 시민이 자신들의 권리를 제대로 보장받을 수 있게 됩니다. 시민이 다툴 수 있는 마지막 수단으로는 저항권이 있습니다. 하지만 저항권은 최후로 극히 예외적인 요건 하에서 인정되므로, 우선 악법에 대한 법적·제도적 구제 제도로서 헌법 재판 제도를 활용할 필요가 있습니다.

—사회2(지학사), p.199.

다른 교과서에는 없나요?

사회2(중앙교육진흥연구소), Ⅵ-2.인간의 사회생활 (1)사회적 상호 작용과 역할, p.156~157.

사회2(지학사), Ⅶ-3.공동체와 시민의 권리 (2)준법정신과 사회 발전, p.197~198.

사회2(디딤돌), Ⅶ-3.공동체와 시민의 권리 「생각을 보태는 읽기 자료 : 중학생과 법률생활」, p.187.

국사(교육인적자원부), Ⅹ-2.민주주의의 시련과 경제 개발 (1)4·19혁명과 5·16군사 정변은 왜 일어났는가?, p.308~310.

대화로 주제 찾기

 지혜 너희들, 어제 뉴스 봤니? 행복 고등학교에 다니던 한 여고생이 아파트에서 뛰어내려 자살을 했대.

 우미 어머, 어머, 끔찍해. 어쩌면 좋아. 그런데 왜? 성적 비관?

 지혜 아니. 학교에서 친구들에게 따돌림을 당했대.

 명석 그놈의 왕따 문제는 정말 문제야.

 우미 왜 모두 함께 잘 어울리면서 살지 못할까?

 명석 너희들, 옆 반 현민이라고 알지? 요새 학교에서 안 보여서 이상하다고 했는데, 실은 며칠 전에 전학을 갔다고 하더라. 내 생각엔 현민이도 친구들한테 놀림받는 것을 견디지 못해서 그랬던 것 같아. 그 애 놀림받는 거 나도 몇 번 봤거든.

우 미 세상에, 그럴 수가. 좀 말투가 어눌하긴 하지만, 굉장히 착한 친구라고 생각했는데…… 혹시 그 말투 때문에 따돌림을 당한 것은 아닐까?

명 석 글쎄…… 같은 반이 아니어서 그건 나도 잘 모르겠어. 어쨌든 조직의 힘은 무서운 거야.

지 혜 글쎄, 그게 조직의 힘이었을까? 현민이를 따돌린 그 아이들이 조직이라면, 현민이도 그 조직에 속했어야 했고, 또 말 그대로 조직답게 상명 하복의 위계질서가 갖추어져 있어야 했을 텐데, 현민이를 괴롭힌 그 친구들이 그런 조직이라고 보기는 어렵잖아?

명 석 하하! 농담이다. 하여튼 지혜는 너무 진지하기만 해. 유머가 없어, 유머가!

우 미 명석아, 농담할 게 따로 있지. 어떻게 이 상황에서 그러니?

지 혜 좋아, 명석이 말은 농담이었다고 치구. 정말이지 왜 이런 사건이 자꾸 일어나는 건지 너희들 생각해 봤니?

우 미 뭐 당연한 거 아니니? 왕따시키는 친구들이 못된 애들이라 그런 거지.

명석 꼭 그건 아니라고 봐. 농담을 하긴 했지만, 내 농담 속엔 뼈가 있지. 그러니까 나는 왕따 문제가 개인의 성품 문제만은 아니라고 생각해.

 지혜 그럼 뭐라고 생각하니? 더 자세하게 말해 봐.

 명석 글쎄, '조직'과 비슷한 말이…….

 우미 사회!

 명석 그래, 맞다. 사회의 힘! 지혜가 말한 것처럼 왕따 문제는 영화 속에 나오는 조폭들이 흔히 그러는 것처럼 조직이 배신자를 처벌하는 것은 아니지. 어쩌면 그것은 조폭보다 더 무서운 보이지 않는 힘일 수 있어.

 지혜 보이지 않는 힘이라…….

 명석 생각해 봐. 조폭들은 배신자를 물리적인 폭력으로 다스리지. 이것도 아주 무섭고 잔인한 일이지만, 왕따의 경우처럼 정신적인 폭력을 쓰는 것도 피해자에겐 견딜 수 없는 상처가 될 수 있지. 그런 정신적인 폭력을 낳는 것은 결국 우리 사회라구.

 우미 사회의 책임이라면, 왕따 문제의 책임을 아무에게도 물을 수 없다는 말이네? 보이지 않는 정신적인 폭력도 폭력이니까, 그 폭력을 행사한 가해자들을 찾아서 처벌하면 되는 게 아닐까?

지혜 물론 그렇게 할 수 있지. 하지만 그렇다고 해서 왕따 문제가 완전히 해결될 수 있을까? 또 왕따 문제는 가해자를 명확하게 가려내기 힘든 점도 있어. 아마 명석이는 이런 점을 염두해 두고 사회라는 보이지 않는 힘이 작용했다고 말했을 거야.

 명석 오~ 어쩐 일로 지혜가 내 편을 다 들어줄까? 감동받았는걸.

 지혜 가령 옆 반 현민이의 경우를 생각해 봐. 우리가 현민이를 어떤 식으로든 괴롭힌 아이들을 찾아내려 한다고 치자. 우리가 얼마나 정확하게 가해 학생들을 집어낼 수 있을까? 아마도 대부분의 친구들은 한 번쯤 현민이의 어눌한 말투를 꼬투리 잡아서 웃어 본 적은 있지만, 악의는 없었다고 생각할걸? 그렇다면 누구를 범인이라고 지목해야 할까?

 우미 그래도 주범은 있을 것 아니니?

 지혜 그렇지. 주범은 있겠지. 어쨌든 악의를 가지고 습관처럼 현민이를 괴롭혔던 친구들이 있을 테니까. 그러나 그 친구들만 잡아서 야단을 치거나 벌을 준다고 다 끝나는 건 아니야. 사실 우린 어떤 면에서 모두가 공범일 수 있어. 현민이를 따돌리는 일에 딱 한 번 동조했든 여러 번 동조했든, 현민이를 이해하기는커녕 마음에 상처를 입혔다는 사실은 똑같은 거지. 또 현민이 문제에 아무런 관여를 하지 않았던 친구들도 공범이긴 마찬가지야. 같은 반 친구가 겪고 있는 불행에 무관심했던 것도 책임이 전혀 없다고는 볼 수 없을 거야.

명석 그러나 난 한편으로 현민이에게도 문제가 있었다고 봐. 어쨌든 학교도 작
은 사회야. 그렇다면 우리는 그 사회에 빨리 적응할 필요가 있어. 아마 현
민이는 자존심이 너무 강해서 잘 적응하지 못했을지도 몰라. 현민이의 그
런 점이 마음에 안 든 친구들은, 그래서 현민이를 따돌린 거고.

 우미 멀리 나갔다. 명석아.

 지혜 물론 명석이 네 말도 어느 정도 옳은 말이야. 실제로 일부러 도도하게 굴
면서 왕따를 즐기는 아이들도 있다는 얘기를 들었으니까. 하지만 현민이
의 경우를 비롯한 대부분의 왕따 사례들은 주로 힘없는 한 아이를 여러 명
의 아이들이 괴롭히는 경우가 많잖아.

 명석 하지만 내 생각에는 가해자와 피해자의 처지를 모두 고려하는 것이 공정
한 것 같아. 다시 한번 말하지만 조직, 아니 사회의 힘은 무서운 거야. 그
러니까 우리 모두 각자 적응하기 위해 노력하는 것도 중요하지.

 지혜 정말 그게 공정한 거라고 생각하니? 네 말대로 사회의 힘은 무섭지. 그렇
다면 그 사회의 힘을 약자를 보호할 수 있는 정의로운 힘으로 만들기 위해
노력해야 하는 것 아닐까? 약자에게도 잘못이 있다는 논리는 너무 폭력적
인 것 같다.

 우미 옳소! 약자를 보호하는 것만이 정의지! 폭력 학생 물러가라! 물러가라!

 지혜 …….

로고스 선생님과 생각 주무르기

_"보이지 않는 힘"

약 2백 년 전 프랑스의 어느 마을 근처 숲 속에서 한 소년이 발견됩니다. 겉으로 보아서 여러분들 나이쯤 되어 보이는 소년이었죠. 그런데 이 소년은 인간보다는 동물에 더 가까워 보였습니다. 사람의 말을 하기는커녕 늑대의 울음소리를 내고, 행동 또

늑대 소년은 말 그대로 '소년'인가, 아니면 늑대 '새끼'인가? 늑대 소년 이야기는 우리가 '인간'이기 위해서 필요한 것이 무엇인지 생각해 보게 한다.

한 짐승 같았습니다. 사람들은 이 소년을 파리로 옮겨 인간 사회에서 살기 위해 필요한 교육을 시켰죠. 자, 소년은 그 후 어떻게 되었을까요?

불행히도 이 소년은 인간 사회에 적응하지 못하고 일찍 죽었다고 합니다. 변기를 사용하는 법 등 몇 가지 인간 사회에 필요한 관습을 익혔다고 전해지지만, 결국 온전한 사람이 될 수 없었고, 아마 스트레스를 견디지 못해 죽었을 것입니다.

이 이야기는 우리에게 진정한 인간이란 무엇인지에 관해 중요한 점을 말해 주고 있습니다. 모름지기 인간이란 태어날 때부터 완성된 것이 아니라 사회 속에서 키워져야만 인간이란 것이죠. 늑대 소년은 분명 인간의 신체를 가지고 태어났지만, 인간 사회에서 자라나지 못했기 때문에 온전한 인간이 될 수 없었던 것입니다.

우리는 앞에서 개인의 탄생에 대해 배웠습니다. 어느 순간 사람들이 자신이 공동체에 속한 한 부속물이 아니라, 자신의 삶을 자유롭고 능동적으로 사는 주체로서의 개인이라는 것을 알게 되었다고 말한 거 기억나죠? 그러나 방금 말한 늑대 소년 이야기를 생각해 보면, 개인도 결국 사회 속에서 살아야만 개인이라는 것을 알 수 있습니다. 즉, 자유롭지만, 그 자유를 누리는 개인이 되기 위해선 사회를 필요로 한다는 것이죠.

사회는 개인의 합?

그렇다면 이 사회란 도대체 무엇일까요? 여러분 중 이 사회를 손가락으로 가리켜 보일 수 있는 사람 있나요? "에이, 선생님. 사회가 뭐긴 뭐예요. 우리 같은 각각의 개인이 모여 있는 상태가 사회가 아니고 뭐겠어요?" 틀린 말은 아니죠. 일단 사회가 형성되기 위해선 여러 사람이 모여야 한다는 것은 분명한 사실이죠. 그러나 제가 이런 어이없는 질문을 한 이유가 있겠죠? 그렇다면 다시 묻겠습니다. 사회란 여러분 같은 각각의 개인이 모여 있는 상태라고 치고, 거기서 여러분 자신을 한 사람 빼세요. 자, 그러면 이 사회는 조금 전 여러분이 속해 있을 때의 사회와 다른 사회인가요?

어떻습니까? 여러분 자신이 빠진다고 사회가 아닌 것은 아니지요? 이 말은 사회란 단순히 개인들을 모두 합한 상태를 가리키는 게 아니라는 것을 뜻합니다. 보통 우리는 전체는 부분의 합이라고 생각하기 쉽습니다. 사회라는 전체가 있다면,

울타리

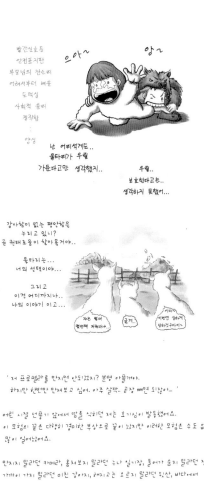

'저 프로펠러를 만지면 안되겠지? 분명 아플거야.
하지만 한번만 만져보고 싶어. 아주 살짝.. 곧장 빼면 되잖아... '

어린 시절 선물이 살에서 땀까지 식히던 저는 호기심이 발동됐어요.
이 모험이 끝은 다양한 결미한 부상으로 끝이 났지만 이러한 모험은 수도 없이
많이 있었어요.

만지지 말라던 카메라, 훔쳐보지 말라던 누나 일기장, 들어가 숨지 말라던 창문,
가까이 가지 말라던 미친 강아지, 캐지고는 오르지 말라던 뒷산, 바다에서
겁 없이 떠나 튜브여행, 피우지 말라던 담배, 면죄도 없이 타본 오토바이, 손
마사지 말라던 수학여행 등등.

왜 이렇게 하지 말라고 하는 건 더 하고 싶은 건지.
정말 인간의 호기심은 어리석도록 모험적인 것 같아요.

오늘 세상은 너무나 합리적이고 이기적이어서, 울타리를 넘나드는 것은 물론
울타리 자체를 없애려고 하는 사람들 때문에 걸수록 어지러운 세상이네요.

일러스트레이션 한세진, www.ttpas.com

그것은 개인이라는 부분들의 합이라고 생각하는 것이죠. 그러나 사회는 단지 숫자 그 이상의 의미를 갖습니다. 조금 어려운 말이지도 모르지만, 사회란 그보다 더 추상적인 말입니다. 구체적인 것은 눈으로 보면서 가리킬 수 있지만, 추상적인 것은 그럴 수 없기에 이해하기가 어렵습니다. 다시 숫자로 설명을 하자면 '1+1' 이 '11' 혹은 '9' 가 될 수도 있는 것이 사회라는 말입니다. 그러니까 사회는 단순히 개인을 합쳐 놓은 것 이상의 어떤 또 다른 상태입니다. 그것은 보이지 않는 힘으로서 끊임없이 개인의 삶에 영향을 주고 있습니다.

개인을 보호하는 울타리

사회는 이렇듯, 개인들의 총합이 아니기 때문에 손가락으로 가리켜 보일 수 있는 것이 아닙니다. 한마디로 눈에 보이지 않는 것이지요. 이러한 사회는 눈에 보이지 않게 개인들의 안전을 보호하는 긍정적인 역할을 합니다. 거친 자연 환경 속에서 살아남기 위해서 힘이 약한 인간은 집단 생활을 해야 했습니다. 만일 우리가 늑대 소년처럼 살아야 한다면, 끊임없이 맹수들의 위협에 떨며 배고픔을 해결하기 위해 힘들게 살아야 했을 것입니다. 다른 동물들에 비해 신체적으로 약한 인간은 서로 모여 사회를 형성함으로써 이러한 문제를 더 효과 있게 해결할 수 있었던 것입니다.

또한, 우리가 지금 살고 있는 민주주의 사회가 갖고 있는 중요한 기능 중에 하나는 개인의 안전과 인권을 보호하는 것입니다. 사회 속에서 개인들이 서로 얽혀 살다 보면, 여러 가지 문제가 발생하는 것은 당연합니다. 그런 문제들 중에는 범죄와 같이 개인 스스로가 해결하기 힘든 문제들도 있습니다. 이런 문제들을 우리는 사회 속에서 법이라는 제도를 통해 다스리고 있습니다. 이렇듯 사회는 개인의 생존과 인권을 보호함으로써, 우리가 자유롭게 살 수 있는 터전을 만들고 있습니다.

개인을 구속하는 울타리

그러나 사회가 언제나 개인을 보호하는 따뜻한 울타리의 모습만 가지고 있는 것은 아닙니다. 사회는 눈에 보이지 않게 우리를 구속하기도 합니다. 하루의 대부분을 보내야 하는 학교를 생각해 보세요. 학교생활을 하기 위해서는 지켜야 하는 교칙이 있습니다. 이 교칙은 학교라는 사회를 유지하고, 또 여러분이 공부를 잘할 수 있도록 만들어 주는 긍정적인 역할도 하지만, 자유롭게 자신을 표현하면서 살고자 하는 여러분의 욕구를 억압하기도 합니다. 법이라는 것도 마찬가지입니다. 그것을 지키지 않으면 질서가 깨질 수 있지만, 너무 많은 법들이 이러지 마라, 저러지 마라 하면서 사회 구성원들을 억누르고 있습니다.

교칙이나 법이 무조건 옳은 것은 아닙니다. 처음에 교칙이나 법은 그 사회의 목적을 실현하기 위해서 만듭니다. 만일 학교라면 여러분을 건전한 시민으로 키우고, 또 공부를 열심히 할 수 있는 분위기를 만들기 위해서 교칙을 만들겠지요. 그러나 동시에 교칙은 그 목적을 실현하기 위해 여러분을 효율적으로 통제하는 기능을 하게 됩니다. 그 과정에서 여러분은 학교라는 전체를 위해 여러분 자신을 희생해야 하는 대가를 치르기도 합니다.

보이지 않는 힘

보통 힘이라고 하면 물리적인 힘, 그러니까 육체적으로 혹은 감각적으로 느껴지는 힘을 생각하게 마련입니다. 그러나 이보다 더 무서운 힘은 눈에 보이지도 않고, 피부로 느껴지지도 않는 힘입니다. 사회는 이 두 가지 힘을 모두 가지고 있습니다. 한편으로, 사회는 법과 제도를 통해서 사회 속에 살고 있는 각 개인에게 물리적인 힘을 행사합니다. 가령 어떤 사람이 물건을 훔치거나 다른 사람을 다치게 한다면, 당장 경찰이 그 사람을 잡으려고 할 것입니다. 이런 식으로 사회는 개인들에게 강제적인 힘을 행사하는 것이지요. 그러나 논술을 하면서 우리가 더 관심 있게 보아야 할 것은 사회가 갖고 있는 보이지 않는 힘입니다.

우리는 보통 누군가로부터 직접 간섭받지 않는다면, 자유롭다고 느낍니다. 누가 날 때리지 않고, 내가 가진 것들을 훔치지만 않는다면 편안하다고 느낍니다. 하지만 여러분이 자유롭고 편안하다고 느끼는 그 순간에도 사회는 끊임없이 여러분의 삶에 간섭하고 여러분의 행동을 통제하고 있답니다. 이번에 우리가 다루는 주제를 통해서 여러분은 그러한 사회의 힘에는 어떤 것이 있는지 생각해 볼 것입니다. 그러한 보이지 않는 사회라는 울타리가 여러분의 삶을 편안하고 행복하게 하는지, 혹은 여러분을 구속하는지를 생각해 보면서 여러분이 진정한 자유를 누리기 위해선 어떻게 살아야 하는지도 판단해 봅시다.

영화로 보는 우리 주제
_「우리들의 일그러진 영웅」

이 영화는 원작 소설을 토대로 한 작품입니다. 여러분은 영화보다는 책으로 더 많이 읽었지요? 책으로 읽은 내용을 영상으로 감상할 때 느낌이 어떻게 다른지를 경험해 보세요.

영화 「우리들의 일그러진 영웅」, 1992.

이 영화의 배경은 1959년부터 1960년입니다. 이때는 우리 사회와 정치의 격변기였지요. 큰 변화가 있었다는 말입니다. 이 시기는 이승만 자유당 정권의 말기였는데요, 부정과 부패가 만연한 때였습니다. 여러분도 잘 알고 있듯이 이승만 대통령은 우리나라 초대 대통령입니다. 우리나라 정부가 구성된 것이 1948년인데, 1960년까지 대통령을 지냈으니 그 기간이 무려 13년입니다. 그래서 대한민국은 초대부터 4대까지 대통령이 단 한 사람입니다. 이렇게 오랫동안 집권을 위해 자유당은 무리하게 헌법 개정안을 통과시킵니다. 1960년 3월에 치러진 대통령 선거에서는 대대적인 부정 선거가 이루어집니다. 3인조, 9인조를 이뤄 투표를 하고, 투표함을 바꿔치기하는가 하면, 야당의 선거 감시원을 투표소에서 쫓아내기도 했습니다. 그 속이야 어쨌든 이승만 정권은 겉으로는 합법적으로 정권을 유지한 셈이지요. 그러자 학생들과 시민들은 이승만 정권을 몰아내기 위해 시위를 합니다. 교과서에도 나와 있는 4·19혁명이지요. 이후 한국 사회에 민주주의의 바람이 잠깐 불다가 1961년 5월 16일에 박정희가 쿠데타를 일으키면서 좌절하게 됩니다. 그 뒤 한국에서는 끊임없이 민주주의를 갈망하는 운동이 벌어지게 되지요.

「우리들의 일그러진 영웅」에서 공간적 배경인 5학년 2반은 겉으로는 아무 문제가 없어 보입니다. 다른 여느 반처럼 투표를 통해 반장을 뽑고, 학급 회의를 진행합니다. 방과 후엔 다른 반과 축구 시합을 하기도 합니다. 그리고 반 학생들은 엄석대의 말을 무척 잘 따릅니다. 학교 안에서 5학년 2반은 엄석대 반으로 통할 정도로 그의 통솔력은 선생님들에게 인정을 받고 있습니다. 엄석대에게 맡겨두면 5학년 2반에 무질서란 없습니다. 자율 학습 감독도 철저하고, 환경 미화도 언제나 1등입니다. 게다가 엄석대는 공부까지 전교 1등이라지요. 그런데 이런 엄석대의 통솔력은 어디에서 나온 것일까요? 다른 학생들보다 나이가 많아 힘이 센 엄석대는 폭력으로 학생들을 휘어잡았습니다. 엄석대에게 잘못 보이면 엄석대 부하 노릇을 하는 학생에게 두들겨 맞는 것은 물론이고, 축구 시합도, 친구들과 어울려 노는 것도 할 수 없습니다. 심지어 시험 시간에는 과목별로 엄석대의 시험을 대신 봐야 합니다. 겉으로는 평화스러워 보이지만 그 속은 온갖 폭력과 비리 투성이인

모양새가 자유당 이승만 정권과 꼭 닮았습니다. 감독은 5학년 2반을 통해 부패한 정권과 혼란스러웠던 시대 상황을 잘 묘사하고 있습니다.

이 영화는 국내에서뿐만 아니라 국제 영화제에서도 호평을 받았답니다. 자, 이제 시대적 상황과 연결시키면서 차분히 영화를 감상해 볼까요?

❶

영화의 결말 부분은 책과 조금 다릅니다. 책을 읽어 보았다면 어떻게 다른지 이야기해 보세요.

❷

5학년 2반은 급장 엄석대를 중심으로 학급 회의를 진행합니다. 이 회의는 민주적인가요? 여러분의 생각을 말해 보세요.

❸

산토끼 파티에서 병태는 불 속에 서울 학교에서 전학 올 때 선물로 받은 동전을 던집니다. 그 동전에는 '자유(Liberty)'라는 글자가 쓰여 있습니다. 병태가 한 이 행동의 의미는 무엇일까요?

❹

영화에서 5학년 담임선생과 6학년 담임선생은 어떤 차이점이 있나요?

❺

6학년 담임선생은 엄석대가 자신의 잘못을 시인하도록 체벌을 합니다. 이 경우 체벌은 정당
한가요? 다른 방법은 없는지 이야기해 봅시다.

영화 속 논술을 찾아라!

● 6학년 담임선생에게 체벌을 받은 후 아이들은 엄석대의 잘못을 폭로합니다. 그때 영팔이는 석대의 잘못을 이야기하지 않고 반 아이들에게 "너희들, 다 나빠!" 라고 소리칩니다. 이유가 무엇일까요? 영팔이가 반 친구들에게 하고 싶은 이야기를 완성해 봅시다.

세상 둘러보기
_감시 카메라와 인권

감시 카메라 설치 인권침해 논란

전북 전주시가 불법 쓰레기 투기와 불법 주정차를 예방하기 위해서 주택 단지 등에 폐쇄회로TV(CCTV)를 설치하려 하자 사생활을 침해하는 행정 편의주의적 발상이라는 반발이 일고 있다.

전주시는 올해 시내 13개 지역에 2억 3천만 원을 들여 불법 행위 방

마을 곳곳에 설치된 CCTV. 나를 보호해 주는 것인가? 나를 감시하는 것인가?

지용 폐쇄회로를 설치해 24시간 감시 시스템을 도입할 방침이라고 21일 밝혔다.

폐쇄회로 설치 지역은 상습적으로 불법 쓰레기를 투기하거나 불법 주정차가 많은 주택가와 식당 주변 이면 도로 등이다. 하지만 폐쇄회로 TV가 설치될 주변 지역 주택가를 중심으로 인권침해 논란이 적지 않게 일고 있다.

시민 이동엽(43) 씨는 "감시 카메라가 불법 얌체족들에게 경종을 울린다는 점에서 긍정적인 측면도 있으나 평범한 시민의 일상이 노출된다고 생각하면 찜찜하다."라며, "이에 앞서 다른 방법으로 불법 행위를 퇴치하는 데 머리를 맞대야 할 것"이라고 말했다.

상인 안상엽(54) 씨는 "지난해 서울 강남 지역 등에 도입됐던 감시 카메라에 대해 개인의 초상권이나 프라이버시를 침해한다는 대한변호사협회 의견이 나온 상태"라며 "고성능 무인 감시 카메라가 주변 지역을 상시 감시할 경우 영업에 지장이 있을 뿐만 아니라 지가 하락 등 재산권을 크게 침해할 수 있다."고 우려했다.

이번 감시 카메라 설치 추진은 1998년부터 불법 쓰레기 투기 근절을 위해 남부시장과 삼천1동 근린공원, 효자동 서도프라자, 서신동 영동아파트, 완산동 원각사 주변 등에 이은 것이다. 전주시 관계자는 "갈수록 교묘해지는 불법 행위로 선량한 시민들이 피해를 보고 있는데다 행정력만으로는 한계가 있어 불가피한 조치"라고 말했다.

—「경향신문」, 2004. 7. 22.

◉ 기사에 나오는 단어 중 모르는 단어의 뜻을 찾아서 적어 보세요.

세상 1

❶

전주시가 감시 카메라를 설치하게 된 동기는 무엇인가요?

❷

전주시에서 감시 카메라를 설치하려고 하자, 이에 찬성과 반대하는 입장이 맞섰습니다. 그 내용을 정리해 보세요.

◉ 감시 카메라 설치에 찬성하는 입장의 주장과 그 근거 :

◉ 감시 카메라 설치에 반대하는 입장의 주장과 그 근거 :

❶
그림을 본 후, 감시 카메라가 우리 생활에 미치는 좋은 점과 나쁜 점을 생각해 보세요.

◉ 좋은 점

◉ 나쁜 점

❷

그래프에 대한 친구들의 설명 중 틀린 것은 무엇인가요?

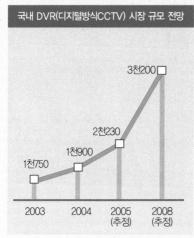

국내 DVR(디지털방식CCTV) 시장 규모 전망

3천200

2천230

1천900

1천750

2003   2004   2005   2008
              (추정) (추정)

자료 출처 : 한국전자산업진흥회

(1) 민 혁 : 앞으로도 국내 CCTV 시장이 커질 확률이 높구나.

(2) 현 서 : 사람들이 안전에 대해서 점점 더 불안해하고 있다고 볼 수 있어.

(3) 수 빈 : CCTV가 외화를 벌어들이는 데 큰 몫을 하고 있구나.

(4) 정 민 : 앞으로 우리 주변에서 CCTV를 더 많이 보게 될 것 같아.

지문 날인, 헌재 간다

인권침해 가능성이 제기돼 온 '지문 날인 제도'가 결국 헌법재판소의 심판을 받게 될 전망이다.

지문날인반대연대는 4일 올해 주민등록증 발급 연령인 만 17세가 된 여고생 이 모·최 모양과 함께 오는 8일 헌법재판소에 지문 날인 제도에 대한 헌법소원을 낼 것이라고 밝혔다. 이 양과 최 양은 각각 지난 1월과 2월 주민등록증 발급을 위해 필요한 지문 채취를 거부, 동사무소에서 주민등록증을 발급받지 못했다.

지문날인반대연대 측은 "열 손가락 지문을 찍어야만 주민등록증을 발급해 주는 현행 주민등록법은 헌법이 보장하는 행복추구권과 신체의 자유, 사생활의 자유를 짓밟는 것"이라고 말했다. 그는 "신원 확인을 위한 다른 방안이 있음에도 불구하고 모든 국민에게 지문 날인을 강요하는 것은 헌법이 정한 과잉 금지 원칙에도 어긋난다."고 덧붙였다.

민변 이은우 변호사는 "기본권 침해는 법률에 의해서만 가능하다는 헌법 규정과 달리 현행 열 손가락 지문 채취는 법률이 아닌 주민등록법시행령에 의해 이뤄지고 있어 문제"라고 지적했다.

―「경향신문」, 2004. 3. 4.

기사에 나오는 단어 중 모르는 단어의 뜻을 찾아서 적어 보세요.

세상 3

❶

주민등록증을 만들기 위해 지문을 찍는 것은 어떤 의미가 있는지 생각해 보고, 또 좋은 점과
나쁜 점은 무엇인지 적어 보세요.

❷

여러분이 만 17세가 되면 주민등록증을 갖게 됩니다. 주민등록증을 발급하기 위해 여러분은
손가락의 지문을 찍어야 합니다. 여러분은 어떤 결정을 내리겠습니까? 이유를 설명해 보세요.

바다 건너 간 '개똥녀 사건'…… 미(美)블로거들 논쟁거리로

지난달 인터넷을 뜨겁게 달구었던 일명 '개똥녀' 논쟁이 미국 블로거 사이에 커다란 화제가 되고 있다.

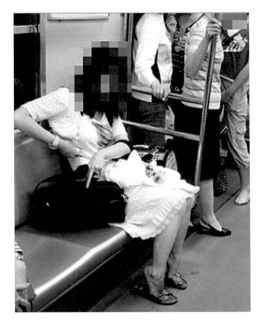

워싱턴포스트는 7일 "지하철에서 애견의 배설물을 치우지 않고 사라진 '개똥녀(Dog Poop Girl)' 사건은 시민 언론 매체로서 인터넷의 힘을 보여 줌과 동시에 인터넷의 미래에 대한 숙제도 함께 던져 주고 있다."고 보도했다.

기사를 쓴 조너던 크림 기자는 "이 사건을 놓고 미국 전문가들과 토론을 갖고 여러 블로그에 뜬 글을 읽어 본 결과 공통된 단서를 찾아낼 수 있었다."면서 "대다수 사람들은 인터넷을 새로운 사회 감시 도구로 사용하는 데 찬성하지만 그것이 지나치지 않도록 적정 수준을 찾아야 한다는 데 동의하고 있다."고 말했다.

대니얼 솔로브 조지워싱턴대 법학과 교수는 "개똥녀 사건은 자기 개가 저질러 놓은 일을 자신이 치워야 한다는, 대부분의 사람들이 동의할 만한 규범을 담고 있다."면서 "그러나 한 개인의 규범 위반에 대한 영구 기록을 갖는 것은 '디지털 주홍글씨'나 다름없으며, 그 사람을 낙인찍음으로써 사회적 제재를 완전히 새로운 수준으로 올려놓는 것"이라고 해석했다.

집단행동 전문가인 하워드 레인골드 씨는 "개똥녀 사건은 15억 명이 온라인으로 연결된 시대에는 과거처럼 국가가 아닌 우리의 이웃이나 지하철의 사람들이

'빅 브러더(감시자)'가 된다는 것을 가르쳐 준 사례"라고 지적했다.

크림 기자의 기사에 대해 이날 워싱턴포스트닷컴에는 '인터넷 린치'를 막기 위한 관련법을 마련해야 한다는 의견과, 오히려 정부의 인터넷 감시를 우려한다는 의견의 댓글이 여러 개 올라와서 눈길을 끌었다.

—「동아일보」, 2005. 7. 9.

 1

기사에서 언급된 사건과 관련하여 왼쪽에 있는 만
화가 주는 교훈에 대해 서술해 보세요.

 2

이 사건을 바라보는 바람직한 태도는 어떤 것인
지 자신의 견해를 말해 보세요.

이런 말 저런 얘기
_성범죄자 전자 팔찌

한나라당이 26일 성폭력 범죄자에게 '전자 팔찌'를 채우는 방안을 6월 임시국회에서 추진하겠다고 밝혔다. 신체에 부착된 전자칩을 통해 이들의 일거수 일투족을 24시간 감시하겠다는 발상이다. 성폭력은 피해자 개인뿐 아니라 가족에게까지 평생 지울 수 없는 상흔을 남기는 추악한 범죄다. 또한 재범률이 83%에 이를 만큼 반복 범행 성향 또한 유난히 높다. 그래서 성범죄자에 대해서는 국내외를 막론하고 엄벌 및 철저한 사회 격리 주장이 힘을 얻어 가는 추세다.

그러나 성폭력 사범의 반사회성에 대한 공감과 재범 방지 방법론으로 전자 팔찌 제도 도입이 타당한지는 전혀 다른 문제다. 우선 헌법이 보장한 개인의 기본권과 충돌한다. 저지른 범죄에 대해 처벌을 하고, 기본권을 제한하는 것은 공공질서를 위해 필요한 조치임은 물론이다. 그러나 범죄를 저지를 개연성만으로 범죄자 취급을 한다면 기본 법체계를 넘어서는 것이다. 성범죄를 예방하고 재발을 방지하는 프로그램은 해당 영역에서 체계적으로 접근하는 게 정도다. 성범죄는 충동적인 경우가 많고, 범죄자 상당수는 정신과 치료를 필요로 한다. 그렇다면 사회와 격리돼 있는 동안 세밀한 교정과 치료가 우선돼야 한다. 경각심을 높이기 위해 사회적 합의를 거쳐 형량을 늘리는 방안도 검토해볼 만하다. 이런 기본 논의를 생략한 채 전자 팔찌 방안부터 거론하는 것은 오로지 효율만 의식한 교정 정책이 아닐 수 없다. 성범죄자에게 이미 신상 공개라는 낙인을 찍고 있는 마당에 새로운 제도가 추가된다면 이중 처벌의 소지가 더 커진다.

한나라당 내부적으로도 치밀한 검토나 고민의 흔적이 안 보인다. 전자칩 착용자의 맥박이 높아지면 성범죄를 감지할 수 있을 것이라는 식의 비현실적인 접근부터 어이가 없다. 새 제도의 도입이 미칠 파장과 부작용까지 두루 살펴야 한다. 성범죄 강경 대응에 앞장서 온 일부 여성 단체까지 부정적일 만큼 허점이 많은 전자 팔찌 구상이다. 편의와 효율을 위해 인권을 희생하는 교각살우(矯角殺牛)의 우(愚)를 범해선 안 된다.

―「문화일보」, 2005. 4. 27.

글쓴이의 핵심 주장을 짧게 요약하고 주제를 파악해 보세요.

전자 팔찌

작가 버지니아 울프(1882~1941)는 평생 신경질환에 시달린 끝에 자살하면서 남편에게 유서를 남겼다. 보통의 부부 생활 거부라는 황당한 조건으로 결혼, 아이를 갖지 않았던 건 6살 때부터 의붓오빠에게 못된 짓을 당한 나머지 몸에 대한 혐오감과 수치심을 갖게 되었기 때문이었다는 내용이었다.

유서는 이렇게 끝난다. "추행과 폭력이 없는 세상, 성차별이 없는 세상에 대한 꿈을 간직한 채 저는 지금 저 강물을 바라보고 있습니다." 울프 같은 여성도 과거의 끔찍한 기억을 극복하지 못하고 일생을 불행 속에 살다 간 셈이다. 남편 레너드는 아내의 죽음 앞에서야 겨우 그 끔찍한 고통을 알게 됐던 것이고.

울프가 간절한 소망을 남기고 세상을 떠난 지 60여 년이 지난 지금도 성범죄는 끊이지 않는다. 뿐만 아니라 세상이 아무리 바뀌었다고 해도 피해자들은 겁이 나서 혹은 창피해서 자신이 겪은 일을 쉽사리 털어놓지 못한다. 그러다 보면 성폭행 후유증으로 당사자는 물론 가족의 삶까지 송두리째 망가질 수 있다.

한나라당이 상습 성폭력범에 GPS(위성위치확인시스템)칩이 부착된 전자 팔찌 착용을 의무화하는 법안을 마련키로 했다는 소식이다. 성범죄가 5대 강력 범죄 중 두 번째인 데다 국내의 인구 대비 성폭행 발생 빈도가 세계 3위고, 25% 이상이 아동 성폭행, 재범률이 80%가 넘는 만큼 특단 조치가 있어야 한다는 것이다.

성범죄 처벌 문제는 어디서나 간단하지 않거니와 국내의 법안 제정을 놓고서도 성폭력 근절을 위해 부득이하다는 찬성론과 현대판 주홍글씨라는 반대론이 맞선다. 성범죄자에 대한 지속적인 감시나 격리를 주장하는 건 높은 재범 가능성 탓이다. 미국의 경우, 한 사람의 소아 성폭행범이 1백 50명 이상의 피해자를 만든다고 할 정도다.

때문에 영국과 미국의 일부 주에선 가석방된 성폭행범에게 'GPS 족쇄'를 채우고, 스위스에선 평생 격리하는 법안이 가결됐다고 한다. 하지만 지나치게 가혹한 처우를 할 경우 인권침해는 물론 반사회적 인성을 강화시킬 우려도 높다. 적용 대상과 기준, 착용 기간, 통제 유형에 대한 깊이 있는 연구는 물론 치료법 개발과 실시에도 힘쓸 일이다 싶다.

―「한국경제」, 2005. 4. 27.

글쓴이의 핵심 주장을 짧게 요약하고 주제를 파악해 보세요.

나도 세상에 한마디!

최근 CCTV를 설치하려고 하는 학교가 늘어나고 있습니다. 옆의 사진은 CCTV에 찍힌 사진입니다. 이에 대해서 교내 폭력을 예방할 수 있다는 주장과 인권을 침해할 우려가 있다는 주장이 맞서고 있습니다. 여러분의 생각은 어떤가요? 여러분을 주인공으로 하고 여러분과 반대되는 생각을 갖고 있는 친구를 등장시켜 서로 토론하는 대화문을 만들어 보세요.

책으로 읽는 우리 주제
_『우상의 눈물』

인간은 사회적 존재입니다. 늑대 무리 속에서 자란 아이의 일화는 유명하지요. 생물학적으로는 분명 인간이었지만, 그들은 인간이 만든 사회에 적응하지 못했습니다. 사회는 인간이 살아가는 데 꼭 필요한 울타리입니다. 이 울타리 안에서 살기 위해서는 사회를 유지하는 데 필요한 여러 가지 규칙을 지켜야 합니다. 남의 물건을 훔치거나 살인을 하면, 즉 다른 사람의 자유와 권리를 침해해서 사회를 혼란스럽게 만드는 행동을 '악'으로 정하고 사회가 정한 '벌'을 받게 되지요.

전상국, 『우상의 눈물』, 민음사, 2005.

그런데 사회에서 저질러지는 '악' 중에 벌을 받지 않는 '합법적'인 것이 있다는 사실을 알고 있나요? 앞서 「우리들의 일그러진 영웅」을 보기 전에 살펴보았지요, 부정 부패로 얼룩진 정권이 국민들의 '합법적'인 지지로 유지되었다는 사실을요. 히틀러의 유대인 학살 역시 독일 국민들의 지지를 받아 이루어졌답니다. 대부분 이런 '합법적인 악'은 그 사회에서 권력을 갖고 있는 사람들이 치밀한 계획을 가지고 벌이기 때문에 많은 사람들이 '악'이라고 느끼지 못하고, 수긍하는 경우가 많습니다. 잘못이 있다고 말하는 사람들이 오히려 '왕따'를 당하게 되지요. 어쩌면 더 많은 사람들이 영향을 받기 때문에 남의 물건을 훔치거나 살인을 하는 것보다 더 무서운 일일지도 모르는데 말이에요.

『우상의 눈물』은 고등학교 2학년 교실에서 벌어진 일입니다. 2학년 13반에는 「우리들의 일그러진 영웅」의 엄석대와 비슷한 학생 기표가 등장하는데, 선한 모습의 반장 형우와 담임선생이 기표를 길들이는 방식이 무척 교묘하고 치밀합니다. 아마도 저자 전상국은 '합법적'으로 진행되는 '악'에 대해 이야기하고 싶은 모양입니다. 어떤 일이 벌어지는지 함께 가 볼까요?

❶

기표는 아이들이 악마라고 부를 정도로 잔인한 문제아입니다. 그런데도 반장 형우는 기표가 좋은 성적을 받도록 반 아이들과 조직적인 부정행위를 계획하는데요, 담임선생은 이 모든 것을 알고도 모르는 척합니다. 형우는 담임선생의 침묵 속에서 '합법적인' 부정행위를 계획한 것이지요. 형우와 담임은 왜 이런 일을 계획했을까요? 이것은 정당한 일이었을까요?

❷

형우는 기표와 재수파에게 린치를 당한 사실을 숨깁니다. 하지만, 형우가 기표를 보호해 준 사실이 학교 전체에 알려지고, 형우는 전교생의 영웅이 됩니다. 이후에 기표를 대하는 아이들의 태도가 변합니다. 장난을 거는 등 다른 친구들처럼 대하게 되지요. 왜 아이들의 태도가 변했을까요?

❸
기표는 전과 달리 순한 학생이 됩니다. 이때 형우와 담임선생은 기표네 집안 사정을 반 아이들에게 공개합니다. 기표의 협박으로 헌혈까지 해가며 돈을 뺏겼던 재수파를 형편이 어려운 친구를 도운 의리파로 묘사하기도 합니다. 그리고 기표를 돕기 위해 반 아이들과 함께 돈을 마련합니다. 이는 무엇을 위한 것이었습니까?

책 속에 숨어 있는 논술

● 이 소설은 기표가 여동생에게, "무섭다. 나는 무서워서 살 수가 없다."라는 편지를 남기고 사라지는 것으로 끝납니다. 기표는 무엇이 무서웠던 것일까요? 기표의 편지를 끝까지 완성해 보세요.

로고스 선생님 추천 도서

조지 오웰, 『1984』, 정회성 역, 민음사, 2003.

이문열, 『우리들의 일그러진 영웅』, 소담출판사, 2003.

정종목, 『홍길동전』, 창비, 2003.

박시백, 『박시백의 그림세상』, 해오름, 2002.

3강
무거운 처벌일수록
효과가 좋은가요

클릭! 교과서

클릭! 교과서

　법치주의란 법에 의해 국가를 다스리는 제도라고 하였는데, 법에 의해 다스리기만 하면 모두 법치주의일까? 만약 국민의 기본권을 무시하는 법을 만들어 놓고 그 법에 따라 국가를 다스리면서 법치주의를 내세운다면 어떻게 될까? 이는 진정한 의미에서의 법치주의라고 말할 수 없을 것이다. 여기에서 실질적 법치주의의 이념이 필요해진다.

　실질적 법치주의에서는 절차상의 문제없이 법이 성립되었는가를 따지는 것이 아니라, 법의 목적과 내용이 정말로 국민의 자유와 권리를 보장하고 있는가를 따진다. 이러한 실질적 법치주의의 구체적 내용으로는 성문 헌법주의, 법률에 대한 위헌 심사 제도 등이 있다. 법률에 대한 위헌 심사 제도는 적법한 절차를 거쳐서 만들어진 법이라고 할지라도 국민의 기본권을 침해하는 등 헌법에 위반되는 경우에는 그것을 무효화시키는 제도로, 우리나라에서는 헌법재판소에 그 권한이 있다.

—사회2(중앙교육진흥연구소), p.180.

옛날에는 왕이나 귀족과 같은 지배자가 국민들을 마음대로 다스리는 '사람에 의한 지배'가 이루어졌다. 그러나 근대 시민 혁명을 거치면서 사람들은 모든 인간이 자유롭고 평등한 권리를 가져야 한다고 생각하게 되었고, 이러한 권리를 지키기 위하여 나라를 운영하는 법도 국민 스스로 만들기 시작하였다. 오늘날의 민주 국가에서는 국민의 대표 기관인 의회가 제정한 법률에 따라 국가 권력을 행사하는 '법에 의한 지배'인 법치주의를 중시한다. 그래서 법을 만드는 일도, 법을 적용하는 일도, 국가가 어떤 일을 할 때에도 모두 법에 따르도록 되었다.

법에 의한 지배가 이루어져야 하는 것은 인간의 존엄성과 자유가 존중되고 정의가 실현되도록 하기 위함이다. 근대 이후, 민주 국가에서는 헌법에 기본적 인권을 보장해 놓고, 이 헌법에 따라 정치를 하는 입헌 정치를 중요시 하고 있는데, 이것 역시 법치주의의 한 모습이다.

그러면 법대로만 하면 모든 국민의 존엄성과 자유, 권리가 보장되고 정의 사회가 실현될 수 있을까?

—사회2(교학사) p. 172~173.

다른 교과서에는 없나요?

국어1-1(교육인적자원부), 4.메모하며 읽기 (3)가정교육의 어제와 오늘, p.130~134.
사회2(중앙교육진흥연구소), Ⅶ-1.법의 지배와 정의 (1)법의 필요성과 이념, p.176~181.
사회2(지학사), Ⅶ-1.법의 지배와 정의 (1)법치주의의 의미와 중요성, p.181.

대화로 주제 찾기

 지 혜 우미야! 같이 가자! 왜 혼자 분위기 잡고 가는 거니?

 우 미 …….

 명 석 어라, 오늘따라 왜 무게 잡고 그러냐.

 지 혜 가만, 우미 너 울었니? 얼굴이 왜 그래? 무슨 일 있었어?

 명 석 놔둬라, 일은 무슨 일. 또 슬픈 발라드 한 곡 듣고 필 받으셨겠지.

 지 혜 명석아, 너 가만히 좀 있어. 진짜 무슨 일이 있는 거 같아. 말해 봐, 우미야.

 우 미 실은…….

지혜 응. 어서 얘기해 봐.

 우미 오늘 영어 선생님한테 맞았어.

 지혜 얼마나 맞았는데?

 우미 30센티미터 자로 열 대.

 지혜 왜?

 우미 음. 오늘 지난주에 봤던 단어 시험 결과가 나왔거든. 한 문제 틀릴 때마다 한 대씩 계산해서 그렇게 맞은 거야.

 명석 뭐, 맞을 짓을 했네. 그리고 그까짓 자로 열 대 맞았다고 그러냐? 너만 맞은 것도 아니고.

 우미 어떻게 그런 소리를 할 수 있어? 명석이 넌 안 맞았다 이거지?

 명석 오늘은 안 맞았지만, 나도 맞은 적 있어. 다 너 공부 열심히 하라고 그러시는 거지. 너보다 더 많이 맞은 친구들도 있잖아. 그리고 오늘 다른 반 애들도 영어 시간에 다 그렇게 맞았다고 하더라. 그러니 그렇게 유별나게 굴 것까진 없잖아?

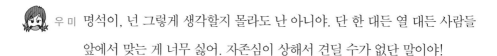 우미 명석이, 넌 그렇게 생각할지 몰라도 난 아니야. 단 한 대든 열 대든 사람들 앞에서 맞는 게 너무 싫어. 자존심이 상해서 견딜 수가 없단 말이야!

지혜 그래, 명석아. 너처럼 아무렇지 않게 넘어갈 수 있는 사람도 있겠지만, 우미처럼 자존심에 상처를 받는 사람도 있는 거야.

명석 차라리 아파서 운다면 이해하겠다. 영어 선생님이 뭐 그렇게 악명 높게 아프게 때리는 선생님도 아니고. 우미 그건 너의 지나친 자존심 문제라고 봐. 대부분의 친구들은 모두 그러려니 넘어간다고.

우미 그렇게 말하지 마! 내 자존심 문제이기 전에, 정말로 선생님이 학생을 그렇게 때려도 되는 거라고 생각하니?

명석 어? 얘가 오늘 따라 굉장히 공격적이네.

지혜 그래. 우미가 한 말에 생각할 게 좀 있다, 명석아.

우미 너처럼 영어를 잘해서, 잘 안 맞는 애들은 모를 거야. 그게 얼마나 자존심 상하는지. 그리고 오히려 난 명석이 네 생각이 이해가 안 돼. 어떻게 맞는 걸 당연하게 생각할 수 있지?

명석 그래, 좋아. 그 말은 취소다. 나도 그게 당연한 일이라고까지는 생각하지 않아. 하지만 선생님 혼자서 다양한 개성을 가진 여러 학생들을 통제하기 위해선 체벌이 필요하다고 생각해.

 우미 때리는 거 말고 다른 방법을 사용해도 되잖아?

 명석 하지만 현실에서 그게 어디 쉽니? 예를 들어, 수업 시간에 떠드는 애들이 있어서 선생님이 말로 경고를 했다고 하자. 그 애들이 곧바로 얌전해지고, 다시 떠들지 않게 될까? 선생님은 수업에 성실하게 참여하려는 다른 학생들을 위해서 그 애들의 행동을 빠른 시간 안에 제재할 필요가 있어. 그러기 위해선 말로 경고를 주는 것보다 체벌을 하는 것이 훨씬 효과가 크지.

 우미 그럴 경우에도 다른 방법이 있어. 떠드는 아이들을 교실 밖으로 나가게 한다든지…….

 명석 하지만 그럴 경우 그 애들은 그 시간 수업을 듣지 못하게 돼. 그건 선생님이 원하시는 게 아닐 거야. 비록 떠들긴 했지만, 그 학생들도 수업에 참여시켜야 하거든. 그게 선생님의 의무라고 생각하실 테니까.

 지혜 하지만 손쉽게 통제하기 위해 체벌을 허용하는 것이 옳은 일인지는 잘 모르겠어. 선생님도 사람이기 때문에 때리다가 감정이 격해져서 심하게 때릴 수도 있거든. 또, 다른 아이들과 공평하게 때렸다고 해도 우미처럼 매맞는 것에 심하게 모멸감을 느끼는 학생에게는 심각한 정신적 충격을 줄수도 있고. 그러니까 아무리 좋은 의도를 갖고 하는 일이라도 누군가를 불행하게 할 수 있다는 말이지.

명석 물론 그런 일이 없을 수야 없겠지. 그렇다고 어쩌다 생기는 그런 일 때문에 체벌을 아예 못하게 한다면, 수업 분위기가 어떨까? 또 학생들이 얼마나 스스로 열심히 공부할 수 있을까?

 우미 난 그래도 체벌에 반대야. 전체를 위해서 개인을 희생해도 좋다는 것은 민주적인 생각이 아니야. 역사 시간에도 전체주의가 얼마나 위험한 생각인지 배웠잖아. 과거에 히틀러가 그랬고, 우리나라의 군사독재 시절도 그래. 그 속에서 얼마나 많은 사람들이 죄 없이 희생당해 왔는지는 공부 잘하는 명석이 너도 잘 알고 있겠지?

 명석 하지만, 우미 너의 생각이야말로 너무 이상적이야. 정말이지 체벌 없이도 학생들이 자율적으로 학교생활을 잘할 수 있을 거라고 보니?

 우미 나는 이상주의자는 아니야. 하지만 다른 방법이 없다고 해서 체벌이 정당화되는 것은 아니라고 생각해.

 지혜 그래, 나도 그렇게 생각해, 명석아. 대안이 없다고 해서 고칠 것도 없다고 말하는 것은 어딘가 문제가 있어. 일단 체벌이라는 방식이 문제라면, 그것에 대해서 반성하고 다른 방법을 찾아보는 노력이 뒤따라야 당연한 거지.

 명석 그래, 좋다. 그래서 너희들이 생각하는 대안이 뭐니?

지혜 글쎄…… 그건 나도 바로 대답하지 못하겠는걸. 그동안 우리가 매 맞고 벌 받는 것에 너무 익숙해져서 다른 방법을 생각해 보지도 못한 것 같다. 이렇게 아무 생각 없는 것도 체벌 교육의 부작용이 아닐까? 언제쯤 우리도 매 맞고 벌 받지 않으면서 학교에 다닐 수 있을까?

 우미 방법이 있긴 있어.

 지혜 그게 뭐야?

 우미 학교 대신 학원만 다니는 거야. 그건 법으로 안 되는 건가……. 그렇다면 이건 어떨까? 전국의 모든 학교를 학원으로 만드는 거야! 어때?

 명석 또 시작이군. 어째 오늘은 좀 잘 나간다 싶더니만, 으이구~.

로고스 선생님과 생각 주무르기
_ "인권을 생각하는 처벌"

익숙한 것은 당연한 것?

"잘못했으면 맞아야지!" 아주 어린 시절부터 끊임없이 들어와서 귀에 익숙한 말입니다. 우리는 잘못을 했으면 당연히 그 죄 값을 치러야 한다고 생각합니다. 그러나 사람이 사람을 때리거나 벌을 준다는 것이 그렇게 당연한 일인지 생각해 볼 필요가 있습니다. 익숙하다고 해서 당연한 것은 아니니까요. 당장 이 질문에 대한 대답을 찾기 쉽지 않지만 익숙하다고 무조건 받아들이면서 사는 것은 진정한 자기 삶의 주인으로서 사는 게 아닙니다.

잘못을 하면 그에 대한 마땅한 대가를 치르는 건 공동체 생활에서 당연한 일입니다. 그렇지 않고, 남에게 해를 끼치고도 혼자서 잘살 수 있다면, 누구나 남에게 해를 끼치는 것에 아무런 죄의식도 느끼지 않을 것이고, 결국엔 사회가 무질서해질 테니까요. 하지만 잘못에 대한 처벌 방식이 모두 옳은 것은 아닙니다. 어떤 처벌 방식은 인권을 무시할 만큼 가혹할 수 있습니다. 인권을 무시할 위험성이 있는데도 처벌을 강하게 할수록 좋은 것일까요? 왜 우리는 이런 생각을 품고 있을까요?

눈에는 눈, 이에는 이!

우리가 다른 사람을 처벌하는 것은 어쩌
면 우리 마음속에 있는 복수심 때문인지도
모릅니다. 복수심은 아주 원초적인 감정이
라고 할 수 있죠. 누군가가 나에게 어떤 피
해를 입히고 고통을 준다면, 나를 고통스럽
게 하는 그 사람을 미워하게 되는 게 자연
스러운 감정입니다. 여러분도 아마 누군가
에게 복수를 해야겠다는 마음을 가진 적이
있을 겁니다.

복수는 어쩌면 당연한 일인지도 모릅니
다. 내가 만일 어떤 사람 때문에 한쪽 눈을

당한만큼 되돌려 주는 것. 복수심은 처벌의
근거가 될 수도 있다.

잃는 피해를 당해서 고통을 겪고 있습니다. 나는 이렇게 아픈 통증과 불편을 준
그 사람이 너무도 밉습니다. 그래서 그 사람도 한쪽 눈을 잃어 내가 겪고 있는 이
끔찍한 고통을 느끼게 해주어야 내 한이 좀 풀릴 것 같습니다. 이때 나는 그 사람
을 붙잡아 나와 똑같은 상처를 줄 수 있습니다. 이렇게 피해자와 가해자의 상처를
똑같이 만듦으로서 피해자의 마음을 위로하고, 가해자의 죄를 면하게 하는 것이
지요.

실제로 과거에 이런 법이 행해졌던 때도 있었습니다. 그러나 민주주의라는 제
도 아래, 개인의 인권을 중요하게 생각하는 오늘날에는 이제 그런 식으로 죄인을
처벌하지 않습니다. 왜일까요? 한번 생각해 봅시다. 내 눈을 다치게 했다고 해서
가해자의 눈을 다치게 한다고 정말로 내 고통이 완전히 없어지나요? 그렇다고 다
친 내 눈이 나을 수 있나요? 오히려 나와 같은 고통을 느끼는 사람만 이 세상에

더 많아진 것은 아닌가요? 또 그 사람이 실수로 내 눈을 다치게 한 것이라면, 내 복수가 어딘가 좀 지나친 것 같지는 않나요?

예방 효과

우리는 병원에 가서 예방접종을 합니다. 예방접종을 함으로써, 우리는 앞으로 발생할지 모르는 질병들을 미리 막을 수 있습니다. 처벌을 무겁게 할수록 좋다고 생각하는 이유 중 하나도 이와 비슷합니다. 죄인을 처벌 하는 것은 범죄를 예방하는 효과가 있다는 것이죠. 이러이러한 죄에 대해선 이러이러한 처벌이 가해진다는 사실을 많은 사람들에게 각인시킴으로써 사람들이 그 죄를 짓지 않도록 사전에 예방할 수 있다는 생각이지요. 한마디로 사람들에게 미리 겁을 주어서, 죄를 짓지 못하도록 만드는 것입니다.

체벌을 생각해 봅시다. 선생님이 여러분을 특별히 미워하거나 어떤 복수심이 있어서 때리는 경우는 아마 없을 것입니다. 체벌로써 앞으로 이런 잘못을 하는 학생이 있다면 이렇게 벌을 주거나 때리겠다고 학생들에게 경고하는 것이지요.

그러나 그 경고란 게 정말 효과가 큰지는 의문입니다. 결국 똑같은 잘못을 하는 학생이 나타나게 마련이거든요. 사회 전체로 보아도 마찬가지입니다. 우리는 죄를 지은 사람을 감옥에 가둡니다. 그렇게 함으로써 범죄를 예방하는 효과를 가지려면 이 사회의 범죄 발생이 점점 줄어야 할 것입니다. 그러나 범죄는 점점 늘어나고, 심지어 더 흉악해지기까지 합니다. 그렇다면 애당초 바랐던 예방 효과가 있다고 볼 수 있을까요?

교육의 한 방식

처벌을 해도 범죄가 예방되지 않는다면 도대체 무슨 이유로 처벌을 하는 것일까요? 처벌을 해도 똑같은 잘못을 저지르는 사람들이 자꾸 나타난다면 이제 처벌은 아무 소용이 없는 게 아닐까요? 그래도 처벌이 필요하다고 생각하는 사람은 더 중요한 이유를 말합니다. 처벌을 하는 이유는 다름아닌 잘못을 저지른 사람을 올바로 교육시켜 사회 속에서 다른 사람과 잘 어울려 살아갈 수 있도록 하기 위해서라는 것이죠.

봉건 시대 마을 훈장의 체벌은 공동체의 일원을 키우기 위한 하나의 교육이었을 게다. 그러나 자유민주주의를 천명하고 있는 오늘날 교육을 위한 체벌은 어디까지 허용될 수 있을까.

아마 체벌을 하는 선생님들 중에는 이런 생각을 하고 있는 분들도 있을 겁니다. "네가 미워서 때리는 게 아니다. 다 너 잘되라고 하는 거지!" 여러분이 체벌을 받으면서 종종 듣는 말일 것입니다. 이 말은 결국 선생님들이 여러분에게 체벌을 하는 이유를 말하는 것이라고 볼 수 있습니다. 여러분이 잘못할 때 벌을 줌으로써 여러분이 앞으로 올바르게 세상을 살 수 있도록 가르침을 주겠다는 것이죠.

언뜻 들으면 그럴듯한 말입니다. 그러나 이런 생각은 독단에 빠질 위험이 있습니다. 여러분을 '올바르게' 가르치기 위해서는 체벌을 하는 것이 필요하다고 할 때 말하는 그 '올바름'의 기준은 무엇인가요? 어떤 선생님은 내 머리 모양을 보시고 아주 개성 있다고 기특해 하십니다. 그런데 어떤 선생님은 학생답지 못하다고 야단을 칩니다. 둘 중 어떤 선생님의 말씀이 '올바른' 것인가요? 가치 기준은 사람마다 다릅니다. 체벌을 하는 선생님 한 사람의 생각만이 무조건 올바른 것은 아닙니다. 진정 올바른 것이 무엇인지는 대화와 토론을 통해서 탐구해 나가는 것이지, 체벌을 해서 강제로 주입하면 안 됩니다. 그렇지 않으면 체벌은 그저 가르친다는 명분 아래 가해지는 폭력이 될 수도 있으니까요.

인권을 생각하는 처벌

　그렇다면 사람을 처벌하는 것은 무조건 나쁜 것일까요? 그렇지는 않습니다. 잘못에 대한 처벌이 없다면, 사회는 금방 아수라장이 되고 말 것입니다. 사람을 죽이고도 떳떳하게 살 수 있는 사회라면, 그 사회가 어떤 모습일지는 불을 보듯 뻔하죠. 그러나 우리는 죄인을 벌하는 '방식'을 신중하게 고려할 필요가 있습니다. 죄는 미워해도 사람을 미워하지는 마라는 말이 있듯이, 사람은 실수로 죄를 저지를 수 있습니다. 그런 사람에게 반성할 기회를 주고 다시 세상 속에서 사람들과 건강하게 어울릴 수 있도록 도와주어야 하는 것이 벌을 주는 목적이 되어야 할 것입니다. 그런 목적을 이루기에 가장 좋은 방식은 어떤 것일까요? 강하고 엄하게 다스리기만 하면 되나요? 이번 시간을 통해서 이 문제를 곰곰이 생각해 봅시다.

영화로 보는 우리 주제
_「데드맨 워킹」

122개 국가가 사형 제도를 폐지하거나 중지했습니다. 한국, 일본, 미국을 포함한 74개국만은 여전히 사형 제도를 유지하고 있습니다.(2006.3) 세계적인 인권 단체 '엠네스티 인터내셔널'은 2006년 한국을 사형제 폐지 집중 캠페인 대상국으로 정했다고 합니다. 실제로 한국은 1997년 이후 사형을 집행한 적이 단 한 번도 없었습니다. 그동안 한국에서도 인권 단체를 중심으로 사형제 폐지 논의를 진행하고 있었지요.

영화 「데드맨 워킹」, 1995.

그런데 나날이 범죄가 흉악해지면서 찬반 양론이 팽팽하게 맞서고 있습니다. 21명 연쇄 살인 사건, 어린아이를 대상으로 한 성폭력 살인 사건, 동기가 없는 이른바 '묻지 마' 살인 사건 등은 등골을 오싹하게 합니다. 피해자 가족의 오열을 보고 있으면 "범죄자에게 강력한 처벌이 필요하다"는 주장에 마음이 기울기도 합니다. "인간의 존엄성을 최고의 가치로 삼아야 한다"는 주장은 무기력해 보입니다. 그러다가도 억울하게 죽는 사람이 생길 수 있는 사형제는 없어져야 하는 것은 아닐까라는 생각을 하기도 합니다. 여러분은 이런 흉흉한 뉴스를 들으면 어떤 생각을 하나요?

「데드맨 워킹」은 실화를 바탕으로 만든 영화입니다. 사형수 매튜는 살인, 강간 등 흉악 범죄를 저지른 범죄자입니다. 흑인 빈민가의 희망의 집에서 일을 하는 수녀 헬렌에게 자신은 억울하게 죄를 뒤집어썼다고 호소하며 도움을 청합니다. 헬렌은 사형 제도가 공정하게 집행되지 않을 뿐 아니라 또 하나의 '계획된 살인'이라 생각합니다. 그래서 매튜의 구명 운동을 무보수 변호사와 함께 시작하지요. 헬렌의 구명 운동은 성공했을까요? 매튜는 자신의 잘못을 뉘우쳤을까요?

어떤 영화는 보고 나면 생각이 많아지고 복잡한 감정 탓에 가슴이 먹먹해질 때가 있습니다. 이 영화가 그럴지도 모르겠네요. 함께 보시죠.

❶

매튜의 공범은 사형을 면합니다. 그 이유는 무엇인가요?

❷

여러분이 피해자의 가족을 만났다면 어떤 이야기를 하고 싶나요?

❸

살인이나 폭력 등으로 인해 상처를 입은 피해자 가족에게 사회에서 어떤 도움을 주어야 할지 고민해 봅시다.

❹

흉악한 죄를 저지른 범죄자를 우리와 똑같이 생명의 존엄성을 가진 인간으로 여길 수 있을까요?

❺

헬렌은 사형 제도가 '계획된 살인'이라 생각하며 괴로워합니다. 여러분은 어떻게 생각하시나요? 사형 제도는 처벌로서 정당한가요? 계획된 살인인가요?

영화 속 논술을 찾아라!

● 여러분이 주인공 매튜의 죄를 심판해야 하는 판사라면, 사형을 선고하겠습니까? 아니면 다른 벌을 선고하겠습니까? 그 이유는 무엇입니까? 적절한 근거를 들어 판결문을 작성해 보세요.

세상 둘러보기

_청소년 인권

"두발 규제, 체벌반대" 동성고(高) 오병헌 군 1인 시위

"빼앗긴 학내 인권을 돌려 주세요."

한 고교생이 두발 규제, 체벌에 반대하며 1
인 시위에 나섰다. 2004년 학내 종교의 자유
를 주장하며 1인 시위에 나서 파장을 일으켰
던 강의석(20·당시 대광고 3년) 씨를 연상
케 한다.

서울 동성고 3학년생 오병헌(18) 군은 8일
등굣길 학교 앞에서 강제적인 0교시 수업, 엄
격한 두발 규제와 체벌 등에 반대하며 1시간
가량 1인 시위를 벌였다.

오 군이 시위에 나선 것은 학생들에 대한 학교의 통제가 심각하다는 판단 때문.
오 군은 "0교시에 조금 늦거나 주번 활동을 제대로 하지 않았다고 해서 수차례

따귀를 맞는 등 비상식적 수준의 폭력 행위가 벌어지고 있다."고 고발했다. 그는 "두발 검사에 걸리면 단체로 운동장에서 얼차려 등의 '제식훈련'을 받아야 한다."고 덧붙였다.

오 군은 "'학생 회장 출마 규정에 성적 제한을 두는 것은 부당하다.'는 내용의 글을 학교 홈페이지에 올렸다가 '학교 명예 훼손'이라는 이유로 삭제당한 적도 있다."면서 "담임 선생님이 사회과학 서적을 읽지 말도록 강요하기도 했다."고 주장했다.

오 군은 "학교 게시판이나 학생회를 통해 문제 제기를 해왔지만 전혀 귀기울이지 않았다."며 "무섭지만 이대로 침묵하고 있을 수만은 없었다."고 말했다.

학교 측은 오 군의 주장에 대해 "체벌이나 지나친 폭언은 조사를 해서 시정하겠지만 두발 규정은 학교운영위원회에서 결정한 것이고, 보충수업은 담임 교사의 재량에 달린 문제로 학교가 규제할 수 없다."고 밝혔다.

—「경향신문」, 2006. 5. 8.

기사에 나오는 단어 중 모르는 단어의 뜻을 찾아서 적어 보세요.

❶

1인 시위 후 교장 선생님이 오병헌 학생과 면담을 했다면 교장 선생님은 어떤 말을 했을까요? 교장 선생님이 오병헌 학생에게 무슨 말을 했을지 추측해서 써 보세요.

❷

학교 측은 오병헌 학생의 요구를 들어주었을까요? 기사에 실린 내용을 토대로 학교의 반응을 예상해 보세요.

❸

만일 여러분이 1인 시위를 한다면, 학교생활에서 어떤 문제를 지적하고 시정을 요구하겠습니까? 자신이 겪었던 학교생활을 돌아보고, 1인 시위에 사용할 피켓에 요구 사항을 적어 보세요.

㉮

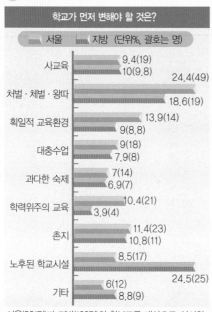

㉯

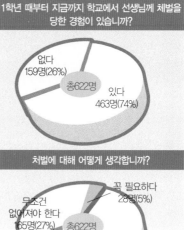

서울(201명)과 지방(102명)의 학부모를 대상으로 실시한 설문 조사.

❶

㉮는 학부모들을 대상으로 한 설문 조사 결과이고, ㉯는 초등학생을 대상으로 한 설문 조사 결과입니다. 다음 중 그래프를 보고 가장 올바른 판단을 내린 친구는 누구인가요?

(1) 영 철 : 체벌이 어느 정도 필요하다고 생각하는 초등학생들은 매를 맞아 본 경험이 있어. 역시 매를 맞아야 매가 얼마나 필요한지도 알게 된다니까.

(2) 수 빈 : 지방에 있는 학생들은 낡은 학교 시설 때문에 불편을 겪고 있구나.

(3) 영 민 : 부모님들은 역시 체벌 문제보다는 사교육 문제에 관심이 더 많아.

❷

도표 ㉯를 통해서 초등학생들 중 상당수가 체벌을 당하면서도 체벌이 필요하다고 생각하고 있음을 알 수 있습니다. 초등학생들이 체벌이 필요하다고 생각하는 이유는 무엇일까요?

①

체벌은 사랑의 매인가요? 만일 사랑의 매라고 생각한다면 올바른 체벌 방식을 적어 보고, 사랑의 매가 아니라면 잘못한 학생에게 어떤 방식으로 벌을 주는 것이 좋은지 여러분의 의견을 적어 보세요.

백인 살해한 흑인, 사형 가능성 높아

미국 메릴랜드 주에서 일어난 살인 사건들을 분석한 결과, 백인을 살해한 흑인들이 흑인을 살해한 흑인들이나 백인 살인자들에 비해 사형을 선고받을 가능성이 훨씬 높은 것으로 밝혀졌다고 뉴욕타임스가 8일 보도했다.

타임스는 살인 사건 피고인의 사형 선고가 인종에 따라 차별적으로 이뤄진다는 비판에 따라 지난 2000년 시작된 실태 조사 결과를 인용해 1978~1999년 사이 1천 311건의 살인 사건 가운데 흑인이 백인을 살해한 경우는 전체의 23%에 지나지 않았으나 전체 사형 선고 가운데 50%가 이러한 유형의 사건 재판에서 내려졌다고 밝혔다.

반면에 백인이 흑인을 살해한 사건은 이 기간 전체 살인 사건의 2%였으나 전체 사형 선고 가운데 이 유형의 사건이 차지한 비중은 1%에 그쳤으며, 흑인이 흑인을 살해한 사건은 전체 살인 사건의 48%였지만 사형 선고 건수는 전체의 18%에 불과했다.

백인이 백인을 살해한 사건은 전체 살인 사건의 22%를 차지했으며, 피고인이 사형 선고를 받은 것은 전체 사형 건수의 30%에 달한 것으로 나타났다.

결국 백인이 피해자인 사건은 전체 살인 사건의 45%에 지나지 않지만 사형 선고 가운데 80%는 이런 유형의 사건에서 나왔다. 지역별 분석에서도 살인 사건이 사형 선고로 이어질 확률이 가장 높았던 볼티모어와 하퍼드 카운티는 흑인이 백인을 살해하는 유형의 사건이 전체 살인 사건에서 차지하는 비중이 가장 높은 지역이어서 흑인이 백인을 살해할 경우 사형을 당할 가능성이 높다는 분석을 뒷받침했다.

이 조사의 책임자인 레이먼드 패터노스터 메릴랜드대학 교수는 "볼티모어 카운티는 볼티모어 시티와 인접해 있지만 살인 사건 피고인이 사형을 선고받을 확률은 볼티모어 시티에 비해 26배나 더 높았다."고 말했다. 볼티모어 카운티의 흑인 인구 비중은 볼티모어 시티보다 훨씬 더 높다는 데 이유가 있다는 설명이다.

······(중략)······

이에 대해 사형 반대론자들은 이번 연구 결과를 근거로 사형 선고가 인종에 따라 차별적으로 내려지고 있다면서 사형 철폐를 주장하고 있으며, 일부 주의원은 사형 집행 중단 조치의 연장을 위한 법안을 제출할 예정이다.

메릴랜드 주 검찰은 이런 움직임과는 정반대로 사형 집행 중단을 철회하는 것은 물론 앞으로 흉악범에 대해 더욱 쉽게 사형 판결을 받아낼 수 있도록 관련 법률을 개정할 것을 희망하고 있다. 메릴랜드 주 현행법은 사형 판결 요건을 상대적으로 까다롭게 규정하고 있으며 이는 워싱턴 주 연쇄 저격 살인 사건 용의자들을 이 주가 아닌 버지니아 주에서 기소한 이유 가운데 일부가 됐다.

―「연합뉴스」, 2003. 1. 9.

기사에 나오는 단어 중 모르는 단어의 뜻을 찾아서 적어 보세요.

세상 4

❶

기사를 바탕으로 생각해 볼 때, 사형 제도의 큰 문제점은 _____입니다. 다음 중 빈 칸에 들어갈 가장 알맞은 말은 무엇인가요?

(1) 흑인이 가장 많다는 것

(2) 잔인하다는 것

(3) 죄인에 대한 선입관이나 편견 때문에 잘못된 판결을 내릴 수 있다는 것

(4) 검사나 판사들의 능력이나 자질이 부족하다는 것

❷

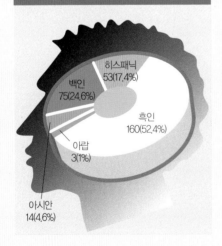

1988년 이후 연방검찰이 사형을 구형한 피고인의 인종 구성 비율(단위 : 명, 총 305명)

히스패닉 53(17.4%)
백인 75(24.6%)
흑인 160(52.4%)
아랍 3(1%)
아시안 14(4.6%)

다음 통계 결과를 본 친구들의 판단 중 가장 올바르지 못한 것은 무엇인가요?

(1) 미 림 : 유독 흑인 살인자들이 사형 선고를 받을 확률이 높은 건 기사에서 말한 것과 같이 인종 편견이 많이 섞여 있기 때문일 수도 있어.

(2) 선 미 : 흑인 사형수가 많은 건 흑인 범죄자가 많기 때문일 수도 있어.

(3) 경 선 : 아무래도 흑인 중에 흉악범이 많으니, 사형수가 많은 건 당연해.

(4) 도 현 : 사형을 선고받는 과정에 인종차별은 없었는지 알아 볼 필요가 있겠군.

㉮

지식박스 우리나라 사형제도

Q: 우리나라의 사형제도가 궁금합니다.

A: 19세기 후반까지 사형은 일반적인 형벌 중의 하나였고, 사형의 종류는 교수형과 참수형, 그리고 능지처참형 등이 있었습니다. 가끔은 예외적으로 법률로 규정되지 않은 잔혹한 사형을 과하기도 했습니다. 1894년 갑오개혁 이후에는 참수형이 폐지되고 교수형만 남게 되었습니다. 사형집행 장소도 감옥 담 안에서 이뤄졌습니다.
현재는 일반 형법에서는 교수형을 채택하고 있고, 군 형법에서는 총살형을 채택하고 있습니다. 18세 미만인 자에게는 사형이 선고되지 않습니다.
광복 이후 1948년부터 1998년까지 한국의 사형집행건수는 총 902명입니다. 문민정부 말기인 1997년 12월 30일, 23명에 대한 사형이 집행된 이후 더 이상 사형의 집행은 이뤄지지 않고 있습니다. 그러나 사형 판결은 아직도 계속되고 있습니다. 사형선고를 받고 형 집행을 기다리고 있는 사람은 현재 62명에 이른다고 합니다.
국내에서는 사형폐지운동협의회와 국제앰네스티 한국지부를 비롯한 인권단체, 그리고 종교계 등을 중심으로 사형제도폐지운동을 펴고 있습니다. 지난 15대 마지막 정기국회에서 사형폐지특별법안을 제출했지만 국회를 통과하지 못했습니다.
김영선기자 tskim@yeongnam.com

자료출처 : 「영남일보」, 2005. 12. 20.

㉯

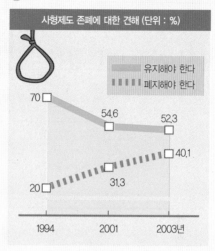

사형제도 존폐에 대한 견해 (단위 : %)

유지해야 한다
폐지해야 한다

70
54.6
52.3
40.1
20
31.3

1994   2001   2003년

자료출처 : 한국갤럽(전국 성인 844명)

❶

신문 기사 ㉮에 따르면 우리나라는 1997년 12월 30일 이래 사형 집행이 이뤄지지 않고 있습니다. 그 이유 중 하나를 그래프 ㉯를 보면서 생각해 보세요.

❷

여론 조사 결과 ㉯를 보면, 사형 제도를 폐지해야 한다는 사람들이 점점 더 늘어나고 있다는 것을 알 수 있습니다. 이처럼 예전에 비해 사형 제도에 반대하는 사람들이 늘어나는 이유는 무엇일까요? 각자 나름대로의 그 이유를 추측해 말해 보세요.

이런 말 저런 얘기

_사형제 폐지 논쟁

사형제 폐지, 더 미룰 일 아니다

　사형제에 집행 유예제를 도입하자는 주장이 제기됐다. 중국 유학이나 연수 경험이 있는 법조인들로 구성된 중국법연구회가 세계에서 유일하게 이 제도를 시행하고 있는 중국의 사례를 본떠 사형제 폐지의 대안으로 내놓았다는 것이다. 사형제 폐지 여부를 놓고 사회 여론이 팽팽히 맞서고 있는 상황이어서 언뜻 눈길을 끌만한 제안이다. 그러나 어딘가 옹색하다. 사형 집행 유예제는 사형제 유지를 전제로 약간의 기교를 부렸다는 느낌을 지울 수 없다.

　그렇게 어물쩍 넘길 일이 아니다. 마침 여야 의원 175명은 이미 예고한 대로 어제 사형제 폐지 특별 법안을 국회에 제출했다. 15대, 16대에 이어 세 번째이다. 이번에는 서명 의원 수가 절반을 넘어선 데다 1차 심의 권한을 갖고 있는 법사위도 다수가 폐지 입장을 보이고 있어 어느 때보다 전망은 밝다. 과거 국회에서는 검사 출신이 주축이 된 법사위의 장벽에 걸려 사형제 폐지 법안은 제대로 논의조차 하지 못하고 폐기됐다.

사형제는 국가가 법의 이름으로 사람의 생명을 앗아 간다는 점에서 반문명적인 형벌 제도이다. 인간의 보복 심리에 기초한 야만적인 제도이기도 하다. 이런 원론적인 측면 외에도 사형제를 없애야 할 이유는 수없이 많다. 일반인들이 기대하는 것처럼 범죄 예방 효과가 없다. 법관도 사람이어서 오판의 우려가 있다. 교화라는 형벌 제도의 본래 취지에 맞지 않는다 등등. 이런 점 때문에 전 세계 118개국은 사형제를 폐지했거나 사실상 폐지했다. 이 제도를 유지하고 있는 나라는 78개국에 불과하다. 연방정부 차원에서 사형제를 유지하고 있는 미국도 상당수 주에는 사형제가 없다.

이번만큼은 국회가 오랜 논의에 종지부를 찍을 수 있도록 결단을 내려야 한다. 그래서 우리 사회와 국가가 어떤 경우든 사람의 목숨을 중히 여기고 있다는 것을 구성원 모두에게 확인시켜 주어야 한다.

—「경향신문」, 2004. 12. 9.

글쓴이의 핵심 주장을 짧게 요약하고 주제를 파악해 보세요.

명백한 살인도 사형 안 되나

김영란 대법관 후보 인사청문회에서 또 한번 사형 제도 폐지론이 거론됐다. 열린우리당의 진보성향 일부 의원들이 주동이 돼 사형제 폐지안을 차기 국회에 상정하려는 찰나에 20여 명의 안마사 등 불우 여인을 살해한 유영철 사건이 터져 이 제도의 존폐 여부는 지금 국민적 관심사로 떠올라 있다.

김 후보는 이날 사형제는 폐지하되 보완 대책이 필요하다고 답변했다. 사형제가 궁극적으로 교화를 포기하는 것이라 언젠가 폐지해야 하지만 국민적 합의를

요한다고 말했다. 이 정도면 시민 단체 추천을 받았다는 진보적 성향의 후보로서 꽤 합리적 사고라고 본다.

그러나 극악범이 날치는 우리 사회에서 사형제의 완전 폐지는 불가능하다는 판단이다. TV에서 사형수들의 초조와 절규 장면을 보면 폐지해야 한다고 생각하기 쉽다. 반면 남편과 자식을 살해당한 피해자 가족의 절규는 반대 느낌을 주는 게 인간의 한계다. 결국 당사자 입장이 돼봐야 안다.

사형수의 생명은 소중하다. 오판에 의해 집행을 하고 나면 되돌릴 수도 없다. 이 때문에 아무리 중죄인이라도 가석방이 불가능한 종신형으로 대체해도 된다는 게 폐지론의 요지다. 과거 정치범들이 정적에 의해 무고히 사형된 전례들을 봐서도 그렇다는 것이다.

하지만 피살자의 생명 역시 소중하다. 이들의 생명을 어떤 이유에서건 말살한 확실한 살인자를 살려 둔다면 살인 범죄는 기승을 부릴 수 있다. 사형제가 그동안 범죄를 줄이지 못했다는 분석은 이를 폐지했을 때 살인해도 자신은 죽지 않는다는 확신으로 죽이지 않아도 될 목격자 또는 증거인까지 증거인멸을 위해 죽일 수 있다는 반론에 답변이 궁하다. 오히려 살인 범죄 유혹을 키울 가능성이 있다.

그렇다면 살인의 증거, 자백이 뚜렷한 살인범을, 그러니까 살인범에 한해 사형제를 존치하는 것은 범죄 예방에도 도움이 된다. 사형제 폐지론자들은 만일 자신의 소중한 가족이 살해됐고 그 증거가 분명했을 때 어떤 판결을 내려야 할지를 생각해야 한다. 여기에 진보고 보수고 따질 겨를은 없다.

—「헤럴드 경제」, 2004. 8. 13.

글쓴이의 핵심 주장을 짧게 요약하고 주제를 파악해 보세요.

나도 세상에 한마디!

일제시대 항일 투사였던 윤봉길 의사의 사형 집행 직전 모습이라고 알려진 사진.

김대중 전 대통령이 국가 내란죄로 군사정권에 의해 사형 판결을 받는 장면.

● 사형은 흉악한 범죄자와 사회의 안전과 질서를 해치는 죄인들에게 내려지는 벌입니다. 윤봉길 의사는 일본의 입장에선 아주 흉악한 범죄자였습니다. 또 과거 군사정권의 입장에서 보면 김대중 전 대통령은 사회의 안전과 질서를 해치는 반란 음모자였다고 볼 수 있습니다. 이렇게 어떤 점에서 보면 두 사람 모두 사형을 선고받을 만한 죄인들일 수 있습니다. 여러분의 생각은 어떻습니까? 이 사형 선고에 동의하시나요? 이와 같은 사례들을 참고하면서 사형 제도를 유지해야 하는지 폐지해야 하는지, 여러분의 견해를 논술해 보세요.

책으로 읽는 우리 주제
_『사형수 최후의 날』

흉악 범죄의 피해자 가족들 중 사형을 원치 않는 이들이 있습니다. 고정원(64) 씨는 유명한 연쇄 살인범 유영철이 살해한 피해자 가족 가운데 한 사람입니다. 그는 노모와 아내, 아들을 잃었습니다. 그런데 그가 유영철을 용서하고, 그의 자녀를 돌보겠다고 해 세상을 놀라게 했습니다. 유씨의 사형을 원하지 않는다는 탄원서를 내기도 했지요.

빅토르 위고, 『사형수 최후의 날』, 한택수 역, 궁리, 2004.

사형 제도를 유지해야 한다고 주장하는 사람들은 주로 범죄 예방과 사회 기강 확립을 강조합니다.

피해자의 가족은 가장 절실하게 범죄 예방과 사회 기강을 바라는 사람들일 텐데,

고정원 씨는 왜 사형을 원치 않을까요? 사형으로 문제가 해결되지 않을 것이라 판단한 것이지요. 물론, 그것이 종교적인 이유이든, 사상적 이유이든 이렇게 이야기할 수 있는 피해자 가족은 많지 않습니다. 또한 이렇게 이야기하지 않는다고 해서 그들을 비난할 수 없습니다. 그들의 아픔을 함께 해결할 수 있는 방법을 고민하고 준비해야 합니다.

동시에 사형 제도에 대한 논의를 끊임없이 해야 합니다. 왜냐하면, 생명은 하나밖에 없는 것이니까요. 과연 사형 제도는 정말 범죄를 줄이고 범죄자들이 죄를 뉘우치게 하는 것일까? 또한 범죄자들의 생명은 국가가 다룰 수 있는 것일까? 묻고, 답하고, 객관적 자료를 만들고, 다른 나라의 예를 찾아 답을 내려야 하는 문제입니다.

『사형수 최후의 날』은 사형수의 심리를 시간별로 좇아가며 치밀하게 묘사하고 있는 책입니다. 여러분에게는 『레미제라블』로 잘 알려진 작가 빅토르 위고가 남긴 책이지요. 이 책은 1829년에 익명으로 출판되었다가 나중에 이름을 밝히고, 사형 제도에 대한 정확한 자신의 생각을 밝혔습니다. 책 뒤에 있는 빅토르 위고의 서문을 읽어 보세요. 사형 제도에 대한 생각을 정리하는 데 도움이 될 것입니다.

❶

자신이 언제 죽을지 알고 있는 사람의 심정은 어떨까요? 여러분이 만일 자신이 죽을 날짜를 알고 있는 상태에서 살고 있다면, 어떨까요? 다가오는 죽음 앞에서 어떤 생각을 할지 일기 한 편을 써 보세요.

❷

책을 읽고 재판을 받기 전과 후, 그리고 사형 집행 직전에 주인공이 어떤 심리 상태였는지 구체적으로 정리해 보세요.

❸

사형 제도가 잘못을 저지른 사람이 죄를 뉘우치는 데 도움을 줄 수 있을까요? 책을 읽은 뒤 자신의 의견을 말해 보세요.

책 속에 숨어 있는 논술

● 「1829년 소설을 위한 서문(p.141~181)」을 읽고 사형 제도에 대한 빅토르 위고의 생각을 정리해 보세요.

로고스 선생님 추천 도서

마모라 고우다, 『교도관 나오키』, 학산문화사, 2006.

필립 모리스, 『증오에서 삶으로』, 궁리, 2002.

김데레사, 『푸른별 아래 나를 잠들게 하라』, 서음출판사, 2000.

4강

혐오스런 문화도 이해해야 하나요

클릭! 교과서

클릭! 교과서

한 사회의 문화는 그 사회의 입장에서 이해해야 한다.

인사를 할 때 우리는 고개를 숙이거나 큰절을 하지만, 서양 사람들은 포옹하거나 입맞춤을 한다. 이처럼 인사하는 방식이 다른 이유는, 사회마다 자연환경이 다르고 그에 적응하는 과정에서 생활양식이 다르게 형성되어 왔기 때문이다.

따라서, 다양한 문화를 올바로 이해하려면, 그 사회의 맥락에서 문화를 평가하고 이해하려는 태도를 가져야 한다. 이를 문화 상대주의라고 한다.

「탐구활동」

(가) 폴리네시아의 마오리 족 생활

마오리 족에게 개는 유일한 가축이었다. 마오리 족 사람들은 개고기보다는 돼지고기를 좋아했지만, 그들의 섬에는 돼지를 놓아 기를 수 있는 지역이 불충분하였다. 또한, 그들의 주요 요리인 포이는 타로 나무의 뿌리를 익

혀서 빻아 반죽해 만든 것이었는데, 타로 나무의 뿌리 날것에는 수산이 많이 들어 있어서 돼지가 좋아하지 않았다. 이런 결과로 그들은 개고기를 먹게 되었다.

(나) 북극권의 하례 인 생활

하례 인은 사냥과 덫을 놓아서 살아간다. 그들은 개고기를 먹지 않는다. 개는 순록이나 물고기 따위의 동물을 쫓거나 모는 데 사용되지 않는다. 하지만 개는 한 사냥 구역에서 다른 구역으로 옮겨 가는 데 필수적인 수단이다. 하례 인에게는 개와 함께 사냥과 여행을 하는 편이 개 없이 사냥과 여행을 하는 것보다 훨씬 낫다.

—사회2(지학사), p.168.

다른 교과서에는 없나요?

국어3-1(교육인적자원부), 2.중심 내용 파악하기 (2)현대사회와 과학 「생각 넓히기」, p.55~56.

사회2(중앙교육진흥연구소), Ⅵ-3.인간의 문화 창조와 문화 발전 (1)인간과 문화, p.166.

사회2(디딤돌), Ⅵ-3.인간의 문화 창조와 문화 발전 (1)인간의 문화 창조와 문화 발전, p.160~161.

사회2(금성출판사), Ⅵ-3.인간의 문화 창조와 문화 발전, p.170~171.

대화로 주제 찾기

 지혜 우미야, 어디 안 좋니? 기운이 없어 보인다.

 우미 응. 아무래도 감기 걸린 것 같아.

 명석 어째 요새 안 하던 공부를 열심히 한다 했다. 공부도 체력이 있어야 하지.
이참에 보신탕이라도 한 그릇 먹고 기운 차리는 게 어때?

 우미 어쩜, 무슨 그런 끔찍한 소리를 하니!

 명석 어, 보신탕이 어때서?

 우미 야만인들이나 먹는 음식이지. 어떻게 예쁜 강아지를 먹을 수 있어. 우리
집 초롱이 생각하면 구역질이 난다!

명석 개고기는 우리나라 전통 음식이야. 그리고 강아지가 아니라, '개'란다. 그리고 네가 키우고 있는 초롱이 같은 애완견도 아니고.

 우미 우리나라 사람들이 보신탕 먹는 거 외국 사람들이 얼마나 욕하는지 알아?

 명석 그건 그 사람들의 오만한 편견일 뿐이야.

 지혜 오늘은 보신탕이구나.

 우미 지혜야, 너도 여자니까 내 말에 동의하지?

 지혜 글쎄, 동의하든 안하든 그건 내가 여자인 것과는 상관없어.

 명석 그래서 넌 어떻게 생각하니?

 지혜 난 그냥 보신탕은 우리나라 고유의 음식이라고 생각해. 단 조건이 있긴 하지만.

 우미 어머, 네가 그렇게 야만스러울 줄 몰랐다.

 명석 야만이 아니래도 그런다. 프랑스 애들은 정말이지 별 걸 다 먹는다고.

 우미 하지만 개는 특별해. 개는 사람과 정말로 친근한 동물이잖니?

명석 개에 대한 가치관은 나라마다 달라. 물론 우리나라 사람들도 애완견을 많이 키우면서 개에 대한 인식이 바뀌긴 했지. 하지만 보신탕용 고기는 애완견이 아니잖니?

 우미 하물며 똥개라도 키워 본 사람은 개고기를 먹는 것을 상상할 수 없어!

 명석 그럼 보신탕을 먹는 사람은 다 감옥에라도 가야 하니? 개고기를 먹는 것을 싫어할 수는 있어도 그것 때문에 비난을 하거나 야만스럽다고 말할 권리는 없어. 그건 다분히 서양 사람들의 잣대로 우리 문화를 바라보는 거야.

 우미 자꾸 문화, 문화 하는데, 그러면 60세가 되는 노인들을 버려서 죽게 하는 풍습도 인정할 수 있겠네?

 명석 그것도 그들 고유의 문화로 인정해야 될 것 같은데?

 지혜 명석아, 그건 좀 너무한 것 같다. 각 나라 문화의 고유성을 존중해 주는 데에도 한계가 있지 않을까?

 명석 그 한계가 되는 기준을 누가 정할 수 있지?

 우미 딱 보면 구별 못하니, 잔인하고 야만스러운 일을?

 지혜 음, 가령 인권 같은 게 그런 기준이 될 수 있지 않을까? 개고기를 먹는다고 타인의 인권을 침해하는 것은 아니잖아. 그러나 순장 풍습은 엄연히 살아 있는 사람을 생매장하는 거고.

 우미 그럼, 마찬가지로 개를 죽이는 것도 동물의 권리를 침해하는 것이겠네?

 명석 말이 되니? 그럼 그걸 '견권' 이라고 해야 되니?

 우미 왜 개는 권리가 없으란 법 있어?

 지혜 그래, 우미 말도 일리가 있어. 동물도 의식을 가진 생명으로서 권리를 가졌다고 생각하는 사람들이 점점 많아지고 있대. 만일 그런 입장에서 개고기를 비판하는 것은 일리가 있지. 그런데 지금 우리를 비난하는 서양 사람들이 그런 일관성을 갖고 비난하는지는 의문이야.

 명석 그렇지, 그렇지.

 우미 그래도 혐오스러운 건 어쩔 수 없어.

 명석 혐오스러워해도 어쩔 수 없어. 그건 내 가치관이니까. 하지만 야만스럽다고 몰아붙일 이유는 없다는 거지.

 우미 아휴~ 답답해. 뭔가 아직 할 말이 있는데, 머릿속에서만 맴도네. 여하튼 보신탕은 안 돼. 기다려. 내가 조만간 논리적인 근거를 생각해 낼 테니까. 으~.

로고스 선생님과 생각 주무르기
_"문화 상대주의"

식인종 이야기

여러분은 사람을 잡아먹는 식인종에 대한 얘기를 들어 보았을 것입니다. 지금은 그런 종족을 발견하기 쉽지 않겠지만, 사람들의 발길이 닿지 않았던 오지에는 실제로 식인 부족들이 있었다고 합니다. 탐험가들과 학자들이 전해 주는 바에 따르면, 식인 부족

들은 자신들의 조상이 죽었을 때 그 시신을 먹는 풍습이 있었다고 합니다.

여기서 소름이 좀 돋지요? 아무리 죽은 시신이라고 하더라도, 조상의 시신을 먹는다는 것은 너무 끔찍해 보입니다. 골치 아플 정도로 예의를 갖추면서 죽은 조상들을 섬기는 우리의 문화에서 보면, 정말로 야만스러워 보입니다. 자신과 동료들

의 목숨을 부지하기 위해 어쩔 수 없는 경우가 아니라면, 결코 있어서는 안 될 일이라는 생각도 들고요.

언젠가 동물 단체에서 활동하고 있는 프랑스의 한 여배우가 보신탕 문화를 비판하면서 우리 정부에 항의 편지를 보낸 적이 있습니다. 그녀가 보기에 개를 잡아먹는 것은 위에서 말한 식인종들이 자신들의 조상을 잡아먹는 것과 다름없는 야만스런 행위로 보였을지도 모릅니다.

보신탕 대 거위 간 요리

이번에는 좀 다른 예를 들어 볼까 합니다. 프랑스에서 최고급 요리라고 일컬어지는 거위 간 요리에 대한 이야기입니다. 이 요리에 필요한 거위의 간은 보통 거위 간보다 5배에서 10배 정도 크다고 합니다. 어떻게 이런 간을 만들 수 있을까요?

자연스럽게 거위를 키워서는 간을 이렇게까지 크게 만들 수 없으니 인위적인 방법을 써야겠지요. 그래서 거위를 아주 작은 상자 속에서 가두어 놓고, 입에 깔대기를 대고 엄청난 양의 음식을 억지로 먹인다고 합니다. 그렇게 하면 거위는 스트레스를 받아 일찍 죽게 되고, 그때 죽은 거위의 배를 갈라 커다란 간을 얻을 수 있다고 합니다.

자, 여러분 생각은 어떻습니까? 거위 간 요리를 먹는 것은 문명이 낳은 최고급 요리를 먹는 즐거운 일이기만 한가요?

문화 상대주의 — 다른 문화에 대한 이해

넓은 의미에서 문화란 한 공동체의 생활양식 전체를 가리키는 말로 사용됩니다. 앞에서 얘기한 식인 풍습이라든지 보신탕, 거위 간 요리와 같은 음식들도 문화의 한 사례이겠지요. 반면에 좁은 의미에서의 문화란 정신적 수준을 뜻하기도 합니다. 이럴 때의 문화는 야만의 반대말이 됩니다. 그래서 우리가 어느 공동체의 생활양식을 보고 그 문화가 야만스럽다고 말할 때에는 그 공동체의 "정신적인 수준이 낮다." 혹은 "부도덕하다."라고 말하는 셈이 됩니다.

그런데 여기서 한 가지 짚고 넘어가야 할 점이 있습니다. 앞에서 말한 것처럼 '문화'란 말을 폭 넓게 이해한다면 '문화'의 반대말이 꼭 야만은 아니라는 것입니다. 따라서 문화가 '다른' 것이 곧 '야만'을 뜻하는 것이 아닙니다. 그런데 어떤 사람들은 문화가 다르면 곧바로 야만이라고 배척합니다. 가령 죽은 조상의 시신을 먹는 식인종의 풍습을 우리는 야만스럽다고 생각합니다. 하지만 정말 그럴까요?

알려진 바에 따르면, 그들이 조상의 시신을 먹는 것은 먹을 것이 부족해서도, 또 그들의 성격이 특별히 포악해서도 아닙니다. 그들이 조상의 시신을 먹는 이유는 조상의 넋을 위로하기 위해서라고 합니다. 우리의 장례식과 같은 것이지요. 조상의 시신을 먹으면서 죽은 자의 영혼을 위로하고 그들의 영혼이 자손들에게 영원히 전승되기를 기원하는 것이지요. 이렇듯 우리는 흔히 다른 문화의 풍습을 제대로 이해하지 못한 채 낯선 풍습을 야만스럽다고 몰아 세웁니다.

물론, 어떤 면에선 야만이라고 주장할 수도 있습니다. 문제는 다른 나라의 문화에 대해서 덮어놓고 비난하는 태도입니다. 보신탕 문화를 비판했던 프랑스 여배우의 경우도 마찬가지입니다. 우리와 다른 문화를 평가할 때는 아주 신중해야 합니다. 그저 '다를 뿐인' 문화를 '야만스러운' 문화라고 비난하는 것이야말로 또다른 '야만'이 될 수 있기 때문입니다.

네 멋대로 해라? ― 다른 문화에 대한 비판

그렇다면 우리는 다른 문화에 대해서 이러쿵 저러쿵 비판할 자격이 없는 것일까요? 이 문제를 순장이라는 풍습과 관련지어서 생각해 볼까 합니다. 순장이란 집안에서 권력 있는 사람이 죽었을 때 그 가족들이나 노예들을 함께 묻는 풍습을 말합니다. 오늘날 이런 풍습을 가진 민족은 없습니다. 왜 그럴까요?

어린이들이 고대에 행해진 순장풍습을 체험하고 있다.

우리는 여기서 인류 문화의 진보를 읽을 수 있습니다. 모든 문화를 그 고유의 문화로서 존중해야 하는 것은 당연합니다. 그러나 어떤 문화는 미개하다고 할 만큼 미성숙하기도 합니다. 순장제도는 그런 문화의 예입니다. 사람은 모두 죽음을 두려워합니다. 그런데 순장은 단지 권력이 없다는 이유만으로 산 사람을 생매장하는 부도덕한 점이 있는 것이 사실입니다.

역사가 계속되는 과정에서 인류는 이러한 풍습의 잔인함을 깨달았을 것이고 서서히 폐지시켰을 것입니다. 그래서 오늘날의 관점에서 보면 순장이라는 풍습이 없어진 것은, 문명의 발전이라고 볼 수 있는 것입니다.

그래서 만일 우리가 다른 나라에서 벌어지는 어떤 잔혹한 풍습에 대해서 오로지 전래 문화를 존중한다는 이유로 아무런 비판도 하지 않는다면, 최소한의 도덕도 지켜지지 않는 무질서한 세상이 될 것입니다. 어떤 문화가 순장 풍습처럼 생명권을 침해하는 요소가 있다면 당연히 비판해야 옳을 것입니다. 이렇듯 우리는 최소한의 인권과 생명을 존중해야 한다는 기준 아래에서 넓은 도량으로 다른 문화를 포용해야 합니다.

영화로 보는 우리 주제
_「나의 그리스식 웨딩」

서로 다른 문화의 조화나 충돌은 국가나 민족뿐만 아니라 개인과 개인간에도 일어납니다. 전통과 문화라고 하면 뭔가 대단해 보이지만, 꼭 그렇지만도 않습니다. 차례상에 한 번도 문어가 올라가는 것을 보지 못했다거나, 송편을 빚을 때 모양이 다르다거나 하는 정도이지요. 그런데 이 대단치 않은 것 때문에 불편한 일이 생기기도 한답니다.

「나의 그리스식 웨딩」은 그리스 사람 툴라의 결혼 이야기입니다. 툴라의 아버지는 툴라가 열다섯 살이 되던 해부터 잔소리를 시작합니다.

영화 「나의 그리스식 웨딩」, 2002.

"모든 그리스 여성은 인생에서 딱 세 가지 할 일이 있다. 첫째는 멋진 그리스 남

146

자를 만나 결혼하는 것과 둘째는 멋진 그리스 남자 아이를 낳는 것, 셋째는 그리스 사람이 아닌 사람들을 멋진 그리스 사람처럼 교화시키는 것이다."

그런데 주인공 툴라는 그리스 사람이 아니라 전통적인 청교도 집안의 이안이라는 청년을 사랑합니다. '청교도' 하면 사회 시간에 배운 '종교개혁'이 떠오를 겁니다. 부패한 가톨릭에 반기를 들고 성서에 충실할 것을 주장하면서 신교도가 생기지요. 왜 루터파니, 칼뱅파니 하는 내용을 배웠잖아요. 칼뱅파가 영국으로 확산되면서 청교도가 파생된 거라고 생각하면 됩니다. 이들은 정치에도 활발히 참여해 '청교도혁명'을 통해 '권리청원'을 제출하기도 하지요.

청교도는 도덕을 엄격하게 지키고, 주일(일요일)을 신성하게 여기며, 향락에 절대 빠지지 않는 것을 중요하게 여깁니다. 반면, 그리스 사람들은 생일과 결혼식, 장례식 등 전통 관습을 무척 중요하게 생각합니다. 그리스 사람들은 축제를 즐기는 편이라 수많은 지역 축제가 1년 내내 벌어지는데, 특히 결혼식 피로연을 며칠씩 날을 새워 가며 하기도 합니다.

이런 두 집안의 총각과 처녀가 만나 결혼을 하려니 크고 작은 문제가 생깁니다. 「나의 그리스식 웨딩」은 문화가 다른 두 집안이 결혼을 통해 만났을 때 벌어질 수 있는 사건과 문제를 해결하는 과정을 경쾌하게 다루고 있습니다. 자, 어떤 일이 벌어지는지 툴라와 이안의 좌충우돌 결혼 이야기로 출발해 볼까요?

❶

툴라와 이안은 두 집안의 문화적 갈등을 어떻게 해결했나요?

❷

그리스식 결혼 문화에서 인상 깊었던 것은 무엇인가요? 우리나라 결혼 문화와 다른 점, 혹은
비슷한 점이 있었나요?

❸

여러분이 미래에 결혼을 하게 된다면, 어떤 결혼식을 하고 싶은지 구체적으로 기획해 보고,
그 의미를 말해 보세요. (장소, 주례, 이벤트, 피로연, 드레스 등등)

영화 속 논술을 찾아라!

● 여러분이 툴라의 부모님이었다면 툴라와 이안의 결혼식에 찬성했을까요? 반대했을까요?

❶

툴라의 부모님이 반대한 이유를 짐작해 보고, 툴라와 이안에게 반대하는 이유를 적은 편지를 보내 봅시다.

❷

여러분이 툴라였다면 부모님에게 어떤 이야기를 했을지 상상해 보고, 이안과 결혼하는 것을 허락해 달라고 설득하는 편지를 써 봅시다.

세상 둘러보기
_다른 문화를 보는 시선

셋째 시간

'개고기 합법화' 찬반 논쟁 가열

정부가 개고기를 사실상 합법화한 '개 등 동물의 보호 및 위생 관리 강화 방안'을 발표, 찬반 논쟁이 벌어지고 있다.

13일 정부와 동물보호단체 등에 따르면 정부는 지난주 이해찬 국무총리 주재 국정현안정책조정회의에서 개를 포함한 식용동물을 잔인하게 도축하는 것을

김영훈 기자 kimyh@hani.co.kr

금지하는 것 등을 골자로 한 동물보호법 개정안을 올 상반기 중 마련키로 했다.

이는 그동안 현행법의 규제를 받지 않던 개고기를 법의 테두리 안으로 끌어들임으로써 개고기를 사실상 합법화한 것이다.

하지만 동물보호단체와 애견가들은 정부의 이번 조치가 자신들의 개고기 금지 주장을 받아들이는 것은 고사하고 오히려 개고기를 합법화했다며 거세게 반발하고 있다.

동물보호단체들은 현재 보건복지부와 농림부 등 관계 부처 간 의견을 조율해 대책을 내놓은 국무조정실 홈페이지에 항의하는 글을 올리는 한편, 관계부처 장관과 국무총리, 대통령 등에게 개고기 금지 탄원 편지를 보내는 방안을 추진하고 있다.

이에 대해 개고기 찬성론자들은 선진국의 개고기 비판은 우리나라 고유의 음식 문화를 무시한 '문화 제국주의' 적인 발상이라며 개고기의 적법한 유통 체계를 확립하고 위생적, 인도적 도살 방법을 도입한 정부 조치가 정당한 것이라고 반박하고 있다.

―「문화일보」, 2005. 3. 14.

◉ 기사에 나오는 단어 중 모르는 단어의 뜻을 찾아서 적어 보세요.

❶

정부가 발표한 법안이 왜 개고기를 먹는 것을 인정하는 셈이 되는 것인지 기사의 내용을 참고
하여 적어 보세요.

❷

신문 기사를 읽은 친구들의 판단 중 가장 올바른 것은 무엇인가요?

(1) 선 경 : 법안이 통과되면 개고기 판매가 증가할 거야.

(2) 보 람 : 신문 기사를 보니, 그동안 개고기 도축은 법의 규제를 받지 않았구나.

(3) 동 진 : 개고기는 우리의 고유한 음식이야. 그러니 이번 법안은 무조건 통과되어야 해.

(4) 민 석 : 정치는 정치인들이 알아서 할 문제이니, 정부에 탄원서를 보내 봐야 부질없는 일
      이야.

❶

두 종류의 라면을 보았을 때 드는 느낌의 차이를 되도록 자세하게 묘사해 보세요.

❷

두 종류의 라면 중 특별히 혐오스럽다고 느낀 쪽이 있나요? 왜 그렇게 생각하는지 이유를 말해 보세요.

❶

이 사진은 팔짱을 끼고 걷는 한국 여학생들의 모습을 담고 있습니다. 이와 유사한 사진이 캐나다의 「웨스트엔더」(2006년 1월 호)라는 잡지의 표지에 실렸습니다. 보통 잡지의 표지 사진은 그 잡지에서 가장 중요하게 다루고 있는 기사와 깊은 관련이 있습니다. 그렇다면 잡지는 표지사진에서 무엇을 보여 주고자 한 것일까요? 이 주간지가 다루었을 주요 기사는 어떤 내용일지 추측해 보세요.

❷

만일 「웨스트엔더」에서 "캐나다와 외국과의 문화적 차이를 이해해야 한다."는 내용을 주요기사로 다루었다면, 사진에 등장하는 학생들의 모습을 보고 캐나다 사람들이 어떤 문화적 차이를 느꼈을지 생각해 보세요.

　　독일과 영국의 문화 차이를 '여실히' 보여 주는 사진 합성 사건(?)이 일어나 언론의 화제에 올랐다.

　　영국의 더 타임스 등이 5일 보도한 바에 따르면, 여행 업체인 오션 빌리지는 최근 영국에서 유람선 사우나 상품을 홍보하면서 팸플릿의 사진에 손을 댔다. 독일용 팸플릿에서는 남녀 모델들이 완전한 나신이었는데, 영국에서 배포된 팸플릿에서는 속옷을 덧칠해 놓은 것이다.

　　…… (㉠) ……

— 「팝뉴스」, 2006. 4. 5.

❶

이 기사에 어울리는 적당한 제목을 붙여 보세요.

❷

이 기사의 뒷부분은 생략되어 있습니다. 어떤 내용을 이으면 좋을지 생략된 ㉠ 부분을 채워서 기사를 완성해 보세요.

이런 말 저런 얘기
_개고기를 바라보는 외국인의 시선

"브리지트 바르도와의 인터뷰"

　한겨레 : 모든 한국인들이 다 그런 것
은 아니지만 많은 한국인들이 개고기를
먹고 있다. 이 사실에 대해 어떻게 생각하
며, 그렇게 생각하는 이유는 무엇인가?

　바르도 : 나는 개를 먹는다는 사실이
수치라고 생각한다. 그것은 우리가 일상
에서 겪고 있는 어떠한 일보다도 나를
분개하게 한다. 당신은 개의 눈을 한 번
이라도 바라본 적이 있는가? 당신은 우
리 곁에 있는 개를, 그들의 사랑과 충직

프랑스 여배우, 브리지트 바르도.

함을 한 번이라도 느껴 본 적이 있는가? 개를 먹는다는 것이 나에게는 식인주의
와 다를 바 없다. 부끄러운 일이다. 왜냐하면 야만족이라 하더라도 그들은 개를

삶의 동반자로 여기며 곁에 둘 뿐이지 먹지는 않기 때문이다. 따라서 나는 한국인은 영혼도 인정도 없으며, 야만적 행동에 명령을 내리는 위장(밥통)만이 있는 사람들이라고 생각할 수밖에 없다.

한겨레 : 쇠고기나 돼지고기를 먹는 것과 개고기를 먹는 것은 어떤 차이가 있는가? 그리고 우리는 왜 이것을 구별해야 하는가?

바르도 : 오래전부터 몇몇 동물들은 사람들이 먹을 목적으로 사육해 왔다. 그 동물들의 불쌍한 운명은 육식동물인 인간의 생존을 위해 바쳐져 왔다. 하지만 개나 고양이, 말의 경우는 결국 푸줏간으로 가는 그런 운명의 가축이 아니다. 모든 것을 마구잡이로 섞어서는 안 된다. 나는 채식주의자다. 왜냐하면 동물은 나의 친구이기 때문이다. 나는 나의 친구들을 먹지 않는다.

한겨레 : 중국인은 원숭이 골을 먹지만 한국인은 그렇지 않다. 일본인은 여전히 고래 고기를 즐겨 먹는다. 중국인이나 일본인이 원숭이 골이나 고래 고기를 먹는다고 해서 우리는 그들을 비난하지 않는다. 왜냐하면 그것은 그들의 고유한 식습관이기 때문이다. 각 민족마다 음식의 기호는 다르다. 그리고 이러한 식습관은 각 나라의 고유한 문화의 일부이다. 대부분의 한국인들은 이렇게 생각하고 있는데, 이에 대해 당신은 어떻게 생각하는가?

바르도 : 중국인은 미개하고, 일본인은 야만족이다. 그들은 고래 학살을 금지하는 국제 규약을 준수하고 있지 않다. 노르웨이 인들도 마찬가지다. 만약 그런 끔찍한 행동이 한 나라의 문화라면, 그것은 그 문화가 아직 진화가 덜 되었다든지 야만주의로의 복귀일 뿐이다. 사전에 정의된 바에 따르면 인간은 "동정적이고 선을 베풀고, 도와줄 줄 아는 존재"이다. 인간이 그렇게 행동하지 않는다면 인간으로서의 자격이 없는 것이다. 누구나 영혼과 의식을 가지고 행동해야겠지만 그것마저 없다면 어쩔 수 없지 않겠는가!

한겨레 : 당신은 열렬한 동물 보호주의자다. 프랑스에는 수많은 동물 보호주의자들과 단체가 있는데도 보도에 따르면 매년 10만 마리의 개들이 거리에 버려지고 있다고 한다. 하지만 한국에서는 그렇지 않다. 이 상황을 어떻게 생각하는가?

바르도 : 프랑스에서 개들이 버려지고 있는 것은 사실이다. 나는 오래전부터 이 문제를 위해 싸워 왔다. 프랑스 인들이 책임감을 가져야 하며 개를 버리는 일을 중단해야 한다고 호소해 왔다. 한국에서는 자기의 개들을 버리지 않는다. 물론이다. 왜냐하면 한국인들은 개를 먹기 때문이다. 푸하!

한겨레 : 동물 보호는 분명 좋은 일이다. 그것을 부정하지는 않는다. 하지만 동물을 기르는 데는 많은 비용이 든다. 프랑스 인들이 그들의 개나 고양이를 기르는 데 엄청난 돈을 쓰는 반면, 아프리카에서는 매일 수많은 사람들이 굶어 죽고 있다. 프랑스 인들이 애완용 동물에 쓰는 돈을 줄인다면, 그 돈으로 기아로 죽어 가는 사람들을 살릴 수 있다. 그런 인도주의적인 생각은 해보지 않았는가?

바르도 : 나는 현재 프랑스에 너무 많은 개와 고양이가 있다고 생각한다. 그래서 현재 동물의 번식을 통제하기 위해 싸우고 있다. 동유럽에서 돈벌이 목적으로 개들을 통제 없이 프랑스로 들여오고, 또한 불법으로 개들을 무작정 번식시켜 팔아먹는 등 불법 행위를 근절하기 위해서 노력하고 있다. 나는 제3세계의 인구 과잉에 대해서도 마찬가지 생각을 가지고 있다. 그런 곳에서 인구 억제가 이루어지지 않는다면 인간의 불행과 고통은 더욱 심각해질 뿐이다. 인구는 적은 것이 좋다. 행복하고 조화롭고 명예롭게 살 줄 아는 사람들만이 필요하다. 애완용 동물도 마찬가지다. 숫자는 적어도 행복을 누려야 한다. 이것이 삶에 대한 나의 철학이다.

한겨레 : 프랑스에는 당신의 재단 같은 동물 보호 단체가 매우 많다. 그들도 당신과 마찬가지 생각을 가지고 있는가? 가령 한국인이 개를 먹는 것에 대해 똑같이 비난하고 있는가?

바르도 : 전 세계인은 아직도 개를 먹고 있는 아시아 사람들의 식습관에 경악하고 있다. 타이에서도 마찬가지고, 프랑스령인 타이티 섬에서도 그렇다. 중국인들은 잔인하고 통탄스러운 만행을 계속 저질러 왔다. 나는 당신네 나라처럼 수천 년 동안 지혜와 조화, 모범과 국력을 가져온 민족이 그런 행동을 한다는 것은 부끄러운 일이라고 생각한다. 물론 전통을 바꾼다는 것은 어렵다. 하지만, (프랑스 속담에도 있듯이) "바보들만이 고집을 부리는 법"이다. 이제 한국에도 개고기를 반대하는 좀더 진화된 사람들이 있다는 사실에 희망을 갖고 있다. 그들은 개가 인간의 친구이며, 가장 충직하고 사심 없는 동반자임을 이해할 것이다. 개는 먹어서는 안된다. 개는 우리들 가족의 구성원이다.

글쓴이의 핵심 주장을 짧게 요약하고 주제를 파악해 보세요.

"레네타 김과의 인터뷰"

2002년 한·일 월드컵을 앞두고 유럽을 중심으로 우리나라의 개고기 식문화에 대한 논란이 확산되고 있는 가운데 영국 BBC 방송의 한 여성 특파원이 "한국 사람들이 보신탕을 먹도록 내버려 두라."는 내용의 보도를 해 화제다.

폴란드 태생으로 현재 BBC의 폴란드 특파원으로 활약하고 있는 레네타 김(35)은 전 세계의 관심사가 된 보신탕을 직접 취재한 뒤

영국 BBC 방송 특파원, 레네타 김.

'보신탕은 한국인의 고유한 식문화' 라는 결론을 내렸다. 프랑스 배우 출신 동물 보호주의자 브리지트 바르도가 지난달 28일과 3일 두 차례에 걸쳐 모 라디오 프로그램과의 인터뷰에서 "개고기를 먹는 것은 야만적"이라며 "야만적 식습관은 언론이 우스꽝스럽게 보도해도 마땅하다."고 말해 한국인의 분노를 자아낸 것과는 대조가 된다.

외국 유수의 방송사 특파원으로서 그가 보신탕에 대해 갖고 있는 생각은 무엇일까? 그와 함께 한국의 보신탕 문화와 언론의 보도 태도에 대해 이야기를 나눴다.

한국에 온 이유는?

▲나는 BBC의 폴란드 특파원으로 활동하고 있고, 한국어를 배우기 위해 9월 초에 입국했다. 최근 논쟁이 되고 있는 보신탕 문제를 제대로 알아보자는 취지에서 11월 말 평택 근처의 개사육장을 취재했다. 지난 1일에는 부산에서 열린 2002년 한 · 일 월드컵의 조 추첨을 취재하기도 했다.

보신탕에 대해 취재를 하게 된 특별한 계기가 있나?

▲한국의 보신탕 문화에 대해 관심이 많았다. 처음에 개고기를 먹는 사람들이 있다는 이야기를 듣고 충격을 받았다. 서구에서 개는 '친구' 이자 '동반자' 의 개념이 강하다. 그런데 '친구' 를 잡아먹다니…… . 그것도 비정하게 매달아 놓고 죽을 때까지 때린다고 들었다. 내 눈으로 직접 취재하고 확인해 보고 싶었다.

취재하면서 느낀 것은 무엇인가?

▲유럽 사람들 대부분은 한국인들이 개를 죽일 때 "매달아 놓고 죽을 때까지 팬다."고 생각한다. 그래서 굉장히 "잔인하다."고 여기고 있다. 하지만 그것은 정확

히 개가 어떤 식으로 사육되고 도살되는지 모르고 하는 소리라는 사실을 알았다. 취재를 정확하게 하지 않아 실상을 잘 모르고 보도한 것이다. 사육장을 두 곳 취재했는데, 주인에게 "개를 매달아서 때리냐?."고 물었더니 막 웃었다. 요즘은 아무도 때려서 죽이지 않으며, 전기 쇼크로 죽인다고 했다.

최근 유럽 언론들이 보신탕에 대해 일방적으로 비판하는 보도를 하고 있는 것에 대해 어떻게 생각하는가?

▲BBC에서는 기자들을 교육할 때 한 정보원의 말만 믿고 보도를 하면 안 된다고 가르친다. 그것은 사물의 다양한 시각을 저버리는 일이다. 어떤 한 가지 사건을 가지고 여러 정보원으로부터 이야기를 수집해 객관적인 판단을 내려야 한다. 최근 보신탕 문화를 보도한 유럽 보도 매체의 기자들은 한정된 정보원의 편협된 정보를 바탕으로 기사를 작성한 듯하다. 기자를 포함한 대부분의 유럽 사람들은 "한국은 개를 때려 죽여서 먹는다."는 고정관념을 갖고 있는 것 같다.

국가와 민족 나름의 음식 문화를 인정해야 하는 것 아닌가?

▲자신의 문화적 잣대로 다른 사람을 판단해서는 안 된다. 유럽에서는 '말고기'를 먹고, 일본에서는 살아 있는 생선의 회를 뜬다. 중국에서는 뱀도 먹고 다른 동물들도 먹는다. 그것은 그 나라의 고유한 음식 문화다. 오랫동안 내려온 풍습을 가지고 이래라저래라하는 것은 옳지 못하다. 서구의 잣대로 한국의 음식을 평가하면 안 된다.

이번 보신탕 취재에서 얻은 결론은 무엇인가?

▲내가 빵을 먹는다고 한국 사람들에게 빵을 먹으라고 강요할 수는 없다. 먹는

것은 자유 의지다. 나는 이 취재를 하면서 세 가지 결론을 내렸다. 첫째, 한국에서 개는 애완용과 도축용이 따로 있으며, 개를 매달아 패 죽이지 않는다는 것이다. 물론 시골이나 일부에서는 매달아 패 죽일 수도 있겠지만 그것은 아주 소수에 불과하다. 둘째, 한국에서 개고기를 먹거나 파는 것은 불법이 아니라는 점이다. 셋째, 누구든지 자기가 원하는 음식을 먹을 수 있는 권리가 있다는 것이다. 음식 문화는 해당 지역의 관습과 전통을 무시하고 얘기할 수 없다.

남편이 한국인이기 때문에 주관적인 시각이 작용한 것은 아닌가?
▲사실 폴란드 한국대사관에서 근무하고 있는 남편을 처음 만났을 때 박사 학위까지 있는 엘리트가 '개고기'를 먹는다는 사실에 무척 놀랐다. 그는 보신탕과 개소주를 좋아한다고 했다. 하지만 나에게 그것을 인정하도록 강요한 적은 없다. 설사 강요했다 하더라도 나는 내 주장을 펼 수 있는 사람이다. 남편이 한국인이라는 것과는 별개의 문제다.

보신탕 문화에 대한 보도 이후 반응은 어땠나?
▲런던 BBC 본사에서는 내가 취재한다고 했을 때 매우 흥미 있어 했다. 방송을 들은 대중의 반응은 아직 잘 모르겠다. 보신탕에 대해 가진 편견을 없애 줄 수 있을 것이라 생각한다. 나는 '흥미로운' 뉴스거리를 보도하기보다는 '진실'을 말해 주고 싶었다. 그것이 전부다.

글쓴이의 핵심 주장을 짧게 요약하고 주제를 파악해 보세요.

나도 세상에 한마디!

◉ 여러분은 보신탕에 대해 어떻게 생각합니까?

보신탕 문화에 찬성한다면, 브리지트 바르도에게 반론하는 편지를 써 보세요.

보신탕 문화에 반대한다면, 국회의원들에게 보신탕을 법으로 금지해야 한다고 설득하는 글을 써 보세요.

책으로 읽는 우리 주제
_『다영이의 이슬람 여행』

다음 중 문화를 바라보는 태도로 올바른 것은?

❶ 배타적 민족주의

❷ 국수주의

❸ 문화 상대주의

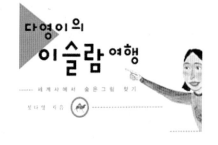

정답을 알고 있나요? 아마 중간고사나 기말고사 때 이와 비슷한 시험 문제를 보았을 거예요. 이 질문이 이번 시간에 우리의 주제예요. 정답은 문화 상대주의! 딩동댕~! 논술 시간에는 문화 상대주의가 구

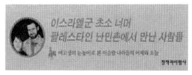

정다영, 『다영이의 이슬람 여행』, 창비, 2003.

체적으로 현실에서 어떤 경우에 필요한지, 한계가 무엇인지에 대해 좀더 깊이 있는 이야기를 나누었습니다.

자, 여러분이 공부를 했으니 질문을 하겠습니다.

문화 상대주의를 이해할 때 가장 중요한 것은 무엇이라고 생각하나요?

"상대방에 대해 아는 것이요!" 아핫! 정말 제대로 공부했군요. 뿌듯합니다.

『다영이의 이슬람 여행』은 낯선만큼 우리가 잘 알지 못하는 이슬람 문화에 대해 다루고 있답니다. 다영 씨는 여행을 할 당시 고등학교 2학년 학생이었어요. 방학 동안 보충수업과 학원도 다 빼먹고 지중해 지역으로 가족 여행을 떠납니다. 그곳에서 이슬람 세계 사람들을 만나서 겪은 이야기와 느낌을 책으로 엮었습니다. 교과서에서 배운 내용과 견주면서요. 우리는 아직 고등학교 교과서를 보지는 않아도 되니 우리 교과서와 비교하면서 책을 읽는 것도 쏠쏠한 재미가 있을 거예요.

언제 배웠냐고요? 흠. 1학년 사회 시간에요. 세계지리 시간이랑, 1학년 말에 배운 세계사 시간에 배웠답니다. 너무 먼 과거인가요? 그렇다면 제가 증거를 제시하죠.

책을 읽기 전에 먼저 교과서 내용을 점검해 보자고요.

서남아시아와 북부 아프리카 지역에서는 유대교를 믿는 이스라엘을 제외하면 주민의 대부분이 이슬람교를 믿고 있다.

이 지역은 이슬람교의 전통 속에서 정치 · 사회 · 문화 등이 발전해 왔기 때문에 이슬람 문화권으로 불린다.

주민의 대부분은 아랍 인이며, 언어는 아랍 어가 중심이지만 민족에 따라 여러 언어를 사용하고 있다. 또한, 이 지역에서는 주로 고립된 오아시스를 중심으로 부족 단위의 도시가 형성되고, 그곳이 각각의 부족 나름대로 독특한 규율과 제도를 가진 종교적 거점이 되어 왔다. 이에 따라 이 지역은 나라별로 민족과 종파가 달라 복잡한 문화적 특성을 띠게 되었다. 이 지역에서는 민족과 종교의 차이, 영토와 자원의 확보, 특히 석유 자원과 물 자원을 둘러싼 이해관계 때문에 분쟁이 자주 발생하고 있다. 최근 이 지역에서는 유대 인과 아랍 인의 대립, 이란과 이라크의 전쟁, 쿠르드 족의 독립 요구 등과 같이 국제적 갈등이 일어났는데, 이런 까닭에 이 지역을 세계의 화약고라 부르기도 한다.

—사회1(디딤돌), p.129.

아라비아 반도에 사는 아랍 인들은 6세기경에 사산 왕조 페르시아와 비잔틴 제국의 잦은 전쟁으로 동서 교통로가 막히게 되자, 홍해를 거쳐 인도양에 이르는 새로운 통로를 찾게 되었다.

이리하여 새로운 통상로의 길목에 있던 홍해 연안의 메카, 메디나가 상업 도시로 크게 번성하였다. 그러나 이러한 번영으로 생긴 이익은 상업 귀족이 독점하여 일반 민중의 생활은 여전히 빈곤하였다.

이러한 가운데 무함마드는 알라 이외에는 어떤 신도 없다는 신앙을 토대로 '신 앞에 모든 인간의 평등'과 '형제애'를 강조하는 이슬람교를 창시하였다.

무함마드의 포교 활동은 각 부족의 전통 신앙을 지키던 당시의 귀족들에게 박해를 받아 메카에서 메디나로 쫓겨 가게 되었다(622년). 이를 헤지라라고 하여 이슬람 력의 원년으로 삼았다. 그는 메디나에서 세력을 키워 메카를 다시 점령하고 아라비아 반도를 통일하였다.

—사회1(중앙교육연구소), p.310~311.

다른 출판사의 교과서에서도 「V-3. 석유 자원이 풍부한 서남아시아와 북부 아프리카」, 「IX-3. 오리엔트의 고대 문명」, 「X-4. 서아시아 문화권의 형성과 발전」 단원을 찾아보시면 된답니다.

❶

이슬람 세계에 대해 알고 있는 것을 모두 써 보세요.

❷

여러분이 알고 있던 이슬람 세계와 책에서 본 이슬람 세계가 다른 점이 있나요? 혹은 새롭게
알게 된 내용을 적어 보세요.

❸
여러분이 이슬람 세계에 살고 있는 학생이라면, 다른 나라의 학생들에게 이슬람 세계에 대해
어떤 이야기를 하고 싶을까요? 『다영이의 이슬람 여행』을 참고해 적어 보세요.

책 속에 숨어 있는 논술

● 이슬람 세계의 여성들은 차도르를 입습니다. 『다영이의 이슬람 여행』
(p.82~85)을 참고하여 여러분은 차도르에 대해 어떻게 생각하는지 서술해 보세요.

로고스 선생님 추천 도서

이원복, 『신의 나라 인간 나라』, 두산동아(단행본), 2002.

카트린느 클레망, 『테오의 여행』, 양영란 역, 동문선, 1998.

최협, 『부시맨과 레비스트로스』, 풀빛, 1996.

이희수, 『이희수 교수의 세계문화기행』, 일빛, 2003.

앨런 맥팔레인, 『손녀딸 릴리에게 주는 편지』, 이근영 역, 랜덤하우스중앙, 2005.

5강
역사는 과거의 사실 그대로를 전하나요

클릭! 교과서

　우리는 과거에 일어난 사실을 역사라고 말한다. 과거의 사실은 오늘날까지 남아 있는 사료나 유물, 유적을 통해 알 수 있다. 그런데 과거의 모든 사실들이 역사로 기록되어 전해지지는 않는다. 따라서 역사란, 과거의 사실 중에서 역사가가 중요하다고 생각하는 것만을 가려내어 기록한 것을 의미하기도 한다. 이를 통해 역사에는 '사실로서의 역사'와 '기록으로서의 역사'라는 두 가지 의미가 담겨져 있다는 것을 알 수 있다.

　역사는 "과거와 현재의 대화"라는 말이 있다. 현재는 과거의 영향을 받고, 과거는 현재의 관점에서 새롭게 해석된다는 뜻이다. 우리는 과거와의 대화를 통해 오늘을 사는 지혜와 교훈을 얻고, 더 나아가 미래를 내다보는 안목을 기를 수 있다.

—사회1(중앙교육연구소), p.236

마젤란과 라프라프

　1521년 필리핀에 도착한 마젤란은 원주민 라프라프 왕과 가톨릭 개종 문제로 격렬한 전투를 벌였다. 현재 이곳에는 미국에서 세운 마젤란 기념비와 필리핀에서 세운 라프라프 기념비가 나란히 서 있다.

　마젤란 기념비 : 1521년 4월 27일, 마크탄 섬의 왕 라프라프의 병사들과 싸우던 중 부상을 입고 이 지점에서 사망하였다. 마젤란 함대는 부하 엘카노의 지휘 아래 에스파냐에 도착함으로써, 최초의 세계 일주에 성공하였다.

　라프라프 기념비 : 1521년 4월 27일, 라프라프와 부하들은 에스파냐 침략자들을 격퇴하고 지휘관인 마젤란을 이 지점에서 죽였다. 이로써, 라프라프는 유럽 침략자를 물리친 최초의 필리핀 인이 되었다.

　두 대조적인 기념비의 내용을 읽고 역사를 바라보는 입장에 대해서 생각해 보자.

—사회2(금성출판사), p.51.

다른 교과서에는 없나요?

　사회1(교학사), Ⅶ-1. 역사는 왜 배우는가 (1)역사란 무엇인가, p.231.

　사회1(지학사), Ⅶ-1. 역사는 왜 배우는가 (1)역사란 무엇인가, p.223.

　사회1(디딤돌), Ⅶ-1. 역사는 왜 배우는가 (1)역사란 무엇인가, p.198~199.

　사회1(두산), Ⅶ-1. 역사는 왜 배우는가 (1)역사란 무엇인가, p.198.

　사회2(중앙교육연구소), Ⅱ-1.서양 근대사회의 시작 (3)신항로 개척과 유럽의 팽창 「탐구 활동」, p.51.

　국어3-1(교육인적자원부), 2.중심 내용 파악하기 「보충심화」, p.64~65.

첫째 시간

대화로 주제 찾기

 지혜 어제 뉴스 봤니? 통일부 장관이 김정일 위원장을 만나는 장면?

 우미 와! 그럼, 이제 통일이 되는 거야?

 지혜 그렇다고 통일이 그리 쉽게 되겠니.

 명석 그렇지. 통일이라는 게 어디 그리 쉬운 일이겠어? 오늘 국사 시간에 배운 것처럼 김유신 같은 영웅이 나타나면 모를까.

 지혜 글쎄, 꼭 그럴까? 통일이 영웅 한 사람의 힘으로 가능한 게 아니잖아. 여러 가지 조건들이 다 맞아야지.

 명석 그렇기야 하지만 여하튼 뛰어난 영웅이 필요한 것도 사실이잖아. 아무리

조건이 마련되어도 그것을 활용할 수 있는 인재가 없다면 소용없잖아.

 지혜 네 말이 틀리진 않아. 그런데 뛰어난 인물이 반드시 영웅인지는 의문이야. 가령 명석이 네가 말한 김유신 같은 인물이 그런 경우지.

 명석 김유신이 영웅이 아니라고?

 지혜 오늘 수업 시간에도 배웠지만, 신라의 삼국 통일은 외세를 등에 업고 이룬 통일이라는 한계가 있잖아. 그래서 어떤 역사가들은 김춘추와 김유신에게 당나라를 끌어들인 책임이 있고, 결국 민족의 역사를 한반도 내부로 축소시킨 장본인이라고 말하기도 해.

 우미 와, 그거 신선한 관점이다!

 명석 아무리 외세를 끌어들였다고 해도 최초의 통일국가를 이룩한 업적은 인정해야 하지 않을까? 그리고 시대 상황이 외세를 끌어들일 수밖에 없었다고 봐. 어쩌면 신라마저도 가만히 있었다면 국력이 기운 세 나라 모두 당나라에 멸망했을지도 모르지. 가령 의자왕의 잘못된 정치로 이미 국력이 기울 대로 기울어 있던 백제를 생각해 보면 알 수 있지.

 우미 의자왕에 대해선 나도 알아. 아주 나쁜 왕이었지. 날마다 궁녀들과 술만 먹고 나라는 돌보지 않다가, 결국 궁녀들을 모두 죽음에 몰아넣었잖아. 난 아직도 어릴 적 동화 속에서 읽었던 낙화암 이야기를 떠올리면 눈물이 나려고 해.

명석 그래 맞아. 백제는 신라가 아니라도, 틀림없이 당나라에게 흡수되었을 거야.

 지혜 아니야. 의자왕도 아주 훌륭한 통치자였대. 말기에는 그렇지 못했지만, 어쨌든 훌륭한 점은 잘 알려져 있지 않아. 이런 것을 보아도 역사는 승자의 것이라는 말이 맞는 것 같아. 우리는 너무 신라의 관점에서 역사를 바라보는 경향이 있어.

 우미 정말? 아니 왜 그렇게 훌륭했던 인물을 그런 식으로 기록했을까?

 지혜 신라 입장에선 의자왕을 망할 만한 나라의 몹쓸 군주로 묘사해야 자신들이 이룩한 통일의 정당성을 인정받을 수 있었겠지.

 명석 하지만 지혜 네가 의자왕에 대해 알고 있는 사실도 진실이라고 확신할 수 없잖아.

 지혜 물론 그렇지. 내 말은 역사라는 학문이 그런 특징이 있다는 거야. 똑같은 사실을 놓고도 다르게 볼 수 있다는 것이지.

 명석 좋아. 지혜 네 말에 일리가 있는 것 같다. 그런데 한 가지 의문점이 있어. 그렇게 역사가 보는 사람마다 다르다면, 어떻게 우리가 역사를 믿을 수 있지? 어디까지가 진짜냐고.

 지혜 글쎄, 우선은 사료를 충분히 모으고 검토해야겠지. 그 사료를 바탕으로 해야 객관적인 역사를 쓸 수 있지 않을까?

 명석 그것도 믿을 수 없지. 네가 말했듯이 역사가 승리한 자의 것이라면, 자신들에게 불리한 사료는 모두 없애 버렸을 수도 있잖아?

 지혜 에휴~ 정말 어렵다. 어쨌든 역사를 무조건적으로 믿어서는 안 된다는 거지. 역사를 볼 땐 누가, 어떤 시대에 썼는지도 유심히 검토해야 할 거야.

 우미 그만! 얘들아, 이제 그만하자. 너희들 때문에 오늘 암기한 게 다 헷갈리기 시작했다. 백제의 멸망 서기 660년…… 고구려의 멸망 서기 668년…… 또 뭐더라…….

로고스 선생님과 생각 주무르기
_"역사, 과거와 현재의 대화"

낙화암의 전설

　지금으로부터 약 1천5백
년 전, 가파른 절벽 위에서
여러분 또래의 한 소녀가 울
고 있습니다. 절벽 위에는 그
소녀는 물론, 할머니들까지
셀 수 없을 만큼 많은 여자들
이 줄을 지어 있습니다. 절벽
끝 벼랑 쪽에서는 비명소리

삼천 궁녀가 떨어져 자결했다고 전해지는 낙화암의 모습.

가 끊임없이 들렸습니다. 소녀뿐만 아니라 친구들도 엄마나 누이쯤 돼 보이는 여
자들의 품에 안겨 공포를 달래고 있습니다. 그들은 왜 이 절벽에 서 있는지도 모
르면서 그렇게 비명소리와 울음소리에 파묻혀 있었습니다. 강 건너에 솟구쳐 오
르고 있는 커다란 불꽃만이 뭔가 사태가 심상치 않다는 기운을 전했습니다. 그러

나 소녀에겐 울음을 쏟아 낼 시간조차 그리 오래 허락되지 않았습니다. 소녀를 품에 안고 있던 여자의 절규가 들리는 찰나, 소녀는 자신이 있는 곳이 물 속이라는 걸 알게 되었습니다. 갑갑한 숨통이 편해질 무렵, 소녀는 자신이 전에는 꽃이었음을 깨달았습니다. 먼 훗날 사람들은 소녀가 몸을 던졌던 절벽을 '낙화암'이라고 불렀습니다.

있었던 그대로의 역사

이 이야기는 백제가 멸망하던 당시 낙화암에서 뛰어내려 스스로 목숨을 끊었던 궁녀들의 모습을 그려 본 것입니다. 당시 절벽에서 떨어진 궁녀들의 숫자가 무려 3천 명이나 된다는 기록이 전해집니다. 우리는 가엾은 소녀의 모습을 떠올리면서, 또 아무 죄도 없이 목숨을 끊어야 했던 이름 없는 궁녀들의 비참한 모습을 상상하면서, 나라를 그토록 엉망으로 통치했던 의자왕도 떠올려 봅니다. 기록에 따르면 의자왕은 백성을 돌보지 않고 향락에 빠져 지내다, 결국엔 신라에게 나라를 빼앗겼다고 합니다.

이것이 사실이라면, 백제의 멸망은 우리에게 큰 교훈을 줍니다. 한 나라의 권력자가 나라를 돌보지 않으면, 결국 백성들이 고통을 받고 나라도 망하게 된다는 진실 말입니다. 그래서 3천 궁녀들과 같은 비극이 반복되지 않도록 국력을 키워야 한다는 것이죠.

그러나 사실이 그렇지 않다면? 그럴 수는 없다고요? 역사란 각종 사료를 토대로 과거의 사실을 있었던 그대로 전해 주는 학문이라고요? 그렇지 않다면 역사가 신화나 전설하고 다를 게 뭐가 있냐고요? 글쎄요…… 맞는 말이긴 하지만, 일단 제 얘기를 한번 들어 보세요.

믿기 힘든 역사

여러분은 낙화암에 가 본 적이 있나요? 실제로 낙화암은 3천 궁녀가 모두 올라가기엔 굉장히 비좁습니다. 그곳에서 3천 명이나 떨어져 죽었다는 사실에 고개를 갸우뚱하게 됩니다. 또한 당시 백제의 수도인 사비성의 인구가 4만 명 정도 되었을 것으로 추측하는데, 그 적은

인구 중 3천 명이나 되는 여자들이 비좁은 궁궐에서 지냈다는 것도 납득하기 어렵고요. 그렇다면 어떻게 그런 황당한 이야기가 전해져 오는 것일까요?

실제로 의자왕과 3천 궁녀들에 대한 기록이 역사책에 등장하기 시작한 것은 일제시대라고 합니다. 그 전 조선 시대의 기록까지는 그렇게까지 과장된 이야기는 보이지 않습니다. 여기서 우리는 어떤 과거의 사실이 어느 시대, 누가 기록하느냐에 따라 다르게 기록될 수 있다는 것을 눈치 챌 수 있습니다. 의자왕과 궁녀들에 대한 이야기는 일본이 우리의 역사를 폄하하려는 의도에서 과장되게 서술된 면이 있다고 생각해 볼 수 있는 것이죠. "너희 조상들은 술과 향락에 빠져 이렇게 살았다. 그러니 우리가 너희들처럼 못난 민족을 다스리는 것은 정당한 것이다." 뭐, 이런 속셈이겠죠.

이렇듯 역사는 그것을 기록하는 역사가와 당시 시대의 가치관에 영향을 많이 받는 학문이라고 볼 수 있습니다. 곧이곧대로 믿기는 어려운 부분이 있다는 말이

죠. 그렇다면 역사에 진실은 없는 것일까요? 시대마다, 나라마다 다르게 쓰이지는 게 역사라면 우리가 굳이 그것을 배울 이유가 있을까요?

역사, 과거와 현재의 대화

역사가 객관적인 것이 아니라, 상대적인 것이라면 역사를 배울 명분이 없어질 것입니다. 우리가 역사를 배우는 이유는 과거를 통해 오늘을 반성하고 더 나은 미래를 준비하기 위해서입니다. 하지만 과거에 대한 기록이 모두 객관적인 사실이 아니라, 역사가가 왜곡한 것이라면, 역사를 믿기란 참 어려운 일이 될 것입니다.

여기서 우리는 역사는 어떤 모습이어야 하는지를 고민해 봐야 합니다. 학자들도 이런 문제에 직면해 어려움을 겪고 있었습니다. 이때 카(E.H.Carr)라는 학자가 썩 괜찮은 답변을 내놓았습니다. 카는 역사란 과거와 현재의 끊임없는 대화라고 말했습니다. 쉬운 말로 하자면, 역사란 객관적인 사실, 즉 과거의 사료들, 기록들과 역사가의 주관, 즉 가치관이 서로 끊임없이 대화해야 한다는 말입니다. 역사란 과거의 사실을 있는 그대로 보여 주는 것이 아니지만, 그렇다고 역사를 쓰는 사람 마음대로 생각할 수 있는 것도 아니라는 말입니다.

카의 말 한마디에 역사에 대한 의문이 모두 해결된 것은 아닙니다. 그의 말이 정답이 아닌 건 물론이구요. 중요한 것은 여러분 스스로 역사를 보는 눈을 키워야 한다는 것입니다. 역사를 보는 눈은 학교에서 역사 시험을 잘 보거나 교과서를 달달 암기한다고 길러지는 게 아닙니다. 여러분 스스로 질문을 던지면서 역사에 접근할 때 비로소 역사를 보는 눈이 길러지고, 역사를 통해 더 많은 교훈을 얻을 수 있게 되는 것이지요.

둘째
시간

영화로 보는 우리 주제
_「황산벌」

　여러분이 알고 있는 삼국 통일의 내용은 어떤 것인가요?

　660년에 백제가 멸망하고, 668년에 고구려가 멸망하고, 등등. 여러분은 앞에서 우미가 외우던 역사적 사실을 배웠을 것이고, 계백 장군이나 김유신 장군의 일생을 대해서도 알고 있을 겁니다. 이렇듯 우리는 중요한 역사적 사건과 인물을 파악하는 역사 공부를 해왔습니다.

　하지만, 삼국 통일 전쟁이 계백 장군과 김유신 장군 두 사람의 싸움이었나요? 그 시

영화 「황산벌」, 2003.

대를 살았던 다른 사람들, 즉 평민이나 여성, 어린아이들이 삼국 통일에 대해 어떤 생각을 하고 있었는지는 알 수 없을까요? 왜 교과서나 위인전은 사회와 역사

에서 큰 영향력을 갖고 있었던 이들의 관점에서만 역사를 서술하나요?

예전에 비해 지배 계층 중심의 역사 분야 외에도 다른 계층의 관점에서 바라보는 연구를 진행하고 있습니다만, 그래도 우리가 보는 교과서나 위인전은 여전히 '훌륭하고 힘 센 사람들'의 역사 위주인 듯합니다.

「황산벌」이 이런 역사에 이의를 제기합니다. 「황산벌」은 '삼국 통일 전쟁'이라는 역사적 사건에 감독의 상상력을 덧붙여 만든 작품인데요, 삼국 통일 전쟁의 주역이라 알려진 김유신과 신라만을 주인공으로 다루지 않습니다. 계백의 아내, 평민 거시기, 역사적 패배자인 의자왕, 꽃 같은 나이에 '국가와 가문'을 위해 죽어야 했던 화랑들이 등장해 자신들에게 삼국 통일 전쟁이 무엇이었는지 이야기합니다. 물론 역사를 다룬 영화나 드라마가 역사적 사실을 객관으로 밝혀내는 것이 목표는 아니기에 역사적 진위 여부를 판단할 수는 없습니다. 다만 신분과 처한 상황이 다른 역사 속 인물들이 '삼국 통일 전쟁'을 어떻게 바라보고 있는지를 담고 있습니다. 심각한 영화냐구요? 그렇지 않아요. 감독은 이런 어려운 문제제기를 코미디와 웃음으로 풀어 나갑니다. 여기에 재미있는 욕과 사투리가 영화의 재미를 더해 주지요. 하지만 욕과 사투리에 집착하다 보면 다른 것을 놓치게 될지도 모르니 주의해야 해요.

❶

여러분이 알고 있던 위인들의 모습과 영화 속에 등장하는 위인들의 모습에는 어떤 차이점들이 있는지 각각의 인물들에 대해서 말해 보세요. (김유신, 계백, 관창 등)

❷

영화 속 계백 장군의 처가 죽기 전에 계백 장군에게 했던 말을 생각해 보세요. 감독은 이 말을 통해 관객들에게 어떤 메시지를 전하고 싶은 것일까요?

❸

평민 '거시기'에게 삼국 통일은 어떤 의미였을까요?

❹

교과서에는 신라의 화랑이나 계백이 전쟁 전 가족을 죽이고 싸움터에 나갔다는 일화가 실려 있습니다. 교과서를 서술한 사람들은 이런 역사를 통해 여러분에게 무엇을 전달하고 싶은 것일까요?

영화 속 논술을 찾아라!

계백의 항전

계백은 나·당 연합군을 맞아 결사대 5천 명으로 황산벌(연산)에서 항전하였다. 그는 전쟁터로 가면서 "나라가 살아남을지 알 수 없다. 나라가 망해 나의 처자식이 포로로 잡혀 노비가 될지 모르니, 살아서 욕을 당하느니 차라리 흔쾌히 죽는 게 낫다."라고 하면서 가족을 죽이고 싸우러 나갔다고 한다.

—국사(교육인적자원부), p.61.

● 중학교 교과서에 나와 있는 계백의 일화입니다. 계백, 계백의 처, 자식, 5천 명의 결사대의 입장에서 각각 고민해 본 후 계백에 대해 평가해 보세요.

세상 둘러보기
_역사 교과서 왜곡

일본 '왜곡 교과서'에 우리 국민들 분노

　일본 우익 단체가 일제 식민 통치를 미화하는 등 심각하게 왜곡된 역사 교과서를 만들었다는 사실에 시민들과 시민 단체들은 분노하면서 정부에 대책 마련을 촉구했다.

　일본의 한 극우 단체가 올해 만든 역사 교과서에서 "일제 식민지 통치가 조선의 근대화를 도왔다."는 내용을 기술한 것으로 드러나자 시민들의 성토가 이어지고 있다.

　특히 이번 교과서는 "일제의 창씨개명 정책은 조선인들이 원했던 것"으로 기술하는 등 이전보다 훨씬 개악된 내용을 담고 있는 것으로 알려지면서 일본을 규탄하는 목소리가 높아지고 있다.

"정부가 교과서 검정 작업 중단 촉구 등 적극 대처해야"

　시민들은 잇따르고 있는 일본의 노골적인 도발 행위를 더 이상 방치해서는 안 된다고 말한다.

시민 단체들도 역사 교과서 왜곡은 "한일 양국의 화해와 공존에 찬물을 끼얹는 처사"라고 비난했다.

시민 단체들은 "일본 극우 단체의 역사 교과서는 일제의 침략 전쟁을 옹호하고 궁극적으로 군국주의의 부활을 조장하겠다는 의도가 담겨 있다."고 분석했다.

동시에 "정부는 일본 정부에 교과서 검정 작업 중단을 촉구하는 등 적극적으로 대처해야 한다."고 밝혔다.

태평양전쟁 피해보상 추진위원회 이희자 대표는 "이건 국민들 보고 뭐라고 해야 할 일이 아니고 정부가 강력하게 나서야 하는 일"이라며 "외통부가 미온적인 자세를 보이는 게 큰 문제"라고 말했다. 전날 "일본 시마네 현이 독도가 자신들의 영토"라며 다케시마의 날을 가결한 데 이어 일본 역사 교과서 왜곡 사태가 반복되면서 한반도가 분노로 들끓고 있다.

—「CBS 노컷뉴스」, 2005. 3. 11.

◉ 기사에 나오는 단어 중 모르는 단어의 뜻을 찾아서 적어 보세요.

세상 1

❶

다음 중 신문 기사를 본 후, 친구들이 보인 반응 중 가장 합리적인 것은 무엇인가요?

(1) 철 민 : 시민 단체의 의견을 실은 것을 보니 이 신문은 우리나라 국민 대다수의 생각을 잘 전달하고 있군.

(2) 정 민 : 일본 사람들은 모두 나쁘고 상식이 없는 사람들이야. 어떻게 저런 교과서를 검정에 통과시킬 수가 있지?

(3) 민 수 : 가만히 보니, 일본이 역사 교과서를 왜곡한 건 이번이 처음이 아니었구나.

❷

다음 일지를 본 친구들 중 가장 올바른 추론을 한 친구는 누구인가요?

일본의 역사 교과서 왜곡 일지
1945년 이전 내선동조론 등 식민주의사관에 기초한 교과서 기술
1982. 7. 일본 문부성, 교과서 검정과정에서 침략을 진출로 바꾸라고 지시한 사실 공개 파문
1986. 3. 우익단체, '일본을 지키는 국민회의'가 만든 고교 역사 교과서 검정 합격
1996. 12. 새 역사교과서를 만드는 모임 결성
2001. 3. 후소사의 중학교 역사교과서 검정 통과 파문
7. 일본 정부, 한국의 교과서 수정 요구 거부
2002. 3. 한 · 일역사공동위원회 구성

(1) 민 혁 : 일본은 일제 강점기부터 지금까지 아주 꾸준하게 역사 교과서를 왜곡해 왔구나.

(2) 다 송 : '새 역사 교과서를 만드는 모임'은 아마도 역사를 바로 잡자는 의식 있는 일본 사람들이 만든 모임일 거야.

(3) 지 혜 : 1982년도에 있었던 사건을 보면 일본 정부 차원에서 역사 교과서를 왜곡한 것 같아.

⑦

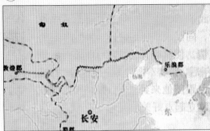

1. 진나라 시대 : 베이징사범대학출판사가 발행한 7학년용 역사 교재 상권에 실린 한나라시대 '세한강역도', 한반도 중부지방까지 한나라 영토로 표시돼 있다.

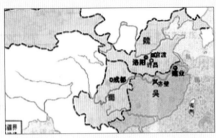

2. 삼국시대 : 인민교육출판사의 7학년 '중국역사' 상권에 실린 중국 삼국시대 형세도, 위나라가 한반도 북쪽지방을 완전히 지배하고 있는 것으로 묘사됐다.

3. 수나라 시대 : 베이징사범대학출판사의 '역사' 하권의 수나라 영역도에 고구려가 고려로 표기돼 있다. 이처럼 고구려 관련 기술은 지도에 표기된 것뿐이다.

4. 당나라 시대 : 발해를 당나라 지방정부인 발해도독부로 표기하고 있는 베이징사범대학출판사 '역사' 하권의 당나라 영역도.

⑭

엄정한 학문적 근거를 바탕으로 한 것이 아니라, 단지 희망사항을 표시한 것이라고 할지라도, 이 지도는 분명 한국인의 마음 어딘가에 자리 잡고 있는 어떤 '위험'을 보여 준다.

❶
지도들은 한·중·일 삼국의 역사관을 반영하는 지도입니다. 각각 어느 나라 지도인지 밝혀 보세요.

(가) _____

(나) _____

(다) _____

다

일본 고대 역사서인 "일본서기(日本書紀)"에는 80척의 배를 거느린 일본 신공황후가 삼한을 정벌했다는 전설이 언급돼 있다. 이를 "심상소학국사부도(尋常小學國史附圖), 1926)"에서 삽화로 설명한 부분이다. 일본 황후 앞에 머리를 조아리며 진상품을 바치는 왼편 하단의 사람이 신라왕이다. '임나일본부' 설을 강조하기 위해 신라와 백제 사이 회색으로 표시한 지역에 '임나'란 지명을 도드라지게 써 놓았다.

❷

세 지도는 과거 삼국의 왜곡된 역사를 보여 줍니다. 각각의 지도에서 문제가 있는 부분을 찾아 표시하고 친구들과 문제가 되는 부분에 대해 토론해 보세요.

❸

우리가 배우는 역사 교과서는 일본과 중국에 견주어 객관적인 내용을 담고 있다고 생각하나요? 여러분의 견해와 그 이유를 밝혀 보세요.

㉮

1차대전 중 영국에 알려진 동북아시아 지도

㉯

❶

위의 두 지도들을 통해서 알 수 있는 역사인식 과정에서의 문제점은 무엇인가요?

❷

외국 학생들이 배우는 교과서에서 한국은 어떤 나라일까요? 인터넷 검색을 통해 우리나라에 관한 역사, 지도 표기 등의 오류가 있는 사이트를 찾아보세요. 문제가 있는 부분을 바르게 고친 후 해당 사이트의 담당자에게 이메일을 보내거나 게시판에 글을 남겨 보세요.

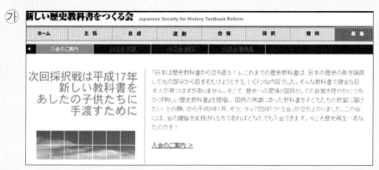

일본의 '새 역사 교과서를 만드는 회' 홈페이지에는 "국민의 상식에 맞는 교과서를 아이들의 교실에 돌려 주고 싶다."고 단체를 소개하고 있다. (자료출처 : 새 역사 교과서를 만드는 홈페이지)

> 한반도는 전략적으로 중요했지만, 군사적으로는 불안정하였다. 영국, 미국, 러시아 3국 모두가 지배를 원했으나, 실제로 통치를 유지하기는 곤란하다고 생각하고 있었다. 자신이 직접 지배하고 싶지는 않지만 또 다른 나라가 차지하는 것도 달갑게 여기지 않는 지역에 대하여 통치자로서 신흥국 일본의 등장은 3국에 있어 좋은 상황이었다. 일 · 러 전쟁 후 일본은 한국에 한국통감부를 두고 지배권을 강화하고 있었다. 1910년 일본은 한국을 병합하였다(한국병합). 이것은 동아시아를 안정시키는 정책으로서 구미 열강으로부터 지지를 받은 것이었다. 한국병합은 일본의 안전과 만주의 권익을 방위하는 데 필요하였으나, 경제적으로나 정치적으로 반드시 이익을 가져다 준 것은 아니었다. 다만 그것이 실행된 당시로서는 국제 관계 원칙에 따라 합법적으로 이루어졌다. 그러나 한국 국내에는 당연히 병합에 대한 찬반양론이 있었고, 반대파의 일부로부터는 심한 저항도 일어났다.

❶

네티즌이 되어, ㉮에서 언급한 사이트에 방문하여 일본의 역사 왜곡을 비판하고자 합니다. ㉯에 있는 일본 역사 교과서의 내용을 우리의 입장에서 본 역사로 고쳐 쓴 글을 사이트에 올려 봅시다.

이런 말 저런 얘기
_맥아더 장군 동상 철거 논란

맥아더는 자유민주주의 지킨 공로자다

　인천 자유공원 내 맥아더 장군 동상 철거를 주장해 온 일부 재야 단체의 움직임
이 더욱 조직화되고 있어 우려된다. 끊임없는 농성과 시위는 기본이다. 최근엔
"전쟁광 맥아더의 동상은 역사 속으로 던져야 한다."는 한 교수의 기고에 이어
"맥아더 장군은 학살자"라는 노래까지 전파되고 있다. 어제 집회에선 "점령과 학
살의 상징인 맥아더 동상은 곧 철거될 것"이라고 목청을 높였다고 한다.

　이들의 언동을 보면 한마디로 "이제 우리들 세상이 왔다."는 식의 안하무인이
다. 대다수 국민의 동조 여부에는 아랑곳없이 억지와 궤변을 늘어놓기 때문이다.
이들은 맥아더 장군을 '호전론자' '제국주의의 상징' '점령군의 괴수'로 규정한
다. 그러나 이는 사실관계의 왜곡은 물론 남쪽의 정통성을 훼손하려는 악의적 선
전 선동일 뿐이다. '호전론자'는 기습 남침을 한 김일성이고, '제국주의'라면 이
런 김일성을 몰래 지원한 소련이 각각 표본 아닌가.

　맥아더 장군은 이런 공산 제국주의 세력의 도발을 막기 위한 전쟁을 지휘한 것

뿐이다. 그런데 어떻게 그런 해괴한 논리를 펼 수 있는가. 혹시라도 동상 철거 운동을 통해 우리 사회에 일고 있는 반미(反美) 바람을 확산시켜 주한 미군을 철수케 하려는 의도가 있다면 당장 중지하라. 우리 국민이 그런 선동에 넘어갈 것이라고 판단했다면 큰 오산임을 알아야 한다.

맥아더 장군은 한국전쟁 당시 인천상륙작전을 성공시켜 적화 위기에 있던 우리를 구한 인물이다. 그리고 그 동상은 오늘 우리가 누리고 있는 소중한 자유민주주의를 지켜 낸 상징적 기념물이다. 따라서 이를 철거하자는 주장은 적화 통일이 되지 않은 것을 아쉬워하는 것이나 다름없다는 점을 명심하라.

그러나 이들은 이 부분에서도 왜곡을 일삼고 있다. "맥아더가 일부 친미주의자들의 자유만 지켰다."는 주장이 그것이다. 과연 그럴까. 오히려 동상 철거를 주장하는 집회를 허용해 주는 자유민주체제를 이 땅에 존속하게 한 맥아더 장군을 고맙게 여겨야 할 것이다.

—「중앙일보」, 2005. 9. 12.

글쓴이의 핵심 주장을 짧게 요약하고 주제를 파악해 보세요.

'맥아더 논쟁'의 그늘

인천 자유공원에 서 있는 맥아더 장군의 동상을 철거하려는 시위대와 이를 막으려는 시위대, 그리고 경찰이 충돌하면서 한바탕 소동이 일어났다. 물론 이 소동은 현장에서 일어난 것으로 그치지 않았다. 맥아더 장군 동상을 철거하려는 것은 자유민주주의에 대한 도전이라는 견해부터, 맥아더는 우리에게 결코 은인일 수 없다는 주장, 아니 우리의 양민을 학살한 자라는 주장까지 다양한 의견이 여론의

장을 뜨겁게 달구고 있다.

북한의 공격으로 부산까지 밀렸던 전세가 맥아더 장군의 인천상륙작전으로 역전되어, 그나마 지금의 휴전선 이남을 자유민주주의 국가로 유지할 수 있었다고 어릴 적부터 귀에 못이 박히도록 들어온 사람들로서는 정말 생경한 주장과 행동에 적응 자체가 힘들 것이다. 그리고 이러한 논의를 한·미 동맹의 축을 깨는 행위로 단순화하는 신문들의 반응에 공감할 수밖에 없을 것이다.

「동아일보」는 13일자 사설에서 동상 철거 행위를 '국가 정체성 부정'이라고 규정하였다. 그리고 청와대가 이러한 폭력에 미온적으로 대처한다고 비판하였다. 「문화일보」역시 사설에서 이들의 행동을 자유민주주의에 대한 도전이라고 규정하고 단호한 대처를 촉구했다. 맥아더가 '자유 대한'을 지켜 내는 데에 결정적으로 공헌한 명장이라는 사실을 자유민주주의 세계에 사는 사람이라면 누구도 부인하지 못할 것이라는 표현과 함께. 「세계일보」도 사설에서 맥아더를 부인하는 것은 자유민주주의를 부인하는 것이나 다를 바 없다고 못박았다. 「조선일보」도 예외는 아니다. 「조선일보」는 "맥아더 동상 철거를 주장하는 사람들의 6·25 전쟁관은 '6·25전쟁을 통해 북한 체제 하의 통일이 이뤄졌어야 했는데 미국의 방해로 실패했다'는 것이다."고 단정하고 있다. 이 정도면 맥아더에 대한 재평가를 시도하려는 사람들은 역적 정도는 될 것 같다.

하지만 동상 철거를 주장하는 사람들의 일방적 철거 행위가 지나치고 성급하다 할지라도 최소한 동상 철거를 주장하는 사람들의 논리가 무엇인지는 알려야 하는 것이 이들 신문이 보루로 삼는 자유민주주의의 기본 원칙이다.

맥아더 장군의 개인적 능력에 대한 회의, 비리에 대한 비난 등은 차치하고라도 전쟁 발발 이전 미군이 이미 세워 놓은 상륙 전략 중 하나를 맥아더가 수행했다는 사실만으로 맥아더 개인 숭배가 이루어지고 있는 우리 현실이 조금은 창피한 일이라는 것을 생각해 볼 때가 된 것은 아닐까? 또 맥아더의 계획대로 되었다면 중국과 맞닿은 한반도 북부는 1백여 년 동안 생태 진공지대로 변했을 것이라는 주장 등이 만약 사실이라면, 그 끔찍함은 필설로 다할 수 없을 텐데 한번쯤 확인해 볼 필요가 있지 않을까? 미국에서 수행된 전쟁이라면 감히 그런 전략을 꿈꿀 수 있었을까?

오로지 '신념' 때문에 사회적 논의 확산을 위해 좀더 노력하지 못하고 동상 철거를 시도하는 시위대도 문제는 있다. 그렇지만 '신념'을 지키고자 냉철한 논의를 뒤로하는 보수 언론들의 행태도 자유민주주의를 위협하는 것임을 알아야 할 것이다. 죽은 맥아더에 기대지 말고 언론 스스로가 자유민주주의의 보루가 되기를 기대해 본다.

—「경향신문」, 2005. 9. 13.

글쓴이의 핵심 주장을 짧게 요약하고 주제를 파악해 보세요.

나도 세상에 한마디!

맥아더 장군 동상 철거를 반대하는 시민들

맥아더 동상 철거를 주장하는 사람들

● 사진에서와 같이 6·25전쟁 당시 연합군 사령관이었던 맥아더 장군에 대한 사람들의 평가가 엇갈리고 있습니다. 맥아더 장군을 뛰어난 영웅으로 보는 사람도 있고, 전쟁을 좋아하는 포악한 인물로 보는 사람도 있지요. 맥아더 장군은 정말 어떤 사람이었을까요? 맥아더 장군에 대해서 조사해 보고, 여러분도 나름대로 맥아더 장군은 어떤 인물이었는지 평가해 보세요.

책으로 읽는 우리 주제

_『내 머리로 생각하는 역사 이야기』

역사는 '과거를 통해 오늘을 반성하고, 더 나은 미래'를 만들기 위해 꼭 필요한 공부랍니다. 그런데 역사 서술은 꼭 객관적이지만은 않기 때문에 역사를 읽는 사람이 정신을 똑바로 차리고 있지 않으면 잘못된 사실과 평가를 받아들이게 됩니다. 잘못된 평가 위에서는 올바른 미래를 만들 수 없겠지요.

그래서 역사에 대한 올바른 관점을 갖기 위해서는 우리 주변에 있는 역사책을 잘 살펴서 봐야 합니다. 이 책은 그런 의미에서 꼭 한 번 읽어 볼 만한 책이에요. 앞에서 잠깐

유시민, 『내 머리로 생각하는 역사 이야기』, 푸른나무, 2005.

말했던 카(E.H.Carr)의 『역사란 무엇인가』라는 책은 좋은 책이긴 하지만 여러분이 읽기에는 조금 어려울 거예요. 제가 생각하기엔 그 책은 고등학생이 되었을 때

는 것이 좋을 듯합니다. 국사책과 사회책에 나와 있는 역사적 사실을 공부하는 것만으로도 충분히 버거운데, 역사책을 읽자고 해서 싫어하는 학생이 있을지도 모르겠습니다. 조금만 끈기를 갖고 읽다 보면 많은 것을 얻을 수 있을 뿐만 아니라 재미도 생길 거예요. 파이팅!

『내 머리로 생각하는 역사 이야기』 전부를 읽는 것도 괜찮지만, 「1장 믿어서는 안 될 역사」, 「3장 과학으로서의 역사」를 중심으로 읽어 보세요. 우리가 자주 접했던 유명한 사료나 역사적 사건을 통해 이야기를 풀어내고 있기 때문에 읽고 나서 여러 가지 이야기를 나눌 수 있을 거예요.

❶

「1장 믿어서는 안 될 역사」의 작은 단원별 핵심 내용을 간단히 정리해 봅시다.

◉ 역사란 무엇인가

◉ 묘청과 김부식

◉ 사료와 역사가

◉ 역사가는 자유인이 아니다

◉ 역사 교과서-제일 못난 역사책

❷

역사책에는 있는 그대로 진실만 서술되어 있나요? 이 책의 저자는 그렇지 않다고 주장하네요. 책에서 주장의 근거를 찾아 정리해 봅시다.

❸

「3장 과학으로서의 역사」를 읽고 '실증주의 역사관'과 '역사주의 역사관'의 내용을 각각 정리해 보세요.

책 속에 숨어 있는 논술

유럽인들의 동양에 대한 호기심

십자군 전쟁 이후 지중해 무역을 통해 향료, 비단, 보석 등의 동방 물산이 유럽에 전해지면서 동양에 대한 유럽인들의 관심이 높아졌다. 마르코 폴로가 중국을 다녀와서 쓴 『동방견문록』은 동양에 대한 그들의 호기심을 한층 자극하였다. 한편 15세기 중엽에 오스만 제국이 비잔티움 제국을 멸망시키고 동서 교역로를 장악하여 동방 산물의 값이 크게 오르게 되었다. 이에 새로운 항로를 찾으려는 욕구는 더욱 강해졌다.

지리와 천문학에 대한 지식이 증가하고, 조선술의 발달과 함께 나침반이 사용되자 유럽인들은 원양 항해에 대한 자신감을 지니게 되었다.

이에 유럽 사람들은 '새로운 땅, 새로운 바다'를 찾아 원양 항해의 돛을 올리게 되었다.

새로운 땅 새로운 바닷길을 찾아서

신항로 발견에 앞장선 나라는 대서양 이베리아 반도에 위치한 포르투갈과 에스파냐였다. 포루투갈의 바스코 다 가마는 2년 여에 걸쳐 아프리카 남쪽 끝인 희망봉을 거쳐 인도를 다녀왔다(1498). 그는 이 항해에서 1/3 이상의 선원을 잃었다. 그렇지만 그가 인도에서 가져온 향료는 그에게 60배의 큰 이익을 남겨 주었다.

한편, 지구가 둥글다는 학설을 믿고 있던 콜럼버스는 아프리카 남단을 돌아 인도로 가는 것보다 대서양을 가로질러 가는 것이 훨씬 가깝다고 생각하였다. 그는 에스파냐의 후원을 얻어 2개월 이상 항해한 끝에 지금의 아메리카 동부 지역에 도착하였다(1492). 그 후에도 그는 황금과 향료를 찾아 세 차례 더 이 지역을 탐험하였으나, 죽을 때까지 이곳을 인도라고 믿었다.

마젤란은 향료의 주산지인 아시아의 몰루카 제도에 가기 위해서 아메리카 남단을 거쳐 태평양을 가로질렀다. 그는 필리핀에서 죽었으나 그의 부하들은 항해를 계속하여 3년 만에 에스파냐로 돌아왔다(1522). 역사상 최초로 세계 일주 항해가 성공한 것이다. 이로써 지구가 둥글다는 것이 확인되었으며, 지구는 사람들이 생각했던 것보다 훨씬 크다는 것도 알려지게 되었다.

─중2 사회(중앙교육진흥연구소)

● 위의 글은 중학교 2학년 사회 교과서에 나와 있는 신항로 개척의 내용 중 일부입니다. 여러분이 아시아나 아프리카의 원주민 역사가라면 어떻게 서술했을까요? 똑같은 제목과 내용으로 서술했을까요? 여러분이 아시아나 아프리카의 원주민 역사가라고 가정하고 다른 방식으로 서술해 봅시다.

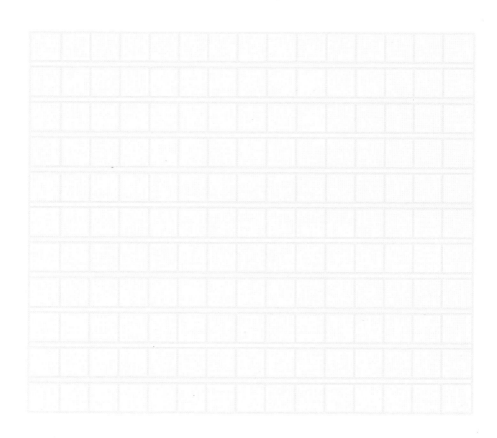

로고스 선생님 추천 도서

한중일 3국 공동역사편찬위원회,『미래를 여는 역사』, 한겨레신문사, 2005.

J. 네루,『세계사 편력』, 곽복희, 남궁원 역, 일빛, 2005.

유시민,『거꾸로 읽는 세계사』, 푸른나무, 2004.

백무현, 박순찬 그림,『만화 박정희』, 시대의창, 2005.

6강

남들과 다르게 생각하면 틀린 건가요

클릭! 교과서

첫째 시간

대화로 주제 찾기

로고스 선생님과 생각 주무르기 : "관용"

둘째 시간

영화로 보는 우리 주제 : 「뻐꾸기 둥지 위로 날아간 새」

영화 속 논술을 찾아라!

셋째 시간

세상 둘러보기 : 영화 「다빈치 코드」 상영 논란

이런 말 저런 얘기 : 영화 「그때 그 사람들」 검열

나도 세상에 한마디!

넷째 시간

책으로 읽는 우리 주제 : 「참여하는 시민 즐거운 정치」

책 속에 숨어 있는 논술

클릭! 교과서

매끈한 돌이나 거친 돌이나 다 제각기 쓸모가 있는 법이다

—안창호

전통 사회에서는 사람들의 삶의 형태가 비교적 단순하였다. 그러한 사회에서는 타고난 신분에 따라 각자의 삶이 결정되는 경우가 많았다. 따라서 각자의 적성이나 능력에 따라 자유롭게 직업을 선택할 수 없었고, 개인의 취미에 따른 개성 있는 삶을 누리기도 어려웠다.

그러나 오늘날에는 누구에게나 균등한 기회와 선택의 자유가 주어져 있기 때문에 자기의 취향과 능력에 따라 원하는 대로 살아갈 수 있게 되었다. 또, 현대사회에서는 생산업, 서비스업, 정보업 등 여러 가지 산업이 발달하여 우리가 선택할 수 있는 직업의 종류도 매우 많아졌다. 즉, 자기의 능력과 적성에 맞는 직업을 선택할 수 있는 기회가 확대된 것이다.

—도덕(서울대학교 사범대학 국정도서 편찬위원회), p. 9.

시민들은 자유로운 시장 원리가 국가의 역할을 통해 사회 내 여러 가지 문제들을 해결할 수 있을 것이라고 기대하였다. 하지만 기대와는 달리 오히려 환경오염, 국가 기능의 비대화와 같은 문제들이 새로 나타났다. 또한 사회가 더욱 다원화되면서 시민들의 다양한 요구가 수용되지 못하고 있다.

이에 따라 시민들은 공동의 문제를 해결하고 자신들의 권리를 보장받기 위해서는 시민 스스로의 힘과 노력이 절실히 필요함을 깨닫게 되었다. 이와 같이 시민들이 자율적으로 만들어 가는 자유롭고 평등한 삶의 영역을 시민 사회라고 한다.

여러 가지 문제에 대해 공동으로 해결하려는 시민들의 의지가 높아지면서 시민사회의 영역은 점점 더 중요해지고 있다.

—사회(디딤돌), p. 137.

다른 교과서에는 없나요?

사회2(디딤돌), V-1.현대사회의 과제 「현대 시민사회」, p.137.
사회2(중앙교육연구소), V-1.현대사회의 과제 (1)시민사회의 모습, p.133.
사회2(지학사), V-1.현대사회의 과제 (1)사회변동과 현대 시민사회의 특징, p.134.
도덕3(서울대학교 사범대학 국정도서 편찬위원회), I-1.삶의 설계와 가치 추구 (1)삶의 모습과 가치, p.8~10.

대화로 주제 찾기

우 미 　애들아, 이번에 서방신기의 뮤직 비디오가 방영 금지된 거 아니?

지 혜 　그래, 나도 들었어. 요즘 말들이 아주 많더라.

우 미 　왜 어른들은 신세대 문화를 이해 못할까?

지 혜 　글쎄, 나름대로 이유야 있겠지만…….

명 석 　난 아주 옳은 결정이었다고 생각해.

지 혜 　왜?

우 미 　들어 볼 것도 없어. 범생님이 어디 뮤직 비디오 볼 시간이 있겠어? 아마

212

음악이라곤 클래식 음악밖에 모를걸? 그러니 그깟 뮤직 비디오 하나가 방영 금지되었다고 어디 관심이나 가질까 모르겠네.

 지혜 우미야, 그렇게 얘기하면 안 되지. 상대방의 의견을 끝까지 들어 보지도 않고 그렇게 말하는 건 옳지 않아. 그건 그렇고 명석아, 넌 왜 그렇게 생각해?

 명석 우미 너, 지혜 때문에 그냥 넘어가는 줄 알아. 어쨌든 난 그 뮤직 비디오 봤다. 어때? 뮤직 비디오를 본 사람으로서 얘기하는 거니까 내 말이야말로 신빙성이 있지 않겠어?

 우미 우와~ 명석이가 정말 뮤직 비디오란 걸 다 보셨단 말이지? 너 다시 봐야겠다. 그건 그렇고 방영 금지된 뮤직 비디오를 어떻게 봤어? 범생님께서 해서는 안 될 일을 하신 거 아닌가?

 명석 인터넷 돌아다니다가 우연히 봤지. 그게 방영 금지된 것인 줄은 나중에야 알았어.

 지혜 좋아, 어쨌든 명석이 네 얘기를 해봐. 왜 이번 일이 옳다고 생각하니?

 명석 금지 처분 결정 이유에서 나오는 것처럼, 몇몇 장면이 너무 야하더라.

 우미 야하다고 무조건 금지해야 하는 거니? 야한 것과 아름다운 건 다르잖아.

하기야 뭐, 그 정도를 분간하려면 나 정도의 미적 감각이 있어야 할 테지만 말이야.

 명석 하하. 그거야말로 내가 할 소리 아닌가? 나야말로 우미 너보다 뛰어난 미감을 가지고 있다고 봐야지.

 지혜 또 얘기가 샛길로 샌다! 논점 좀 벗어나지 마, 애들아. 지금 문제는 누구의 미적 감각이 더 뛰어난지 따지는 게 아니잖아? 좋아 어쨌든 명석이 네 말대로 야한 장면이 있었다고 치자. 그렇다고 그게 금지 처분되어야 할 충분한 이유가 된다고 생각하니?

 명석 당연하지. 감수성이 예민한 우리 나이에 그런 야한 장면을 보는 것은 옳지 않다구. 그 이미지가 자꾸 떠올라 공부에도 방해되잖아.

 지혜 하지만 어떤 사람이 보기엔 그게 야한 게 아니라 아름다운 것으로 보일 수도 있잖아? 가령 우미처럼 말이야.

 명석 그렇지 않아. 똑같이 성을 다루었지만 포르노와 아름다운 누드 작품은 전혀 달라. 유명한 화가들이 그린 누드 그림을 생각해 봐. 훌륭한 누드란 그저 야한 것이 아니라 작품으로 오랜 생명력을 갖잖아.

 지혜 하지만 명석이 네가 모르는 게 있어. 그런 훌륭한 작품들도 한때 금지 처분을 받았대. 명석이 너 '향수'라는 가곡 알고 있니?

명석 당근이지. 참 아름다운 곡이지. 가사도 아름답고.

 우미 어휴~ 닭살……!

 지혜 그래, 클래식 음악을 자주 들으니 좋아할 거라고 생각했어. 그 노래의 가사가 정지용 시인의 작품이란 것도 알고 있지?

 명석 당연히 알지. 교과서에도 실려 있는 시잖아.

 지혜 그래. 네가 알고 있는 그 아름다운 시가 한때는 금지되어 출판되지도 못했다는 것도 알고 있니?

 명석 어, 정말?

 지혜 사실이야. 예전엔 그분의 모든 작품이 출판 금지되었대. 월북했다는 이유만으로 말이야. 아마 정지용 시인의 작품을 출판 금지시켰던 사람들의 눈에는 그의 작품이 아름답기보다는 뭔가 자신들의 마음에 들지 않는 정치적 주장을 하는 작품으로 보였겠지. 하지만 지금은 교과서에서도 실리는 아름다운 작품으로 인정받고 있잖아.

 우미 히히. 이번에도 지혜의 승리다!

 지혜 우미야, 그건 아니야. 토론이란 상대방을 이기기 위해서 하는 게 아니라

215

상대방과 함께 성숙해지는 계기를 만드는 거라고 생각해.

 우미 하지만 이제 정말 명석이가 할 말이 없을 것 같은데?

 명석 듣고 보니, 지혜 네 말이 맞는 것 같다. 하지만 자유를 무조건 인정하는 것은 옳지 않아. 자신은 예술이라고 주장하지만, 그것이 다른 사람들에게 불쾌감을 주거나 좋지 않은 영향을 끼치는 경우, 그런 행위들을 모두 표현의 자유라고 인정하기 힘든 게 사실이야. 가령 폭력 영화를 많이 보고 모방 범죄를 저질렀다는 청소년도 그런 경우겠지.

 지혜 음. 그래 어려운 문제다. 사실 나도 어디까지 표현의 자유를 허용해도 좋은 것인지 확실한 기준을 갖고 있는 것은 아니야.

 우미 무슨 소리니? 표현의 자유는 무조건 허용해야 해!

 명석 내 말이 바로 우미 너 같은 경우를 지적하고 있는 거야. 표현의 자유를 외치면서 날마다 책상 위에 낙서를 하는 것! 우미 네가 낙서한 책상이 아마 우리 반에 10개도 넘을걸? 여러 사람이 공동으로 쓰는 물건에다 그렇게……?

 지혜 어? 우미야, 갑자기 어디 가니?

 우미 얘들아, 안녕! 나 피아노 학원 갈 시간이야. 내일 보자!

 명석 으이구~.

로고스 선생님과 생각 주무르기

_"관용"

나와 생각이 다른 사람을 지지한다?

"나는 당신의 사상에 반대한다. 하지만 당신이 그 사상 때문에 탄압받는다면, 나는 당신의 편에 서서 싸울 것이다." 프랑스의 철학자 볼테르라는 사람이 한 말입니다. 어라? 나와 생각이 다른 사람을 위해서 싸워 준다고? 어떻게 그런 일이 가능하지? 나와 생각이 다른 사람을 도와준다는 것은 결국 내가 그 사람의 생각에 동의하고 내 생각이 틀렸다는 것을 인정하는 셈이 되는 것 아닌가? 그렇습니다. 어떻게 보면 볼테르는 앞뒤가 맞지 않은 말을 하고 있는 것 같습니다.

가령 나는 두발 자유화에 반대하고, 내 짝꿍은 두발 자유화에 찬성한다고 가정해 봅시다. 어느 날 내 짝꿍이 뜻이 맞는 친구들과 함께 교문 앞에서 시위를 벌일 계획을 세우다가 담임 선생님께 발각되어 혼이 납니다. 짝꿍이 혼나는 것은 당연한 것일까요? 내 처지에서 보자면 짝꿍의 생각은 옳지 않은 것이기 때문에 선생님께 야단맞는 것은 당연한 일 같아 보입니다. 그렇다면 내가 어떻게 볼테르가 한 말처럼 그 친구의 편에 서서 싸울 수가 있을까요?

다른 것은 틀린 것?

우리는 나와 다른 생각은 무조건 틀리다는 생각을 하기 쉽습니다. 하긴 어떤 면에서는 그럴지도 모릅니다. 내가 내 의견이 옳다고 생각하는 이상, 내 생각에 반대하는 사람의 의견이 옳을 수는 없는 노릇이지요. 그렇게 되면 나도 옳고 너도 옳고 모두가 옳은 셈이 되니, 살면서 벌어지는 문제들을 해결하기 위한 가치 기준은 없는 것이 되고 맙니다. 우리는 아무런 기준도 없는 세상에서 살 수는 없습니다. 어떤 문제든 해결하는 데 기준이 있어야 각자의 삶과 우리 사회를 올바로 이끌어 갈 수 있습니다.

그러나 이러한 생각에는 자칫 잘못하면 빠지기 쉬운 교묘한 함정이 있습니다. 삶과 올바른 사회를 유지하기 위한 기준이야 물론 필요한 것이지요. 그런데 그 기준이 어느 누군가가 일방적으로 정해서 다른 사람에게 억지로 강요한다면 문제가 달라집니다. 누구나 아름다운 세상을 꿈꿉니다. 그러나 그런 세상을 만들기 위한 기준은 사람 수만큼이나 다양할 수밖에 없습니다. 그럼에도 사회질서를 유지하는 데 급급한 나머지 우리는 그만 다양한 개성들이 갖는 가치를 쉽게 잊어버립니다.

질서란 필요한 것입니다. 다른 사람과 어울려 살기 위해서는 절대로 필요한 덕목이지요. 그러나 그 질서가 다양한 사람들의 생각을 억압하고 어느 한 가지 기준만으로 유지되는 것이라면 진정한 질서라고 할 수 없습니다. 그러한 질서는 겉으로는 조용하지만 안으로는 불만으로 가득 차 있는 평화롭지 못한 질서라고 할 수 있습니다.

진리는 오직 하나라는 생각은 결국 '다른' 것을 '틀린' 것으로 만들어 버립니다. 또 틀린 것은 틀렸다는 이유만으로 가치가 없는 것으로 여기도록 합니다. 다른 생각들은 한마디로 잘 알지 못하기 때문에 나온 어리석고 시끄러운 소음으로

치부됩니다. 그러나 정말로 사회를 아름답게 만들기 위한 기준은 오직 하나만 있는 것일까요? 진리는 오직 하나일까요?

지구는 태양 주위를 돈다

"그래도 지구는 돈다."라는 말로 유명한 갈릴레오의 얘기를 들어 보았을 것입니다. 당시의 과학자들은 지구가 우주의 중심이고, 태양을 비롯한 그 외의 수많은 별들이 지구 주위를 도는 것이라고 생각했습니다. 당시에는 그게 절대적인 진리라고 생각한 것이지요. 갈릴레오는 그러한 생각에 반대했기 때문에 법정에 서게 되었습니다. 즉 '다른 생각'을 말했다는 것이 죄가 된 셈이었지요. 당시까지만 해도 갈릴레오의 주장은 기존의 과학 지식과 전혀 다르다고 해서 '틀린 생각'으로 여겨졌고, 신이 내린 우주의 질서를 어지럽힌다고 생각한 교회는 그를 위험한 인물로 여겨 법정에 세웠던 것입니다.

그러나 지금 우리는 지구가 태양 주위를 돌고 있다고 믿고 있습니다. 한때 틀린 생각이었던 것이 지금은 진리라고 인정받고 있는 것이지요. 역사를 돌이켜 보면 이와 비슷한 사건들이 굉장히 많습니다. 이를 통해 보건대, 인간은 언제나 옳은 생각만 하고 살았던 것은 아닙니다. 인간은 신처럼 전지전능하지 않기 때문에 언제나 실수할 수 있는 것입니다.

관용, 내가 틀릴 수도 있다는 겸손

따라서, 내가 생각하는 것만이 진리라고 생각하는 것은 독선입니다. 그리고 그것은 매우 위험한 결과를 보여 주기도 합니다. 진리는 오직 하나요, 그렇지 않은 모든 것은 거짓이라고 생각하면서 나와 다른 생각을 억압하는 것이지요. 때때로 거기에 폭력을 쓰기도 합니다. 질서유지를 위해서라면 폭력을 써서라도 바로 잡아야 한다고 생각하는 것이지요.

볼테르의 말은 바로 이런 점을 염두에 두고 있는 것입니다. 나와 다른 생각들이 있을 수 있습니다. 그리고 나는 그런 생각들에 반대할 수 있습니다. 그렇다고 그 다른 생각을 억압할 권

리는 나뿐만 아니라 그 누구에게도 없습니다. 내 생각과 가치관이 소중하듯이 남의 생각과 가치관도 또한 소중하기 때문입니다. 나와 다른 생각을 가진 사람에 대해서 내가 할 수 있는 일이란 토론을 통해서 설득하는 것이지, 그들이 누려야 할 표현의 자유를 침해할 권리는 그 누구에게도 없습니다.

너무 당연한 이야기 같지만, 사실 우리나라만 보더라도 이런 인식이 보편화된 것은 그리 오래되지 않았습니다. 예를 들어, 지혜가 말했듯이, 정지용의 시는 오랫동안 사람들이 읽을 수 없었답니다. 당시에는 모든 출판물을 검열하는 제도가 있었습니다. 어떤 책이든 정부를 비판하거나 북한 이야기를 조금만 해도 출판이 금지되거나 일부분이 삭제되어서 출판되었습니다. 정지용의 문학 작품들도 그 중 하나였지요. 아마 정지용의 「향수」를 읽은 검열관들은 「향수」를 '북한에 대한 향수'로 읽었나 봅니다. 그러나 여러분이 읽은 「향수」는 어떤가요? 검열관들의 생각이 옳았다고 생각하나요?

우리는 언제든지 실수할 수 있습니다. 그것을 인정하지 않고 오직 한 가지 잣대

만으로 모든 작품을 평가했던 국가의 검열 제도는 결국 우리로 하여금 정지용의 아름다운 시를 몇십 년 동안이나 읽지 못하게 만들었습니다. 내가 틀릴 수도 있다는 겸손한 자세로 다른 사람과 토론하는 게 아니라, 무조건 억압했기 때문에 생긴 불행한 결과였죠. 우리는 진리를 외치기 전에 진리를 찾아가는 방법들을 먼저 배워야 합니다. 진리가 어느 한 사람의 머릿속에서 나오는 것이 아니라면, 진리를 찾는 방법은 결국 나와 다른 생각을 가진 사람과 대화하고 토론하는 수밖에 없습니다. 이렇듯 다른 사람, 다른 생각은 내가 이겨야만 하는 적이 아니라 함께 진리를 찾아가는 동반자인 것입니다.

영화로 보는 우리 주제
_「뻐꾸기 둥지 위로 날아간 새」

여러분은 "모난 돌이 정 맞는다."는 속담을 들어 본 적 있나요? 남들과 다르면 제재를 받는다는 의미로 쓰이지요. 여러분 세대처럼 자기 개성을 중요하게 생각하는 사람들과는 관계없는 일이라고 생각할 수도 있습니다. 하지만 잘 생각해 보세요. 우리 주변에 다수와 달라 피해를 보는 경우는 없는지 말이죠. '집단 따돌림'의 경우도 모난 돌이 정 맞는 경우 아니겠어요?

사회적으로 확대해 보면 종교, 인종, 예술에서의 표현의 자유, 사상 등의 문제와 관

영화 「뻐꾸기 둥지 위로 날아간 새」, 1975.

련해서 다수가 인정하지 않는 것을 선택했다는 이유로 '틀린 것'이 되고 온갖 불합리한 대우를 받는 경우가 많습니다. 혹은 선택할 수 없는 '다른 것'을 두고도

'틀렸다'고 여기기도 합니다.

「뻐꾸기 둥지 위로 날아간 새」는 아주 오래전 영화입니다. 여러분도 알고 있는
잭 니콜슨의 젊었을 때 모습을 볼 수 있답니다. 일반적으로 영어에서의 뻐꾸기
(cuckoo)는 정신병자를 나타내는 속어라고 하네요. 새는 인간에게 자유의 상징이
지요. 영화의 주인공 맥머피(잭 니콜슨)는 범죄자인데, 교도소에서 몇 가지 사건
을 저질러 정신병원으로 이송됩니다. 교도소보다는 자유로울 것이라 기대했지만,
병원 생활은 전혀 그렇지 못합니다. 아무 문제가 없어 보이지만 래치드 간호사를
중심으로 행해지는 병원의 압력에 환자들은 죽은 사람들처럼 지내고 있습니다.
맥머피는 의도적인 반항을 시작합니다. 래치드 간호사에게 맥머피는 아무 문제가
없던 병원을 소란스럽게 만드는 '모난 돌'입니다. 래치드 간호사와 맥머피는 거
칠게 대립하지요. 병원이 바뀌느냐, 맥머피가 바뀌느냐. 여러분은 누구를 응원하
실 건가요?

❶

몇몇 사람을 빼고 많은 환자들이 스스로 원해서 병원에 입원해 있습니다. 치료를 위해 입원했으면서 왜 자신의 권리를 당당하게 주장하지 못할까요?

❷

맥머피는 래치드 간호사와 계속 대립합니다. 대부분의 전문가가 회의에서 맥머피는 치료가 필요 없다는 결론을 내렸는데도 래치드 간호사는 맥머피를 병원에서 계속 치료해야 한다고 주장합니다. 래치드 간호사는 왜 맥머피를 교도소로 돌려 보내지 않았을까요?

❸

맥머피는 처음에 교도소에서 남은 복역 기간만 정신병원에 있으면 된다고 생각합니다. 하지만 래치드 간호사의 허락 없이는 정신병원에서 나갈 수 없다는 사실을 알게 됩니다. 맥머피는 탈출을 계획했으나 실패하지요. 그리고 그는 병원에서 '치료'를 받다 식물인간이 됩니다. 정확한 이유는 영화 속에서 그려지지 않지만, 심한 전기치료나 뇌수술 때문이라는 추측을 할 수 있습니다. 이 사실을 안 추장은 맥머피를 죽이고 병원에서 탈출합니다. 추장은 어떤 마음으로 맥머피를 죽였을까요?

영화 속 논술을 찾아라!

● 래치드 간호사가 돌보는 환자들 중에는 자신의 의견을 표현할 수 없는 상태의 환자들도 있지만, 그렇지 않은 환자들도 있습니다. 하지만 래치드 간호사는 모든 환자들에게 똑같은 방식의 생활을 요구합니다. 날마다 같은 시간에 진정제로 추측되는 약을 먹게 하면서, 왜 먹어야 하는지, 무슨 약인지는 알려 주지 않습니다. 맥머피처럼 다른 것을 요구하거나, 이유를 물으면 고통스러운 치료를 받게 하지요. 여러분은 래치드 간호사의 병원 운영 방식에 대해 어떻게 생각하나요? 환자들 중 한 명의 보호자라고 생각하고 여러분이 바라는 병원 운영 방식에 대한 요구서를 작성해 보세요.

세상 둘러보기

_영화「다빈치 코드」상영 논란

「다빈치 코드」예정대로 개봉…… 상영 금지 가처분 기각

　18일 전 세계에서 동시 개봉되는 영화「다빈치 코드」의 상영을 놓고 기독교계
가 제기한 상영 금지 가처분 신청이 기각돼 영화가 정상적으로 개봉되게 됐다.

　서울중앙지법 민사50부(송진현 수석부장판사)는 한국기독교총연합회(한기총)
가 기독교에 그릇된 선입견을 가져올 수 있다며 ㈜소니픽쳐스릴리징코리아를 상
대로 낸 영화「다빈치 코드」상영 금지 등 가처분 신청을 16일 기각했다.

　재판부는 결정문에서 "영화「다빈치 코드」는 실화를 영상화한 것이나 기록영화
라고 밝히고 있지 않아 원작 소설과 영화가 허구임이 명백하다."며 "한기총의 발
표대로 우리나라의 기독교인이 1200만 명을 넘는다면 국민 대부분이 예수 그리스
도와 기독교에 대해 구체적인 관념과 신념을 갖고 있는 상태라서 이 영화 때문에
종교적 신념이 형성·유지되기 어렵다고 보기 힘들다."고 밝혔다.

　재판부는 "이 영화가 기독교 교리에 어긋나는 내용을 담고 있다 해도 결과적으
로 기독교와 관련된 사람들의 사회적 명예에 어떤 변경을 가져온다고 볼 수도 없

다."며 "더구나 원작 소설 『다빈치 코드』가 2004년 국내에 번역 출간돼 260만 부 이상이 판매돼 영화 상영을 금지해야 할 필요성도 없다."고 덧붙였다.

이에 대해 한기총은 "표현의 자유를 빌미로 종교의 자유를 묵살한 데 대해 안타깝긴 하지만 재판부가 소설과 영화가 허구임을 강조한 데 큰 의미가 있다."면서 "향후 지역협의회 차원에서 관람 거부 운동과 상영 반대 시위를 계속 벌이겠다."고 밝혔다.

─「세계일보」, 2006. 5. 17.

세상 1

❶

기독교 단체에서 영화 상영 금지를 요구한 이유는 무엇일까요? 영화의 소재와 주제를 추측해 보세요.

❷

재판부는 '사실'이 아니라 '허구'이기 때문에 영화 상영을 금지할 이유가 없다고 말했습니다. 그렇다면 어떤 작품이든 실제 있었던 일이 아닌 허구이기만 하면 표현의 자유를 보장받을 수 있을까요?

❸

종교를 비판하는 영화를 보면 종교적 신념이 약해질까요? 친구들과 토론해 보세요.

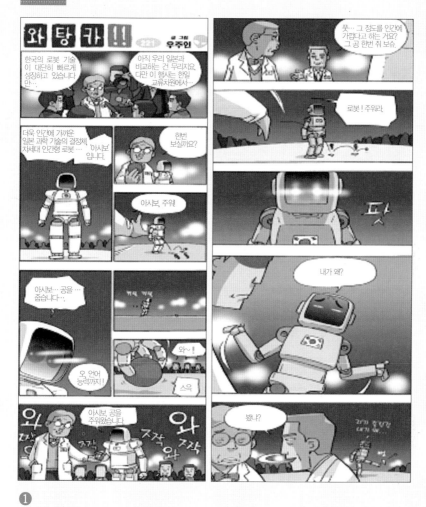

❶

주인의 말을 거역하는 로봇을 다른 로봇에 비해 인간에 가깝다고 할 수 있는 까닭은 무엇인가요?

❷

만화의 내용을 거꾸로 뒤집어 "자신의 의사를 표현하지 못하는 사람은 로봇과 다름없다."라고

주장한다면 어떨까요? 이 주장에 대해 여러분의 생각을 적어 보세요.

❶

왼쪽의 두 그림은 2004년 부천국제 만화축제에서 열린 'Bicof시선전–검열에 대한 Hommage(오마쥬)'에서 전시되었던 만화가 고우영의 「삼국지」의 한 장면입니다. 위의 그림은 무삭제본이고 아래의 그림은 검열 후 수정한 그림입니다. 두 그림을 비교하여 어떤 장면들이 삭제되었는지 확인하고, 어떤 이유에서 삭제되었는지 생각해 보세요.

❷

지금보다 예전에 검열이 심했던 이유는 무엇일까요?

❶

그림들을 참고하여 표현의 자유가 가져오는 긍정적인 효과는 무엇인지 생각해 보세요.

❷

그림들과 같이 기존에 있는 작품이나, 물건 등을 모방하여 익살스럽게 풍자하는 것을 (   )라
고 합니다. 괄호 안에 들어갈 가장 적당한 말은 무엇인가요?

(1) 풍류

(2) 표현의 자유

(3) 패러디

(4) 개그

이런 말 저런 얘기
_영화「그때 그 사람들」검열

「그때 그 사람들」과 표현 자유의 문제

법원이 10 · 26사태를 다룬 영화「그때 그 사람들」에 대해 다큐멘터리 부분 세 장면을 삭제하라는 결정을 내렸다. 고 박정희 대통령의 유족이 제기한 이 영화의 상영 금지 가처분 신청은 상충하는 기본권을 둘러싼 논란에 정치적 색채까지 가미돼 세간의 주목을 끌어 왔다. 법원은 표현의 자유와 인격권이라는 기본권의 큰 틀을 훼손하지 않으면서, 사실과 허구의 경계를 긋는 방식으로 해법을 찾았다. 영화가 상상력에 기반한 허구의 영역이라고 해도 관객이 사실로 오해할 만한 소지가 있으면 인격권 침해 소지가 인정된다는 판단이다.

영화계는 법원의 결정이 창작과 표현의 자유를 위축시킨다며 반발하고 있다. 예상돼 온 그대로다. 하지만 이 영화는 애초에 표현 자유의 한계, 또는 작품의 품격을 놓고 비판성 지적이 많았다.

과장된 상황 설정과 함께 '각하'를 노골적으로 비하한다든지, 젊은 여자 품에서 엔카에 심취해 있는 대목, 시신을 웃음거리로 삼는 장면 등은 논란의 주된 소재다. 법원은 영화를 블랙코미디라고 규정했지만 관객이 '각하'를 '박정희'로 받아들인다면 그저 웃어넘기기는 어렵다.

예술과 외설의 경계가 그렇듯, 풍자도 관객이 불쾌감을 느낀다면 풍자로서의 힘을 잃는다. 우리는 자의적인 잣대로 한 개인을 조롱하는 행위 자체가 헌법이 정한 표현의 자유 그 경계를 넘어섰다고 본다. 더구나 상대는 반박할 능력이 없는 고인이다. 헌법재판소는 표현의 자유의 한계를 규정한 헌법 제21조 4항과 관련하여 "그 해악이 처음부터 해소될 수 없는 성질이거나, 다른 사상이나 표현을 기다려 해소되기에는 너무나 심대한 해악을 지닌 것"이라면 그것까지 보호할 수 없다고 결정했다(1998. 4. 30.). 표현의 자유가 무제한의 자유는 결코 아니다.

일각에서는 미국 영화 「화씨 9·11」을 빗대 표현의 자유를 말하지만, 이 영화는 허구 요소를 배제한 다큐멘터리일 뿐이다. 한쪽은 살아 있는 권력에 비판의 칼을 들이댄 반면, 다른 쪽은 '죽은 권력'에 매질을 가했다는 대비도 차이라면 차이일 것이다. 표현의 자유 없이 예술이 발전할 수는 없다. 그러나 표현의 자유만큼 묘사 대상의 명예와 인격권 역시 간과해선 안 될 가치임은 물론이다.

—「문화일보」, 2005. 2. 1.

글쓴이의 핵심 주장을 짧게 요약하고 주제를 파악해 보세요.

유감스러운 「그때 그 사람들」 법원 결정

법원이 10·26 사건을 다룬 영화 「그때 그 사람들」에 대해 다큐멘터리 장면 세 곳을 삭제하라고 결정했다. 가처분 신청으로 영화의 일부 장면이 삭제되는 초유의 일이 빚어진 것이다. 이번 결정으로 법원의 '사전 검열'과 표현의 자유를 둘러싸고 논란이 거세게 일고 있으니 유감스러운 일이 아닐 수 없다.

재판부는 결정문에서 "문제의 장면이 관객들에게 영화가 허구가 아닌 실제라는 인식을 심어 주며 고인의 인격권을 침해할 소지가 있다."고 그 이유를 밝혔다. 표현의 자유는 성숙한 의식을 토대로 할 때 더욱 빛이 나고, 타인의 명예가 함부로 침해될 수 없음은 물론이다. 그러나 우리 사회의 '뜨거운 감자'인 박정희 시대를 다루는 과정에서, 법원이 상상과 허구가 본질인 예술 창작의 특성을 간과했다는 느낌을 갖는다.

법원의 결정에 대해 영화계가 반발하고 있다. '부분 상영 금지'는 명백한 사전 검열이며, 표현의 자유에 대한 침해라는 것이다. 상영 전에 영화의 일부분을 가위질하라고 결정했으니 당연히 나올 수 있는 지적들이다. 이번 결정이 선례가 돼 앞으로 영화의 소재 선택과 표현에 있어 제약을 받지 않을지 우려된다. 영화 창작 활동을 위축시킬 위험성을 내포하고 있는 것이다.

또한 이번 결정에서 영화에 대한 판단은 궁극적으로 관객의 몫이라는 점을 법원이 충분히 인식하지 못한 것이 아닌가 생각된다. 영화의 작품성과 가치에 대한 판단은 관객에게 맡기는 것이 바람직하다. 관객들이 인정하는 작품은 살아남고 거부하는 작품은 사라질 것이기 때문이다. 미국에서 예민한 내용이 담긴 「화씨 9·11」이 별 탈 없이 상영된 것은 우리와 대조된다.

우리는 군사정권, 권위주의 시대의 강압적이고 혹독했던 검열의 상처를 지니고 있다. 한국 영화가 '관객 1천만 시대'를 열고 국제적으로도 부쩍 발돋움하는 이면에는 표현의 자유가 있었기에 가능했다. 문화와 예술의 창작에 있어 표현의 자유가 훼손되거나 흔들려서는 안 된다.

—「경향신문」, 2005. 2. 1.

글쓴이의 핵심 주장을 짧게 요약하고 주제를 파악해 보세요.

나도 세상에 한마디!

　　○ 사진은 어느 사진작가의 집단 누드 작품입니다. 이 사진을 두고서, "예술이
냐, 외설이냐?"의 논란이 분분하다가 결국 법원의 판결을 기다리게 되었다고 가
정합시다. 여러분이 판사라면 어떤 결정을 내리겠습니까? 이 사진에 대한 판결문
을 쓰세요.

책으로 읽는 우리 주제
_『참여하는 시민 즐거운 정치』

사회가 다원화되었습니다. 시민들의 요구가 다양해졌습니다. 예전에 '먹고 사는 것'이 가장 큰 문제였다면 이제는 입는 것, 보는 것, 환경의 문제도 중요해졌습니다. 물론, 여전히 '먹고 사는 것'은 아주 중요하기 때문에 이 문제 때문에 고통받고 있는 이들을 위한 정책과 관심이 필요합니다.

『참여하는 시민 즐거운 정치』의 저자 이남석 씨는 이런 다원화된 사회에서 자신의 개성을 중요하게 생각하고

이남석, 『참여하는 시민 즐거운 정치』, 책세상, 2005.

인터넷을 자유롭게 사용하며, 좋으면 좋다, 싫으면 싫다 자신의 감정과 의견을 솔직하게 표현하는 여러분에게 희망을 봅니다. "요즘 아이들은 건방져, 이해할 수

없어."라고 말하는 어른들에게 여러분이야말로 놀이로 정치에 참여하고, 민주주의를 성숙시킬 수 있는 세대라고 이야기합니다. 이 책을 찬찬히 읽고 나면, 여러분이 사회의 구성원으로서 자리잡고 있을 뿐 아니라 여러분 스스로가 희망이라는 자부심을 가질 수 있을 것입니다.

❶

'시민'이라는 단어에는 여러 가지 의미가 포함되어 있습니다. 책을 참고하여 '경제적 의미의 시민'과 '정치적 의미의 시민'이 지닌 뜻을 정리해 봅시다.

❷

시민의 범주는 고정되어 있나요? 확장되어 있나요? 어떻게 생각하는지 근거를 들어 설명해 보세요.

❸

개인의 권리와 국가에 대한 의무 중 무엇이 우선일까요? 또한 그 이유는 무엇인가요?

책 속에 숨어 있는 논술

  ● 사회에는 다양한 의견과 이해관계를 가진 사람들이 모여 살아가고 있습니다. 반면에 오늘날의 정치는 영토와 인구의 규모 때문에 '대의 민주 정치'를 택하고 있습니다. 그렇기 때문에 이런 다양한 의견과 이해관계를 직접 드러낼 수 있는 기회가 많지 않은데요. 『참여하는 시민 즐거운 정치』에서는 이미 진행하고 있는 방법들과 앞으로 진행할 수 있는 과제들을 제안하고 있습니다.

❶

여러분이 관심을 갖고 있는 사회적 주제를 정하세요.

❷

책에서 제안하는 방법들 중 어떤 것을 활용할지 결정하고, 어떤 활동을 벌일지 기획안을 만들어 보세요.(기획안에는 여러분이 정한 사회적 주제가 갖고 있는 의미, 활동의 목표, 활동 방법 등이 포함되어 있어야 합니다.)

로고스 선생님 추천 도서

도리스 슈뢰더 쾨프, 『수상은 수영장에 산다?』, 박종대 역, 다른우리, 2004.

야마모토 오사무, 『도토리의 집』, 김은진 역, 한울림, 2005.

수잔느 피셔 스테이플스, 『위험한 하늘』, 이수련 역, 사계절, 2003.

밀드레드 테일러, 『천둥아, 내 외침을 들어라』, 이루리 역, 내인생의책, 2004.

오카 슈조, 『우리 누나』, 김난주 역, 웅진주니어, 2002.

박원순, 『내 목은 매우 짧으니 조심해서 자르게』, 한겨레신문사, 1999.

다이허우잉, 『연인아 연인아』, 김택규 역, 휴머니스트, 2003.

알퐁스 도데, 『마지막 수업』, 송은실 역, 소담출판사, 2002.

지그프리트 렌츠, 『독일어 시간』, 정서웅 역, 민음사, 2000.

7강

경제가 성장하면
가난한 사람이 없어지나요

클릭! 교과서

　산업화가 진행되면서 물질적인 부는 크게 늘어났지만 부의 분배가 고르게 이루어지지 않아 빈곤 문제가 발생하였다. 특히 최근에는 세계적으로 자유무역이 강화되면서 경제적으로 이미 우월한 위치에 있는 선진국이 후진국을 지배할 가능성이 높아졌으며, 빈곤 계층이 정보화에서 소외되고 있어 빈부 격차는 더욱 심화될 것으로 보인다.

　빈곤 문제에 대해 연구한 공로로 '1998년 노벨 경제학상'을 수상한 아마르티아 센(Amartya Sen)은 "기아는 식량 공급이 부족해서 발생하는 것이 아니라 실업, 식량 가격 상승, 식량 배급 체계 미비 등의 사회적 요인 때문에 발생한다."고 주장한다. 이처럼 사회 구조적 원인으로 인한 빈곤 문제는 국제 사회에서도 더 이상 미룰 수 없는 중요한 문제로 인식되고 있다. 지난 2000년 세계 각국의 정상들이 참석한 유엔 '밀레니엄 정상 회의'에서는 21세기의 최우선 과제를 빈곤 문제로 규정하고 이를 해결하기 위해 '새천년 선언문'을 작성하였다. 이 선언문에는 2015년까지 절대 빈곤과 기아에 처해 있는 인구의 수를 절반으로 줄이고, 2020년까지 도시 빈민 지역 거주자의 생활을 개선하겠다는 국제사회의 의지를 담았다. 또 부자 나라가 가난한 나라를 돕도록 규정하고, 가난한 나라가 진 빚을 탕감해 주는 방법도 제안되었다.

우리나라 역시 산업화가 진행되면서 전체적인 생활수준은 향상되었지만 아직도 생계를 잇는 것조차 어려운 절대 빈곤층이 있다. 빈곤은 개인적인 책임도 있지만 대부분의 경우 우리 사회의 구조적인 문제로 인해 발생한다. 특히, 장애우, 여성, 노인, 미성년자 등 사회적 약자들이 개인적 노력으로 빈곤 상태를 벗어나기란 거의 불가능하다. 따라서 절대 빈곤층의 생계 보장은 국가의 책임이라는 원칙을 가지고 빈곤층에 대한 정부의 지원이 확대되도록 제도 개선을 촉구해야 한다. 또한 빈곤층이 스스로 노력하여 빈곤에서 벗어날 수 있도록 직업을 알선하고 교육을 지원하는 정책을 마련해야 한다.

─사회3(디딤돌), p.126.

다른 교과서에는 없나요?

국어1-1(교육인적자원부), 7-3. 옥상의 민들레꽃.

국어3-1(교육인적자원부), 「보충심화」 난쟁이가 쏘아올린 작은 공, p.119~124.

사회2(디딤돌), II-3. 근대 시민사회의 성장, p.67~68.

사회2(금성출판사), II-2. 시민혁명과 시민사회의 성립, p.68~69.

사회2(중앙교육진흥연구소), II-2. 시민혁명과 시민사회의 성립 (4)산업혁명, p.69~70. / VII-2. 사회생활과 법질서 (2)사법의 기능과 중요성 「심화과정」 사회법 등장의 사회·경제적 배경, p.191.

사회3(중앙교육진흥연구소), III-1. 시장경제의 특성 (2)시장경제의 제도적 특성, p.73.

사회3(디딤돌), IV-3. 현대사회의 사회문제 「생각을 보태는 읽기 자료」 계속되는 빈곤 문제, p.126.

사회3(지학사), IV-1. 현대사회의 변동 특성 (3)보다 나은 미래를 향하여, p.92~93.

첫째
시간

대화로 주제 찾기

 지혜 어, 우미 너 핸드폰 샀구나?

 우미 응. 어때, 예쁘지?

 지혜 그래, 예쁘다. 이거 방송 수신도 되는 거니?

 우미 응.

 명석 바야흐로 핸드폰도 빈부 격차를 느끼게 하는 세상이구나.

 우미 또 무슨 딴지를 걸려고?

 지혜 이런 거 보면 우리나라 기술이 참 뛰어난 것 같아. 하긴 이런 기술이 있으니 세계에서 열 손가락에 꼽히는 무역 대국이 되었겠지.

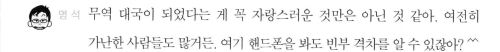 명석 무역 대국이 되었다는 게 꼭 자랑스러운 것만은 아닌 것 같아. 여전히 가난한 사람들도 많거든. 여기 핸드폰을 봐도 빈부 격차를 알 수 있잖아? ^^

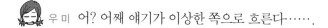 우미 어? 어째 얘기가 이상한 쪽으로 흐른다…….

지혜 핸드폰에 빗댈 건 없지만, 빈부 격차가 문제이긴 해.

명석 빨리 미국이나 일본과 같은 선진국이 되는 수밖에.

지혜 미국이나 일본도 가난한 사람들이 많긴 마찬가지래.

우미 : 정말?

지혜 응. 그런 걸 보면 선진국이 된다고 해서 가난한 사람이 없어지는 건 아닌 것 같아.

명석 아무리 그래도 우리보다야 낫지 않겠어? 어쨌든 가난한 사람이 없는 세상 을 만들기 위해선 많은 돈이 필요하니까 빨리 경제를 발전시켜서 부자 나 라가 되는 수밖에 없잖아.

지혜 우리가 미국이나 일본의 좋은 모습만 보고, 평범한 사람들이 사는 모습은 잘 모르니까 그렇게 생각할 수도 있어.

 명석 그래도 나라 전체가 부자가 되면 국민들도 잘살게 되는 것은 당연한 이치 아니겠어? 일인당 국민소득을 봐. 미국이나 일본은 3만 달러가 넘는다고. 일인당 국민소득이 모든 걸 말해 주고 있잖아?

 지혜 일인당 국민소득만 가지고 그 나라 국민들이 풍족하게 사는지 못사는지를 판단하긴 어려워. 가령 중국을 생각해 봐. 중국은 일인당 국민소득이 우리보다 훨씬 낮은 나라이지만, 아무도 중국을 우리보다 약소국이라고 말하진 않아.

 명석 중국은 인구가 너무 많아서 그런 거야. 똑같은 크기의 빵이 있어도 그것을 먹어야 하는 사람이 많을수록 작게 나눌 수밖에 없는 거잖아. 그러니까 많은 사람이 배불리 먹기 위해선 빵을 크게 만들어야 하는 거라고.

 지혜 좋아. 빵으로 비유를 했으니 말할게. 네가 말한 미국이나 일본은 분명 큰 빵을 가진 나라라고 할 수 있겠지? 그런데 왜 그 빵을 조금밖에 먹지 못하는 사람이 그렇게 많을까?

 명석 아무래도 그 빵을 만들기 위해 노력을 많이 한 사람들이 더 많이 먹어야 하기 때문 아닐까?

 지혜 그런데 왜 어떤 나라들은 미국이나 일본이 가진 빵보다 작은 빵을 갖고 있는데도 가난한 사람들이 더 적을까? 가령 서유럽의 여러 나라들 말이야.

 명석 너, 복지국가 얘기하려고 그러는구나?

 지혜 그래. 서유럽의 여러 나라들은 복지 제도가 잘되어 있어서 아무리 가난한 사람이라도 교육비나 병원비는 걱정하지 않는다고 하잖아. 국가에서 그 비용을 대주니까.

 명석 하지만 그런 나라들도 기본적으로 우리보다 잘사는 나라잖아?

 지혜 그렇지. 하지만 내가 말하고자 하는 요점은 비슷한 크기의 빵을 가지고 있어도 그것을 어떤 방식으로 나누어 먹을 것인지가 더 중요한 문제라는 거지. 즉, 무조건 경제를 발전시킨다고 해서 가난한 사람이 없어지는 건 아니라는 거야.

 명석 하지만 복지국가에도 문제점이 있어. 열심히 일하지 않아도 국가에서 챙겨 주니까 사람들이 게을러진다고.

 지혜 그건 꼭…….

 우미 어머! 어머! 어쩜 좋아.

  지혜 & 명석 ?

우 미   박지성이 한 골 넣었어! 어쩜 너무 귀엽지 않니? 박지성만 있으면 한국 축구는 정말 문제 없을 거야. 핸드폰 바꾸기를 정말 잘했다. 이렇게 축구 중계도 보고 말이야~ ♬ ^^.

 지 혜 & 명 석   우미야! 제발~.

로고스 선생님과 생각 주무르기
_ "무전유죄 유전무죄"

미래를 기대하지 않는 사람들

　미래는 오늘을 살게 하는 힘이라는 말이 있습니다. 미래는 지금 이 순간의 고단함을 참게 만듭니다. 만일 미래가 오늘보다 나아질 것이라는 희망이 없다면 살아가는 게 참 재미 없을 것입니다. 그래서 미래는 오늘 우리가 사는 목적이라고 말하기도 하죠.

　일인당 국민소득 2만 달러의 시대가 다가온다고 합니다. 여기에는 그만큼 지금보다 더 잘살게 될 것이라는 기대도 포함되어 있겠지요. 이런 나라에서 살고 있는 우리는 아마도 미래에 대한 기대가 큰 국민이라고 할 수 있을 것 같습니다.

　그런데 이게 웬일인가요? 사람들 대부분은 우리 사회가 더 살기 좋은 사회가 될 것이라고 생각하지 않는다는 여론조사 결과가 나왔다는군요. 아니, 국민소득 2만 달러 정도면 이제 우리나라도 본격적으로 선진국 대열에 합류하기 시작한 것이라고 말할 수 있을 텐데, 도대체 무슨 이유에서 사람들은 샴페인을 터뜨리기보다는 굳은 표정으로 미래를 맞이하고 있는 것일까요?

경제발전 = 행복한 미래?

흔히 우리나라의 놀라운 경제 성장을 일컬어 '한강의 기적'이라고 표현합니다. 모두 우리의 할아버님, 할머님, 그리고 부모님들의 피와 땀이 맺은 결실이라고 해야 할 것입니다. 노력하면 잘살 수 있다는 희망이 있었기에 가난해도 불행하다고 생각하지 않고 열심히 일할 수 있었을 것입니다.

그런데 사람들이 이제 그 희망을 놓아 버렸다는 것은 열심히 노력해도 예전만큼 만족하지 못하게 되었다는 것을 뜻하는 것은 아닐까요? 아닌 게 아니라 예전엔 비슷한 노력을 하면 비슷한 성과를 얻었습니다. 하지만 지금은 똑같은 노력을 해도 어떤 사람은 더 많은 이익을 가져가는 현상이 발생하는 사회가 되어 가고 있습니다. 이러한 사회 속에선 열심히 일해도 가난한 사람은 가난을 벗어나기 어렵고, 부유한 사람은 더 부자가 될 수밖에 없지요.

더욱 걱정되는 것은 미래의 희망이라고 하는 청소년들입니다. 앞서 말한 여론 조사 결과에서 가장 충격적인 점은 미래 한국 사회의 모습에 대해서 그 어느 세대보다도 청소년들이 비관적인 생각을 가지고 있다는 것입니다. 청소년들에게 '자본주의' 하면 무엇이 떠오르는지 물어본 결과, 가장 많은 수의 청소년들이 '빈부격차'라고 대답했다고 합니다. 또 앞으로도 한국 사회가 더 나아질 것이라고 생각하지도 않는답니다. 기성세대가 자본주의에 대해서 경쟁에 의한 발전과 물질적 풍요를 가져다 주는 사회라고 생각하는 반면, 청소년들이 바라보는 자본주의는 부정적인 이미지로 다가오는 듯합니다.

이것은 우리가 살고 있는 자본주의라고 하는 사회에 대해서 진지하게 반성해 볼 때가 되었다는 것을 말해 주고 있는지도 모릅니다. 가난했던 시절, 국가 경제의 발전은 곧 내 살림살이가 나아지는 것을 뜻했습니다. 그래서 기성세대들에게 자본주의는 긍정적으로 다가오는 사회 형태였겠지요. 그러나 어느 순간 사람들은 국가 경제의 발전이 모든 사람들을 풍요롭게 만들어 주는 것은 아니라는 사실을 깨닫게 되었습니다. 우리 청소년들도 이런 사실을 알고 있는 듯합니다. 함께 열심히 일해서 먹을 만한 크기의 빵을 만들었지만, 일한 만큼 공정하게 그 빵을 나눠 먹지는 못한다는 사실을 말이죠.

무전유죄 유전무죄

1988년 서울 올림픽을 개최하면서 세계인들에게 '한강의 기적'을 자랑스럽게 보여 주고자 했던 그때, 우리 사회 한 구석에서는 삶의 터전을 잃지 않기 위해 힘겨운 싸움을 벌여야 했던 이웃들이 있었습니다. 정부는 올림픽 때문에 환경 미화 사업을 실시했습니다. 낡은 가옥들을 철거하고 새 집을 짓겠다는 명분을 내세웠지만, 이것은 한국을 방문하게 될 외국인들에게 잘 보이기 위한 일이었습니다.

철거될 집에 살고 있던 사람들은 대부분 가난한 사람들이었고, 집을 철거하면 갈 곳이 없었습니다. 그런데도 정부는 힘을 앞세워 강제로 낡은 집들을 철거하기 시작했고, 이에 저항했던 사람들은 감옥에 가기도 했습니다. 서울 올림픽이 끝난 뒤 어느 날 우리 사회에 큰 경종을 울린 사건이 발생했습니다. 당시 감옥에 갔던 사람 중 한 사람이 탈옥하여 "무전유죄! 유전무죄!"를 외치며 인질극을 벌였기 때문입니다.

감옥을 탈출하고 일반 시민의 집에 침입해 인질극을 벌인 행동은 옳지 못한 일이었지만, 이 사건은 빈부 격차 때문에 생기는 우리 사회의 문제점을 여실히 보여 준 사건이라고 할 수 있습니다. 올림픽을 개최할 정도로 경제가 발전했지만, 그 경제 발전의 혜택은 우리 사회의 소외된 이웃들에게까지는 돌아가지 못했습니다. 나아가 공정함을 최우선으로 해야 하는 법 집행도 가진 자들에게는 관대하고 가난한 사람들에게는 엄격하게 적용되었지요. 수백 억원 규모의 부정과 비리를 저지른 사람들은 약한 형벌을 받는 반면, 먹고살 길이 막막해 가게에서 물건 하나를 훔친 사람은 오랜 감옥 생활을 해야 하는 불공평한 잣대가 적용되었던 것입니다.

"무전유죄! 유전무죄!" 아직까지 이 말은 우리 사회의 현실을 대변해 주고 있는 말로 통하고 있습니다. 그만큼 우리 사회가 그때보다 더 나아지지 못했다는 사실을 말해 주는지도 모릅니다.

국가가 잘살아야 국민이 잘산다?

경쟁을 하지 않아도 먹고살 수 있게 되면 사람들은 나태해지고, 그렇게 되면 경제가 발전하지 못할 거라고 생각하기 쉽습니다. 일리가 있는 말이지요. 자본주의 경제는 기본적으로 경쟁이라는 게임의 법칙을 통해서 성장하게 됩니다. 노력을 한 만큼 보상받는다면 누구나 남들보다 더 열심히 일을 할 것이고, 그렇게 열심히 하려는 사람들이 많을수록 국가 경제는 성장하게 되겠지요.

그러나 경쟁이라는 것이 이긴 사람은 모든 것을 다 얻고, 진 사람은 모든 것을 다 잃어야 하는 게임의 법칙에 의해 이뤄진다면 얘기가 달라집니다. 만일 어떤 사회가 이러한 법칙에 따라 움직이는 사회라면, 그 사회는 아무리 경제성장을 이룬다고 할지라도 부자는 더 부자가 되고 가난한 사람은 더 가난해지고 마는 사회가 될 것입니다. 아무도 이런 사회에서 살고 싶지 않을 것입니다. 아무리 노력해 봐야 내 신세가 별로 달라질 것이 없다고 생각하면 노력할 의욕이 생기지 않을 것은 뻔하기 때문입니다.

그래서 막연히 경제성장만 하면 모두가 잘살게 될 것이라고 생각하는 것은 잘못된 생각입니다. 빵을 크게 만드는 것도 중요하지만, 그것을 나누는 것도 중요한 문제입니다. 이것은 외국 여러 나라들의 경우를 살펴 보아도 알 수 있습니다. 미국의 경우 세계 최고의 강대국으로 알려져 있지만, 세계에서 가장 가난한 사람이 많은 나라라는 부끄러운 이름도 함께 가지고 있습니다. 반면에 서유럽의 여러 나라들은 미국만큼의 경제력을 가지고 있지는 않지만 오히려 가난한 사람들이 적습니다. 이런 사례들을 보아도 국가 경제가 발전한다고 해서 반드시 그 나라의 국민들이 잘사는 것이라고 단정하기

어렵다는 것을 알 수 있습니다. 여러분이 꿈꾸는 미래 우리나라의 모습은 어떤 나라인가요? 미국과 같은 강대국이 되는 것인가요, 아니면 그런 강대국은 아닐지라도 국민들이 행복해하며 잘사는 나라인가요?

영화로 보는 우리 주제
_「빅 원」

　　국가 경제가 어려워지면, 국민들에게 허리띠를 졸라매자는 캠페인을 합니다. 국가 경제가 살아야 개개인의 경제도 나아진다는 이야기입니다. 그렇다면 세계에서 자타가 공인하는 1등 부자인 미국은 모든 사람이 다 잘사는 나라이어야 할 텐데요. 하지만 통계에서 보여 주는 미국은 꼭 그렇지만도 않습니다. 미국의 상위 1퍼센트 부자가 보유하고 있는 자산은 미국 전체의 33퍼센트, 상위 10퍼센트가 차지하는 자산 보유 비율은 70퍼센트라고 합니다(「중앙일보」, 2006.4.13.). 한눈으로 봐도 빈부 격차가 무척 심하다는 것을 알 수 있습니다.

　　「빅 원」은 미국 사회를 이렇게 만든 이들을 꼬집은 다큐멘터리입니다. 마이클

영화 「빅 원」, 1997.

무어의 작품이지요. 마이클 무어는 사회 노동 운동가로 잘 알려진 다큐멘터리 감독이자 저술가입니다. 이 영화 촬영을 시작하기 전 그는 『이것을 줄여라! *Downsize This! Random Threats from an Unarmed American*』라는 책을 발간합니다. 「빅 원」의 촬영은 출판사가 제안한 전미 강연 투어와 사인회로부터 시작합니다. 그는 가는 곳마다 기업인, 정치인, 노동자들을 만나 인터뷰를 시도하고, 카메라에 담지요. 그리고 미국의 공장들과 노동자를 버리고, 임금이 싼 동남아시아나 남미 국가로 공장을 옮긴 기업인들에게 '최우수 구조조정 기업상'을 줍니다. 요즘은 우리나라의 큰 기업들도 공장을 임금과 땅값이 싼 외국으로 옮기고 있지요. 그럼, 구조조정이 뭐냐구요? 간단히 이야기하면, 원래는 기업의 효율적인 운영을 위해 기업을 구조를 바꿔 나가는 건데요, 주로 노동자들을 해고해서 기업의 규모를 가볍게 하는 방법으로 사용되곤 합니다. 미국에 있던 공장을 다른 나라로 옮겼으니 미국에서 일하던 수많은 노동자들은 '구조조정'이라는 이름으로 일자리를 잃게 되었겠지요. 그런데 이렇게 노골적으로 자기들을 욕하는 마이클 무어를 기업인들이 만나 줬을까요? 그렇지는 않습니다. 그러다가 마이클 무어는 드디어 그토록 바라던 미국 대기업의 대표를 만나게 되는데요. 나이키사의 필 나이트 회장을 만나게 됩니다. 어떤 일이 벌어졌을까요? 한 네티즌이 마이클 무어를 세상에서 가장 유쾌하고 똑똑한 건방진 뚱보라고 했더군요. 우리도 한번 유쾌하고 똑똑하고 건방진 뚱보의 여행에 함께 해볼까요?

❶

이 영화의 제목은 왜 'The Big One'인가요? 영화 속에서 답을 찾아보세요.

❷

대규모 흑자 이익을 보는 대기업이 왜 인원을 줄이고 많은 사람들을 해고했을까요? 무엇을
위한 방침이었을까요?

❸

마이클 무어는 1995년 4월 19일 오클라호마의 연방정부청사인 머레이 빌딩 폭탄 테러 사진과
플린트의 철거로 인해 망가진 건물의 사진을 동시에 보여 줍니다. 폭력에 의한 국민들의 피해
와 경제 정책으로 인한 피해가 다를 것이 없다는 주장입니다. 여러분은 어떻게 생각하나요?

영화 속 논술을 찾아라!

● 미국의 대기업은 좀더 많은 이윤을 얻기 위해 사원 수를 줄이고 대량 해고를 진행합니다. 여러분이 해고된 노동자 중 한 사람이라 생각하고 기업의 사장에게 해고 철회를 설득하는 편지글을 써서 보내 봅시다.

세 상 둘 러 보 기
_빈 부 격 차

강남 초고층 건너편엔 '딴 세상' 104가구

"부동산 투기? 남의 나라 얘기지. 여기서는 부동산의 '부' 자도 꺼내지 않아."

대한민국 서울의 강남. 부의 상징이자 부동산 열풍의 중심지인 이곳에 빈부 격차를 적나라하게 드러내는 빈민촌이 있다. 포이동 266번지로, 위용을 과시하며 솟아 있는 초고층 주상복합 건물 아래 납작 엎드려 있다. 양재천을 사이에 두고 마주 보는 타워팰리스와 266번지 판자촌은 부와 가난이 극명하게 교차되며 묘한 분위기를 연출하고 있다.

서울 강남구 포이동 266번지 일대 판자촌 뒤로 도곡동의 타워팰리스가 보인다.

260

사방을 낡은 함석판으로 두른 266번지는 밖에서 보면 높게 쌓인 고철들만 보이는 것이 영락없는 대형 고물상이다. 근처 주민들도 쓰레기나 고철을 모아 놓는 곳으로 알지 이곳이 104가구의 보금자리라는 사실을 잘 모른다.

기자가 동네로 들어서자 지붕을 맞대고 서 있는 판잣집들과 골목 곳곳에 널려 있는 가정용 LPG 통, 처마 밑에 아무렇게나 벗어 놓은 신발들이 눈에 들어왔다. 주민들은 1981년 정부가 넝마주이, 부랑자 등을 모아 이주시키면서 이 동네가 생겨났다고 말했다. 서울시 소유 체비지인 하천 변에 비닐하우스를 짓고 정착한 주민 150여 명은 24년이 지나는 동안 104가구, 350여 명으로 불어났다. 266번지에는 수세식 화장실이 있는 집이 단 한 군데도 없었다. 3~4가구가 함께 사용하는 재래식 공용 화장실이 있을 뿐이다.

주민 박수길(62 · 남) 씨는 10평 남짓한 판잣집에서 아들 내외와 2명의 손녀딸까지 3대가 함께 살고 있다. 집 안에 세면대도 없어 여름에는 대야에 물을 받아 몸을 씻고, 겨울에는 수돗물을 가스불로 끓여 간단한 세수만 해야 하는데, 마을 전체가 이런 식이다.

컨테이너 박스로 만든 '포이동 266번지 사수대책위원회' 앞에 설치된 공동 우편함에서 자신의 편지를 찾던 50대 주민에게 부동산 개발 얘기를 꺼내자 곧바로 "여기서는 그거 관심 있는 사람 아무도 없다."는 답이 돌아왔다. 그는 "지금 살고 있는 판잣집도 언제 쫓겨날지 모르는 판에 무슨 부동산이냐."고 반문했다. 서미자(49 · 여) 씨는 "속옷만 빼면 모두 주운 물건이지만 다른 건 바라지도 않는다."며 "보잘것없는 집이지만 주소지라도 인정받고 싶을 뿐"이라고 말했다.

서 씨 주민등록증에는 1989년 구획정리와 함께 대한민국 행정구역에서 사라진 포이동 200-1번지가 주소로 적혀 있었다. 서울시가 구획정리를 하며 200-1번지를 266번지로 변경하면서 이곳 주민들을 무단 점유자로 취급해 266번지로 주민등록을 해주지 않았기 때문이다. 266번지는 주민등록상 아무도 살지 않는 유령 지구인 셈이다. 주소지가 없다 보니 주민들은 인근 슈퍼마켓이나 친척집 등에 집주소를 옮겨 놓았으며, 아이들은 코앞에 초등학교를 두고도 멀리 떨어진 다른 학교에 다녀야 한다.

더욱이 서울시가 1990년부터 매년 토지변상금을 청구하면서 가구마다 5천만~7천만 원씩의 빚을 지고 있는 상황이다. 김 모(58·여) 씨는 "토지변상금 때문에 혹 이곳을 떠날 여유가 생기더라도 그러지 못하는 상황"이라며 "아파트를 몇 채씩 가지고 세금 걱정을 한다는 얘기는 TV속 다른 세상 사람들의 얘기"라며 한숨지었다.

대책위 조철순 공동위원장은 "눈만 돌리면 보이는 고층 빌딩, 고급 아파트를 부러워하지도 꿈꾸지도 않는다."며 "우리가 여기에 살고 있다는 사실을 인정받고 쓰러져 가는 판잣집이지만 비 안 새게 고쳐서 가족이 오순도순 모여 사는 것이 유일한 소원"이라고 말했다.

—「국민일보」, 2005. 7. 20.

● 기사에 나오는 단어 중 모르는 단어의 뜻을 찾아서 적어 보세요.

세상 1

❶

포이동 주민들은 법을 어기고 무단으로 서울시의 땅에서 살고 있는 범법자들인가요?

❷

포이동 주민들의 생활 문제를 어떻게 해결하면 좋을까요? 각자 나름대로 해결책을 마련해 보세요.

❸

사진에서 보는 바와 같이 포이동 바로 옆에는 부자들이 살고 있습니다. 여기에 사는 부자들이 포이동 주민들을 도와서 살 터전을 마련해 주는 건 좋은 해결책일까요? 만일 부자들이 포이동 주민들의 어려움을 돕고도 남을 만큼 재산을 갖고 있는데도 지금처럼 포이동 주민들을 돕지 않는 것은 잘못된 일인가요? 여러분의 생각을 말해 보세요.

❶

만화에서 한 친구가 말했듯이, 거리에서 동냥하는 사람들은 게으른 사기꾼들인가요? 여러분의 견해를 적어 보세요.

❷

만일 여러분이 도와주었던 사람이 돈을 벌기 위해 일부러 걸인 행세를 한 사기꾼임을 알게 되었다면, 다음부터는 길거리에서 마주치는 어떤 불우 이웃들도 돕지 않겠다고 판단하는 게 옳은 것일까요?

❶

이 그림이 뜻하고 있는 것을 설명해 보세요.

❷

바람직한 사회라면 그림이 어떻게 바뀌어야 할까요? 그림을 고쳐 그려 보세요.

세상 4

㉮

자본주의에 대한 이미지 (단위 : %)							
	빈부 격차	경쟁	효율성	부정부패	물질적 풍요	풍부한 기회	착취
청소년	41.0	24.3	10.4	7.6	6.9	6.3	0.7
중·고등학교 교사	25.5	34.1	13.6	0.0	17.7	7.3	0.5

자료 출처 : 청소년경제교육에 대한 삼성경제연구소 자체 설문 조사 결과, 2004. 9.

㉯

대기업과 중소기업 월 임금수준 및 임금격차 변화 (단위 : 원)								
청소년	명목임금				실질임금			
	1990년		2004년		1990년		2004년	
	임금	격차	임금	격차	임금	격차	임금	격차
대기업	74만 1392	16만 4698	332만 6669	120만 7173	121만 7392	27만 441	290만 322	105만 2461
중소기업	57만 6693		211만 9496		94만 6951		184만 7861	

자료 출처 : 한국경영자총협회(대기업은 종업원 500명 이상, 중소기업은 300명 미만.)

❶

㉮는 청소년과 교사들이 우리가 살고 있는 자본주의 사회에 대해 갖는 이미지를 조사한 결과입니다. 이 중 빈부 격차를 떠올리는 사람들은 교사보다는 아직 사회생활을 시작하지 않은 청소년이 많은 것으로 나타났습니다. 왜 이런 조사 결과가 나왔는지 통계 자료 ㉯가 보여 주고 있는 결과를 토대로 추론하여 설명해 보세요.

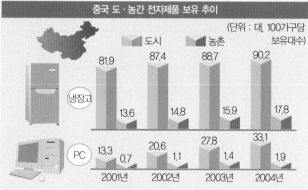

자료 출처 : 중국통계연감

1

두 그림 자료를 본 친구들의 생각 중 옳지 않은 것은 무엇인가요?

(1) 혁 수 : 중국 국토의 동쪽에 사는 사람들이 서쪽에 사는 사람들보다 냉장고를 훨씬 많이 갖고 있구나.

(2) 유 정 : 중국도 잘사는 사람들과 못사는 사람들의 격차가 심하구나.

(3) 정 우 : 지금은 빈부 격차가 심하지만, 앞으로는 나아질 거라고 봐. 인구가 서쪽으로 이동하고 있으니까 말이야.

(4) 영 민 : 중국도 도시에 비해 농촌이 정보화 혜택을 못 받고 있구나.

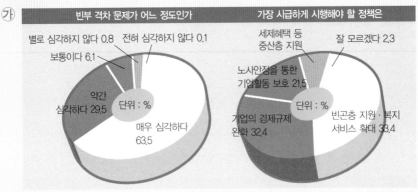

세상 6

⑦

| 빈부 격차 문제가 어느 정도인가 | 가장 시급하게 시행해야 할 정책은 |

빈부 격차 문제가 어느 정도인가
별로 심각하지 않다 0.8 전혀 심각하지 않다 0.1
보통이다 6.1
약간 심각하다 29.5
단위 : %
매우 심각하다 63.5

가장 시급하게 시행해야 할 정책은
세제혜택 등 중산층 지원 잘 모르겠다 2.3
노사안정을 통한 기업활동 보호 21.5
단위 : %
기업의 경제규제 완화 32.4
빈곤층 지원·복지 서비스 확대 33.4

자료 출처 : 한국보건사회연구원

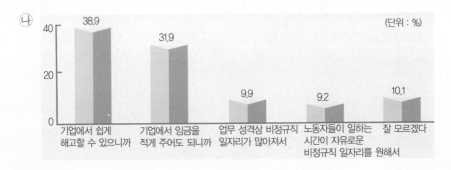

⑭   (단위 : %)

40 ┤ 38.9
     31.9
20 ┤
              9.9   9.2   10.1
 0 ┘

기업에서 쉽게 해고할 수 있으니까
기업에서 임금을 적게 주어도 되니까
업무 성격상 비정규직 일자리가 많아져서
노동자들이 일하는 시간이 자유로운 비정규직 일자리를 원해서
잘 모르겠다

❶

그래프 ⑦에 대한 친구들의 추론 중 가장 올바른 것은 무엇인가요?

(1) 솔 미 : 빈부 격차가 별로 심각하지 않다고 생각하는 사람은 부자들일 게 틀림없어.
(2) 정 현 : 빈곤층만 지원하면 빈부 격차는 해소될 거야. 가장 많은 사람들이 빈부 격차를 줄이기 위해 가장 시급한 지원이 빈곤층 지원이라고 대답한 것을 보면 알 수 있어.
(3) 도 희 : 거의 대다수가 빈부 격차가 심각하다고 생각하고 있어. 이제 우리나라도 복지문제에 관심을 가질 필요가 있을 것 같아.

❷

그래프 ⑭는 어떤 질문에 대한 조사 결과였을까요? 질문의 내용을 추측해 보고, ⑭의 결과가 빈부 격차의 한 가지 원인이 될 수 있는지 생각해 보세요.

이런 말 저런 얘기
_복지 예산 증액 논란

복지 예산 대폭 증액 제고해야

　정부와 여당은 2005~2009년의 나라 살림을 복지에 치중할 모양이다. 최근 국회에서 열린 당정회의를 통해 앞으로 5년간 복지와 국방 예산은 연평균 9~10%씩 늘리는 반면 사회간접자본(SOC), 산업·중소기업 지원 등의 예산은 1.6% 증액 수준으로 억제하기로 했다.

　쓸 곳은 많고 재정은 유한하기 때문에 재정 투입의 경중을 정하는 것은 당연한 일이다. 하지만 성장보다 복지 중심의 재정 운용은 최근 들어 잠재 성장률 하락이 진행됨으로써 성장동력 약화가 우려되고 있는 우리 경제 현실에서는 올바른 방향으로 보기 어렵다.

　전체 예산 증가율이 연평균 6.6%인 마당에 SOC·산업 지원 예산 증가율이 그 4분의 1에도 못 미친다면 정상이 아니다. 정부 예산의 30~40%를 차지하는 국방 복지 등에 예산이 집중되면서 나타난 당연한 귀결이다.

　그나마 연구개발(R&D)과 교육의 연평균 증가율이 각각 9.1%, 8.67%인 것은 다행이다. 성장 동력 확충을 위해서는 SOC·산업 지원, R&D, 교육 등의 투자가 지속적으로 이뤄져야 하기 때문이다. 문제는 R&D와 교육 투자가 성장 잠재력 확충으로 이어지면 다행이지만 그렇지 못하면 미약한 SOC·산업 지원 예산만으로는 성장 동력 약화를 피하기 어렵다.

재정 운용에서 선택과 집중이 흔히 강조되지만 모든 분야를 똑같은 대상으로 판단하기에는 우리의 경제 여력은 아직 부족하다. 물론 현재 GDP의 10% 수준인 우리나라 복지 수준은 경제협력개발기구(OECD) 회원국 평균의 40%에 불과해 복지 예산 증액은 불가피하다.

그럼에도 앞으로 우리 경제가 OECD 회원국들에 뒤지지 않을 정도의 경제력을 확보하려면 역시 성장 잠재력 확충에 우선적으로 힘을 쏟아야 마땅하다. 해묵은 성장이냐 분배냐 하는 문제를 거론하자는 게 아니다. 우선 먹기에는 곶감이 달겠지만 분에 넘치는 복지 재정은 허세에 불과하다. 무엇보다 우리 경제가 본격적인 저성장 국면으로 들어서기 전에 성장 잠재력 확충을 위한 재정 운용을 앞세워야 한다.

—「국민일보」, 2005. 5. 12.

글쓴이의 핵심 주장을 짧게 요약하고 주제를 파악해 보세요.

국민소득 2만 달러 시대의 어두운 자화상

보건복지부가 서울대 사회복지연구소에 의뢰해 실시한 '한국 복지 패널 조사' 결과는 대다수 서민들이 얼마나 신산한 삶을 이어가고 있는지를 여실하게 보여 준다. 조사 결과에 따르면 가진 재산보다 빚이 많은 가구가 전체 조사 대상 가구의 15.8%를 차지하고, 먹고살기에도 벅차 저축은 엄두도 내지 못한다는 가구가 34.8%나 된다고 한다. 언필칭 1인당 국민소득 2만 달러 시대를 내다본다는 우리 대한민국의 숨길 수 없는 자화상이다.

조사 결과는 충격적이긴 하되, 새삼스러운 것은 아니다. 수치가 높을수록 소득 불평등 정도가 심한 것을 뜻하는 지니계수만 보아도 실상은 그대로 드러난다. 도시 근로자 가구의 지니계수는 1997년만 해도 0.283에 머물렀으나, 외환위기와 함께 급격히 악화돼 지금은 0.310~0.320 안팎을 오르내리고 있다. 미국 등 두어 나라를 제외하고 선진 외국에서는 찾아볼 수 없는 높은 수치이다. 외형적으로 경제 규모가 나날이 커지고 있는 화려함 뒤에는 그에 비례해 부익부 빈익빈도 강화되고 있음을 확인케 하는 것이다.

그런데도 보수언론과 일부 경제 전문가들은 현 정부의 분배 중시 정책 때문에 경제성장이 더디다는 주장을 굽히지 않고 있다. 그들은 분배구조의 악화를 증명하고 있는 여러 경제지표에는 기를 쓰고 눈을 감으려 한다. 기업 현장에는 비정규직이 넘쳐나고, 경제 부문 중에서도 잘 나가는 쪽과 그렇지 않은 쪽 간의 격차가 확대되고 있는 지금의 현실은 애써 외면하고 있다.

물론 양극화를 누그러뜨릴 수 있는 당장의 해법은 찾기가 쉽지 않을 것이다. 그렇다고 언제까지 이를 방치해 둘 수도 없다. 조세정책도 좋고 사회보장제도도 좋다. 경제의 양극화가 내수시장을 어렵게 만들고, 결국 성장 여력마저 갉아먹는 것이 명확해진 이상 지금부터라도 차근차근 대책을 세워 나가야 한다.

—「경향신문」, 2005. 12. 15.

글쓴이의 핵심 주장을 짧게 요약하고 주제를 파악해 보세요.

나도 세상에 한마디!

'유전무죄' 논란을 빚은 주요 사건들

사건	혐의와 형량	문제점
박용성 등 두산그룹 총수일가 비자금 사건	300억대 비자금 만들어 가족 자금 등으로 사용/ 1심에서 징역 2년6개월~3년에 집행유예 4~5년	특경가법 횡령은 징역 5년에서 무기징역까지 선고 가능한 중대 범죄인데도 모두 집행유예
에스케이 분식회계 사건	최태원 회장 1조 9천억원대의 분식회계를 지시한 혐의(배임)/1심 징역 3년→항소심에서 집행유예석 방 집행유예형으로 감형	1심과 유·무죄판단 똑같은데도 '경영판단' 이유로 집유 석방
조양호 전 대한항공 회장 비자금 사건	1161억원 비자금 조성하고 세금 포탈/ 1심 징역 4년→2심 징역 3년 집행유예 5년 석방	"항공산업 발전 위해 성실하게 일해왔다"는 이유로 봐주기
이중근 부영 회장 비자금 사건	비자금 120억원 조성 횡령/ 1심 징역 3년·집행유예 5년	"떼먹은 법인세 대부분 납부"했다며 벌금 감형
삼성에버랜드 사건	970억원대 배임 혐의/회사임원 2명 집행유예	2차례 선고연기하며 시간 끌어 삼성 눈치 보기 의혹
김승연 한화회장 정치자금법 위반 사건	정치자금법 위반 혐의/ 1심 집행유예 뒤 항소심에서 벌금형 감형	대한생명 임원직 유지를 위해 감형해줬다는 의혹

○ 그림에서 보는 바와 같이 법을 어긴 재벌 회장들에게 내려진 형량은 그 죄 값에 비해 매우 약하거나 그마저도 감형되는 경우가 많습니다. 정말로 현실은 '유 전무죄 무전유죄' 일까요? 이런 판결을 내린 판사에게 공정한 판결을 요구하는 글 을 써 보세요.

책으로 읽는 우리 주제

_『난장이가 쏘아올린 작은 공』

19세기는 영국에서 시작한 산업혁명이 유럽으로 전해진 초기 자본주의 사회였습니다. 생산력은 몰라보게 발전했지만, 노동자들은 낮은 임금, 긴 노동시간, 나쁜 작업환경에 시달리던 시기입니다. 소녀들은 새벽 3시에 공장에 가면 밤 10시나 10시 반까지 일했습니다. 하루 19시간의 노동을 한 것이지요. 휴식 시간은 아침 식사 15분, 점심 식사 30분, 물 마시는 시간 15분 정도만 쉴 수 있었습니다. 지각을 하면 그 시간만큼 일을 더 해도 임금의 1/4을 깎았지요.

조세희, 『난장이가 쏘아올린 작은 공』, 이성과힘, 2000.

인류 역사 속에서 경제가 이 시기처럼 빠르게 발전한 적은 없었습니다만, 서민들의 생활은 여전히 비참했습니다.

또한 이는 19세기 유럽에서만 있었던 일이 아닙니다.

조세희의 소설 『난장이가 쏘아올린 작은 공』은 한국 경제가 눈부시게 발전하던 1970년대의 도시 빈민의 삶을 그리고 있습니다. 국제 사회에서 '한강의 기적'을 이루어 낸 민족이라는 찬사를 받았던, 바로 그 시절의 이야기입니다.

낙원구 행복동에 사는 영수네 집에 어느 날 철거 계고장이 날아듭니다. 철거는 간단하게 끝나 버리고 그들의 손에는 아파트 딱지가 주어집니다. 하지만 행복동 주민들은 입주권이 있어도 입주할 수 있는 돈이 없습니다. 영수네 집도 마찬가지입니다. 난장이* 아버지는 채권 매매, 칼 갈기, 건물 유리닦이, 수도 고치기 등으로 생계를 유지해 오다가 병에 걸리고 맙니다. 어머니와 영수, 영호, 영희가 인쇄소에서 일한 돈으로 겨우겨우 생계를 유지하고 있습니다. 영수네도 다른 행복동 주민들처럼 투기꾼에게 이주 보조금보다 약간 돈을 더 받아 입주권을 팔게 됩니다. 그나마 전세값을 갚고 나니 남는 것이 없게 되지요.

소설 마지막에서 영수의 아버지는 벽돌 공장에 올라가 자살을 합니다. 이 더럽고 죽은 땅을 떠나 버린 게지요. 마지막에 영희가 "아버지를 난장이라고 부른 악당은 다 죽여 버려!"라는 절규가 오래도록 가슴에 남을 것입니다.

---

* '난장이'의 표준어는 '난쟁이'입니다.

❶
소설의 '낙원구 행복동' 이라는 동네 이름에서 무엇을 읽을 수 있나요?

❷
소설에서 '난장이' 의 의미는 무엇일까요?

❸
현대사회에서 '난장이' 는 누구인가요?

책 속에 숨어 있는 논술

● 영수의 공책에는 "폭력이란 무엇인가? 총탄이나 경찰 곤봉이나 주먹만이 폭력이 아니다. 우리의 도시 한 귀퉁이에서 젖먹이 아이들이 굶주리는 것을 내버려 두는 것도 폭력이다"라는 말이 적혀 있었습니다. 이 말의 의미는 무엇일까요? 이 말의 의미를 쉽게 해석해 보고, 폭력적이지 않은 사회를 만들기 위해서 무엇이 필요한지 고민해서 주장글을 한 편 써 보세요.

로고스 선생님 추천 도서

김한수, 『양철 지붕 위에 사는 새』, 문학동네, 2001.

임정진, 『지붕 낮은 집』, 푸른숲, 2004.

김의석, 『청소년을 위한 노동법 길라잡이』, 우리교육, 2004.

사토 마사이코, 다케나가 헤이조, 『경제가 그런 거였나?』, 곽해선 역, 리드북, 2001.

비토리오 주디치, 『경제의 역사』, 최영순 역, 사계절, 2005.

김상헌, 『경제와 친구 되자』, 평단문화사, 2003.

오시오 다카시, 『청소년 경제학 교실』, 박혜수 역, 이지북, 2003.

8강

영어를 못하면
교양인이 될 수 없나요

저는 아침을 클래식과 함께 시작하며,
와인을 음미하고, 예술영화를 즐기며
취미는 고서적 읽기입니다. 하하!

그래봐야
영어도
못하는게.

클릭! 교과서

　　다른 문화를 이해하기 위해서는 각 민족이나 국가마다 그 나름의 독특한 문화가 있다는 것을 인정하고 존중하는 태도를 가져야 한다. 그런데 우리 문화만 우수한 것으로 생각하고, 다른 문화는 업신여기는 사람들도 있고, 이와는 반대로 외국의 것이라면 무조건 좋아하고 우수하다고 보는 사람들도 있다.

　　이렇게 자기 문화만을 중심으로 생각하는 국수주의나 남의 기준이 보편적인 것이라고 판단하는 사대주의 사상으로 문화 교류를 하면, 서로의 문화를 잘못 이해하게 된다. 국수주의는 폐쇄적이 되기 쉽고, 사대주의는 주체성을 잃기 쉽다. 따라서, 우리는 모든 문화가 각각의 주체성을 가지고 있음을 인정하고, 우리 문화와는 다른 문화도 이해하고 상호 존중하는 가운데 문화 교류를 전개해야 한다.

—도덕2(서울대학교 사범대학 국정도서 편찬위원회), p. 180~181.

대학 새내기인 김 군은 체크무늬 남방과 헐렁한 바지를 조화시킨 힙합 형태의 옷을 즐겨 입는다. 요즘 한창 인기 있는 힙합 상표는 거의 외우다시피 하고 있으며, 길거리를 거닐 때에도 음악을 흥얼거리는 힙합 마니아이다. 그는 또한 새벽마다 영어 학원을 다니고 있다. 어느날 문득 김군은 우리 나라 속의 문화는 온통 외국 문화가 혼합된 것임을 깨닫게 되었다. 패스트푸드, 패션, 영어…… 이 모든 것들이 무엇이든지 간에 사람들은 그저 이것들을 '따라가기' 바쁘다.

—사회2(중앙교육진흥연구소) p. 171.

다른 교과서에는 없나요?

도덕2(서울대학교 사범대학 국정도서 편찬위원회), II-1.민족의 발전과 민족문화 창달, p.179~181.

국어3-1(교육인적자원부), 2. 중심 내용 파악하기 「보충심화」, p.62~63.

첫째
시간

대화로 주제 찾기

우미 명석아, 너 혹시 천 원 있니?

명석 응, 있어. 천 원은 왜?

우미 좀 빌려 줘. 펜 좀 사게. 그런데 아까부터 뭘 그렇게 듣고 있어?

명석 어, 영어. 이게 바로 그 유명한 '기적의 단어 암기' 라는 거다.

우미 기적의 단어 암기? 어디 나도 좀 들어 보자.

지혜 뭐, 좋은 노래라도 듣니? 너희들, 웬일로 사이좋게 이어폰을 나눠 끼고 있어?

284

우미 음악은 무슨. 우리 범생이 영어 공부 중이란다.

 명석 얘들은 참······. 바야흐로 세계화 시대에 발 맞춰 가는 교양인이 되기 위해선 영어가 필수 아니겠니.

 지혜 영어 잘한다고 교양인이 된다고?

 명석 : 고롬, 고롬.

 우미 왕 재수!

 지혜 서양에 대한 열등감이 아니고?

 명석 영어는 국제 공용어야. 국제 공용어 잘하는 게 무슨 열등감이라고 그러니?

 지혜 네 말대로 국제화 시대에 서로 간의 의사소통을 하기 위해서 공용어가 필요한 건 당연해. 그게 어떤 나라의 언어이든 말이야. 하지만 영어 좀 한다고 교양 어쩌고 하는 건 알게 모르게 우리 마음속에 자리잡은 서양 문화에 대한 열등감일 수도 있다고.

 명석 복잡하긴. 어쨌든 영어 잘하면 좋잖아. 시험도 잘 봐야 하니까.

우미 생색내다 한 방 먹었군. 난 영어보다 프랑스 어가 멋있더라. 샹송 들어 봤어? 얼마 전 프랑스 영화를 봤는데, 거기에 나오는 파리의 거리하며…… 참 멋있더라!

 명석 그런 건 서양에 대한 열등감 아니고? 다 비슷한 거지. 단지 영어냐, 프랑스어냐의 차이만 있을 뿐이지.

 우미 왜 이래? 프랑스는 세계적으로 인정받을 만큼 아름답다고.

 명석 세계적으로 누가 인정하는데?

 지혜 그래, 우미야. 어쩌면 그런 것도 서양 사람들의 생각일 수 있어. 그런데 우리가 서양 문화를 받아들이는 과정에서 알게 모르게 그런 잘못된 가치관도 받아들인 것이겠지. 네가 관심이 많은 외모에 대해 한번 생각해 봐. 지금 우리가 좋아하는 미인은 어떤 얼굴이니? 서양 사람처럼 눈도 크고 코도 오똑한 사람을 미인이라고 생각하잖아?

 명석 그렇지. 그리고 보니 우미야말로 서양에 대한 열등감 덩어리였구나! 하하하.

 우미 말 다했어?

 지혜 그렇다고 우미한테 열등감 덩어리라고 말하는 건 너무 했다. 솔직히 우미만 그런 게 아니라 많은 사람들이 그렇게 생각하고 있잖아.

명석 어, 난 아니야. 난 한국적인 미인이 좋다고.

 지혜 한국적인 미인은 어떤 모습인데?

 명석 왜, 뭔가 좀 차분하고 신비롭기도 하고…….

 지혜 정말 그런 사람이 한국적인 미인일까? 그것도 서양 사람들이 동양을 바라
볼 때 즐겨 쓰는 말 아닐까? '신비' 어쩌고저쩌고 하면서 말이야.

 명석 지혜야! 너 오늘따라 왜 그러냐? 이제 그만하자. 내가 졌다, 졌어!

로고스 선생님과 생각 주무르기
_"우리 안의 서양인"

유치한 질문 하나. "한국을 방문한 외국인들을 어떻게 대해야 할까요?"

(1) 친절하게 대한다.   (2) 무시하고 차별한다.

정답은? (1)번이겠죠? 설마 (2)번이 정답이라고 자신 있게 답한 사람은 없겠죠? 낯선 나라에 온 사람들에게 친절하게 대해 주는 것은 누구나 알고 있는 상식이죠.

그런데 이 문제에 말로 답하는 것은 쉬울지 몰라도 진심어린 마음과 실천으로 답하는 것은 어려운 듯합니다. 우리나라 사람들은 외국인에게 그리 친절하지 않거든요. 친절은커녕 외국인들을 아주 끔찍하게 다루기 일쑤이지요. 지금도 아시아에서 온 수많은 외국인 노동자들은 이런 한국인들의 '끔찍한' 친절에 고통스러워하고 있습니다. 열심히 일했는데도 월급을 떼이기 일쑤고, 갖은 학대와 폭력에 시달리고 있답니다. 우리는 외국인들에게 정말로 친절하고 예의바른 사람들일까요?

288

두 얼굴을 가진 한국인

물론 외국인을 친절하게 대하기도 합니다. 단, 그 외국인이 하얀 피부에 영어를 구사하는 사람일 경우에 말이죠. 피부가 검고 영어가 아닌 다른 외국어를 하는 사람은 친절하게 대할 필요가 없다는 생각이 우리 마음속 어딘가에 자리잡고 있는 것 같습니다. 이것은 우리나라에도 남의 나라 애긴 줄만 알았던 인종차별이 엄연히 존재한다는 사실을 말해 주고 있지요.

우리나라 사람들이 인종에 대해 갖고 있는 편견은 심각할 정도입니다. 설문 조사 결과, 대부분의 사람들이 서유럽 사람들과 미국인들에게는 친근하고 긍정적인 생각을 갖고 있는 반면, 동남아시아 사람이나 흑인들에 대해서는 매우 부정적인 선입관을 갖고 있는 것으로 나타났습니다. 심지어 우리에게 낯익은 피부색을 지닌 동북아시아 사람들보다 백인들에게 더 호감을 느끼고 있다는 결과는 정말이지 우리가 황인인지 백인인지를 의심하게 만드는 대목이기도 합니다. 왜 우리 머릿속에 이런 편견과 선입관이 자리잡게 된 것일까요?

우리 안의 서양인

예전에 우리나라를 일컬어 '동방예의지국', '조용한 아침의 나라' 라고 불렀습니다. 그만큼 얌전하고 친절한 사람들이 사는 나라여서 붙은 애칭일까요? 하지만 지금은 그렇지 않은 것 같습니다. 아시아 노동자들을 천대하고 노예처럼 부려먹는 것을 보면 말이죠. 듣기에는 좋을지 모르지만 이 말들 속에는 모두 역사적인 불행이 담겨 있답니다.

한때 서양이 서양이 아닌 나라들을 식민지로 삼았던 시절이 있었죠. 이때 서양 사람들은 전 세계 여러 인종들 가운데 자신들이 최고라는 우월 의식을 가지고 있었습니다. 발전한 문명이 미개한 사람들을 다스리는 것은 당연하다고 생각했지

1896년 서재필이 창간한 한국 최초의 민간신문.

요. 그래서 서양은 빛이요, 동양은 어둠. 백인은 세련된 문명인이요, 황인이나 흑인은 야만인이라고 보았습니다.

'동방예의지국'이니 '조용한 아침의 나라'니 하는 말들은 이러한 서양의 지배를 당연하게 여기도록 세뇌하는 말일 수 있습니다. 생각해 보세요. 언뜻 보면, 칭찬하는 말 같지만, 조금 더 깊이 들여다보면 한국인은 예의가 바르고 조용한 사람들이기 때문에 아주 순종적인 사람들이라는 뜻도 되지 않을까요?

이처럼 서양을 배우면서 우리는 알게 모르게 그들의 가치관을 머릿속 깊이 새겨 넣어 왔습니다. 로빈슨 크루소의 이야기를 읽고 자라면서 백인이 원주민을 지배하는 것을 당연하게 생각하게 되었습니다. 위대한 탐험가 콜럼버스를 배우면서 백인들이 아메리카 인디언들을 잔인하게 살해한 사실은 생각하지 않았습니다. 서양 사람들의 큰 눈과 오뚝한 코가 미인의 기준이 된 지 이미 오래입니다. 이렇듯 우리는 우리의 눈으로 세상을 보는 것이 아니라 서양, 그 중에서도 특히 백인들의 눈으로 세상을 바라보고 있었던 것이지요. 「독립신문」에 실린 글을 보면 이런 현상은 이미 우리가 서양을 배우기 시작하면서 시작되었다는 것을 알 수 있습니다.

흑인들은 가죽이 검으며, 털이 털같이 곱슬곱슬하며, 턱을 내밀며 코가 납작한 고로, 동양 인종들보다 미련하고 흰 인종보다도 매우 천한지라. …(중략)… 백인종은 오늘날 세계 인종 중에서 가장 영민하고 부지런하고 담대한 고로 온 천하 각국에 모두 퍼져 하등 인종들을 이기고 토지와 초목을 차지하는 고로, 하등 인종 중에 백인종과 섞여 백인종의 학문과 풍속을 배워 그 사람들과 같이 문명진보에 따라 차차 멸종이 되어야 한다.

우리는 정말 한국인일까 – 우리의 눈으로 우리를 보자

여러분이 '한국 사람'이라고 말할 수 있는 근거는 무엇인가요? 한국에서 태어났기 때문에? 한국말을 하기 때문에? 물론 이런 것들도 근거가 될 수 있습니다. 그러나 이런 이유들만으로는 충분한 답변이 되지 못합니다. 우리가 한국 사람인 이유는 우리가 어디에 속해 있느냐는 것보다는 우리가 어떻게 살고 있느냐에 달린 문제이기 때문이지요. 다시 말하자면, 이 말은 우리의 몸보다는 우리의 정신이 우리가 누구인지에 대해서 더 많은 것을 말해 줄 수 있다는 뜻입니다.

그런데 앞에서 얘기한 것들을 통해 보면, 우리가 정말로 한국 사람인지 의심스러운 경우가 많습니다. 이제 우리는 우리의 눈으로 세상을 바라볼 필요가 있습니다. 영어를 못한다고 주눅들 필요도 없고, 영어 잘하는 사람을 지나치게 부러워할 필요도 없습니다. 이제 세계 평화를 해치는 공격적인 가치관이 아니라면, 서양이 심어 놓은 세계관의 탈을 벗고 우리의 눈으로 세상을 바라보아야 할 때입니다.

영화로 보는 우리 주제
_「라스트 사무라이」

본래 사무라이라는 명칭은 귀한 사람을 옆에서 호위한다는 '사부라우' 라는 말이 변형된 것입니다. 사무라이는 일본 역사에서 막강한 권력을 쥐고 있던 무사 계급입니다. 자신이 호위하는 주군에게 절대적 충성을 바치는 것으로 유명하지요. 일본은 위기 때마다 국민들에게 '사무라이 정신의 부활'을 강조하곤 하지요.

일본의 2006년 독일 월드컵 공식 구호인 "사무라이 정신을 발휘하자."가 네티즌 사이에서 논란이 된 적이 있습니다. 한국인에게

영화 「라스트 사무라이」, 2003.

'사무라이' 라고 하면 서슬 퍼런 칼을 휘두르며 가미가제 식의 돌진을 하는 모습이 연상됩니다. '사무라이' 라는 말 속에는 한국과 일본 사이에 있던 여러 번의 전

292

쟁과 침략이 얽혀 있기 때문이겠지요.

그런데 서양 사람이 보는 사무라이 정신은 다릅니다.

「라스트 사무라이」는 할리우드에서 만든 일본식 기사도, 사무라이 정신을 다룬 영화입니다. 서양 사람의 눈에 사무라이는 주군의 말에 목숨을 바치고, 개인의 권리보다 집단의 이익을 중요하게 여기는 모습으로 비춰집니다. 올바르지 못한 언동을 하는 평민의 목을 즉각 벨 수 있는 특권을 가지고 있었으며, 무조건적인 충성으로 배를 갈라 죽어야 했던 사무라이의 야만성은 없습니다. 개인의 권리보다 집단의 이익을 더 중요하게 여기는 사무라이의 모습은 오직 '충직한 사나이'로 그려질 뿐입니다.

물론, 영화는 영상도 멋지고, 이야기도 아주 재미 있게 펼쳐집니다. 심각한 이야기를 하는 바람에 잔뜩 얼었을 여러분을 생각하니 마음이 안 좋군요. 재미있게 영화를 즐기고, 서양 사람들의 눈에 비친 일본의 '사무라이 정신'이 어떤 것인지 확인해 보죠.

❶

영화는 사무라이 공동체를 '신비롭고 영적인' 공동체로 그리고 있습니다. 이러한 인식을
표현한 장면들을 적어 보세요. 또 사무라이에 대한 각자의 생각을 친구들과 나누어 보세요.

❷

네이선 알그렌 대위는 왜 사무라이 편에 섰을까요?

❸

마지막 전투를 앞두고 카츠모토가 알그렌 대위에게 준 칼에 새겨진, "새것과 옛것이 이 칼로
하나가 되리라."라는 말이 뜻하는 것은 무엇일까요?

영화 속 논술을 찾아라!

● 영화 속에서 인디언이나 일본인을 무시하거나 미화하는 서양 사람들의 편견
이 담긴 장면이나 대사를 찾아보고, 「라스트 사무라이」를 만든 감독에게 그 장면
이나 대사를 고칠 것을 요구하는 글을 남겨 봅시다.

세상 둘러보기
_외국인 영어 강사

외국인 강사, '한국은 현금과 여자 인출기'

"여고생에게 술을 먹이고 마리화나를 피우게 해 상의를 벗게 하고……"(영어 회화 수강생), "여중생도 아는 스펠링조차 틀리고……"(여중 수강생), "수업 준비요? 전혀 안 해요. 샤워만 하고 가요"(불법 외국인 강사), "일주일에 한두 여자 꼬이는 거 쉬워요. 1년에 50여 명 정도와 잠을 자지요"(외국인 강사), "백인

인지 여부와 외모만 봐요. 자격이 필요 있나요?"(학원장), "홍대 앞이요. 여자 꼬이러 가지요. 이태원은 한국 여자 꼬이기 가장 쉽고 그 다음이 홍대앞, 압구정동이 제일 어렵지요."(외국인 강사), "한국은 외국인도 백인은 우대하고 동남아인들은 차별하는 알지 못할 나라"(필리핀 노동자).

19일 방송된 불법 외국인 강사 문제를 다룬 SBS「그것이 알고 싶다」의 중간중간에 나온 인터뷰 내용들이다. 이 인터뷰 내용들은 불법 외국인 강사의 문제가 얼마나 심각한지를 단적으로 보여 줬다.

외국인 강사 인터넷 사이트에 한국 여성을 성적 노리개쯤으로 여기는 글들이 게재되면서 사회 문제화됐던 불법 외국인 강사의 실태는 심각함을 넘어 우리 사회와 일부 사람들의 인식이 얼마나 병들어 있는지를 대변해 주고 있다.

이날 방송에서 보여 준, 강사로서 자격이나 자질을 전혀 갖추지 못했는데도 학력 위조 등으로 국내에 불법 취업한 외국인 강사들이 행하는 병폐는 가히 충격적이었다. 여고생 성폭행부터 허술한 수업 내용에 이르기까지 문제가 되지 않는 부분이 없었다.

자신의 집으로 수강 여고생을 데려와 술을 먹이는 것도 부족해 마리화나를 피우게 한 뒤 상의를 벗게 한 강사, 고졸 학력의 벨 보이인데도 학력을 위조해 유명 사립대학 교수로 임용되는 것도 부족해 외국 유명 논문을 게재했다고 조작해 1,200만 원의 연구비까지 타낸 외국인 교수, 웬만한 초등학생도 아는 단어의 스펠링조차 쓰지 못하는 외국인 강사, 오로지 '여자를 꼬이기 위해' 홍대 앞 클럽을 찾는 외국인 강사……. 현재 우리나라 학원에서 활개를 치고 있는 불법 강사들의 군상들이다.

이러한 불법 외국인 강사들이 판치는 현상은 잘못된 영어 지상주의와 그리고 백인 외국인이면 모두 영어를 잘할 것이라는 지독한 착각, 불법인데도 돈만 아는 학원장과 브로커, 인원 부족만을 탓하는 관련 기관과 관청, 그리고 미국과 서구 그리고 동남아인에 대한 우리의 철저한 이중의식, 법과 제도의 미비 등이 어우러져 빚어 낸 것이다.

미국에서 대학을 우수한 성적으로 졸업하고 은행에서 근무한 뒤 한국에 들어와 영어 강사를 한 피터 박(재미 교포)의 "강사 자격을 갖추고도 그리고 영어 실력이 있어도 외모가 백인이 아니라는 이유로 학원 취업이 안 된다. 미국에서도 황인종이라 차별받고 조국에서도 외모 때문에 차별받는다는 것이 말이 되느냐."는 항변은 우리의 외국인 강사 채용의 현주소가 어디인지를 보여 준 것이다.

또한 합법적인 근로 자격을 갖추고 직장에서 일하고 있는데도 동남아인이라는 이유만으로 출입국관리소 직원들이 수갑을 채우는 등 인권침해를 당하는 반면, 마리화나, 마약, 강간, 불법 취업을 하는 미국인이나 캐나다인 등 백인들은 단속도 제대로 이뤄지지 않는 이중적인 외국인 관리 시스템도 불법 강사들이 우리 땅에서 활개 치는 원인 중 하나다.

이러한 문제로 인해 불법 외국인 강사 입에서 "한국은 돈과 여자를 너무나 쉽게 인출할 수 있는 나라다."라는 비아냥이 터져 나오는 것이다. 그들의 입에서 더 이상 "한국이 여자와 돈의 인출국"이라는 조롱이 나오지 않도록 법과 제도뿐만 아니라 우리의 인식부터 개선해야 한다.

—「마이데일리」, 2005. 2. 20.

기사에 나오는 단어 중 모르는 단어의 뜻을 찾아서 적어 보세요.

세상 1

❶

이 같은 사회 문제가 발생하는 원인들을 기사에서 찾아 적어 보세요.

❷

찾아 낸 원인들 중 여러분이 생각하기에 가장 큰 원인은 무엇이며, 왜 그렇게 생각하는지 써 보세요.

❸

영어권 국가의 국민이면 누구나 영어를 잘 가르칠까요? 훌륭한 영어 강사는 어떤 자격을 갖추어야 한다고 생각하는지 여러분의 견해를 써 보세요.

오리엔탈리즘 스타일(orientalism style)

터키, 이집트, 페르시아, 인도 등의 풍속을 모티프로 **동양적인 신비**를 나타낸 패션.

크게는 에스틱 스타일에 속한다. 하렘 팬츠가 대표적인 아이템이며, 수실, 펜던트 등 액세서리를 많이 사용한다. 직물은 오리엔탈 크레이프(oriental crepe)를 사용한다.
마, 마 레이온, 마 아크릴과 같은 소재를 중심으로 하여, 바스켓(basket)직이나 통풍이 잘되는 자카드 직물, 다마스크 등 거친 느낌의 러스틱 투알 천(rustic toile)이 대표적이다.

한복 디자이너 이영희의 작품.(www.leeyounghee.co.kr)

❶

그림은 오리엔탈리즘이라고 부르는 패션 스타일에 대한 설명입니다. 위의 설명 중에 나오는 '동양적인 신비'란 무엇일까요? 자세하게 설명해 보세요.

㉮

㉯

❶

동양과 서양을 상징할 수 있는 사진들은 각각 어떤 것들일까요? 네 장의 사진을 자유롭게 조합하여 '동양과 서양' 이란 제목으로 한 편의 짧은 이야기를 만들어 보세요.

우리가 알고 있는 예수는?

❶

우리에게 익숙한 예수의 이미지는 그림 중 어느 쪽인가요? 익숙한 그림을 골라 보고, 왜 익숙하게 느꼈는지 생각해 보세요.

❷

"신의 얼굴은 신을 믿는 사람의 얼굴이다."라는 말의 뜻은 무엇일까요? 그림을 보면서 생각해 보세요.

세상 5

㉮

㉯

❶

그림 ㉮는 인디언 여성을 그린 그림이고, 사진 ㉯는 실제 인디언 여성을 찍은 사진입니다. 사진 ㉯와 견주어 볼 때, 그림 ㉮는 실제 인디언 여성의 모습을 잘 표현하고 있나요? 사진과 그림이 많이 다르다고 느낀다면, 화가는 어떤 생각을 갖고 인디언 여성을 그렸을까요? 그림을 평가해 보세요.

❷

재미있게 읽고 있는 만화책이 있나요? 만화 속의 인물들은 어떤 인종을 닮아 있는지 생각해 보세요.

제가 집에 가고 싶어습니다.
회사 사장님이 돈 주지
안는습니다. 노동부에
가서도 해결 못해습니다.
외국인도 사람이다.
왜 일을 했는데. 사장은
돈은 안주는가. 나는
돈이 없어 집에 못간다.
방법이 없어 죽음을
떡했다.

❶

서양에 비해 동양이, 혹은 피부가 검을수록 열등할 것이라는 편견은 서양 사람들만 가지고
있는 건가요? 사진을 보면서 우리 마음속에 어떤 편견과 우월감이 있는지 적어 보세요.

이런 말 저런 얘기

_영어 공용화 논쟁

민족 고대의 영어 공용화

"우리 고려대학교에서는 더 이상 영어가 외국어가 아닌 우리말과 똑같은 언어로 사용될 것입니다." 지난 20일 취임한 어윤대 고려대 총장이 취임사에서 밝힌 영어 공용화 선언이다.

우리는 스스로 '민족의 대학'임을 자부하는 고려대가 이처럼 대학 내 영어 공용화를 선도하고 나선 것을 매우 용기 있는 일로 평가한다.

어 총장은 "영어 공용화는 앵글로색슨 문화에 대한 굴종"이 아니라 "우리가 사는 세계가 어차피 영어로 움직이고 있다는 엄연한 현실을 적극적으로 수용하고 발전시킴으로써 오히려 세계 문화를 주도하자."는 것이라고 취지를 설명했다. 어 총장은 이를 '고려대 민족주의의 자신감'을 표출하는 것이라고도 말했다.

사실 영어 공용화는 적지 않은 사람들이 그 필요성을 인정해 왔음에도 불구하고 '민족의 정체성'을 내세우는 반론에 부딪혀 공론화되지 못했다.

「매일경제」도 97년 '매경 부즈앨런 한국보고서' 발표 이후 영어 공용화에 찬성하는 입장을 유지해 왔다. 보고서는 영어는 단순한 외국어가 아니라 지식을 전달하는 '지식 언어'라고 규정하고 한국민에게 영어에 능통할 것을 권유했다.

보고서는 특히 한국과 선진국 간 지식 격차를 해소하기 위해서는 외국인 투자를 적극적으로 유치하는 것이 필수적이라며 이를 위한 환경을 조성하기 위해서라도 전 국민의 영어 구사 능력 제고가 필요하다고 강조했다. 98년 '두뇌강국 실천 전략보고서'도 인터넷과 네트워크 세계의 공용어는 영어라며 조기 영어 교육을 권고했다.

2001년 발표한 '지식 수출 강국 보고서'는 영어를 제2 공용어로 쓰는 나라와 그렇지 않은 나라의 국가 이미지 조사 결과를 제시했다. 영어를 공용화한 싱가포르와 홍콩은 국가 대외 이미지가 각각 9.0(10점 만점)과 7.8로 높은 반면, 그렇지 않은 나라는 중국이 7.0, 대만 6.5, 한국 5.1로 낮았다.

보고서는 단계적 실천 방안으로 정부 부처가 먼저 영어를 사용하고 영어 전용 학교를 확대하며, 기업에는 영어 공용화를 권장하도록 제시했다. 결과적으로 고려대의 영어 공용화는 지식 수출 강국 보고서가 제시한 2단계 실천 방안을 자발적으로 시행하는 의미가 있다.

개방된 글로벌 사회에서 승리하는 민족주의는 세계의 중심으로 나아가 민족의 자존을 세우는 것이지 '내 것'을 고집하고 그 틀 속에서 고사하는 것이 결코 아님을 우리는 명심해야 한다. 이런 뜻에서 우리는 어윤대 총장의 결단을 환영한다.

—「매일경제」, 2003. 3. 23.

글쓴이의 핵심 주장을 짧게 요약하고 주제를 파악해 보세요.

영어 광풍이 또다시 온 나라를 들썩이고 있다. 선무당이 사람 잡는다는 말이 딱 맞는다. 어쩌자고 우리 사회는 자꾸 영어라는 주술(呪術)에 걸려들고 있는 것인지 참으로 안타깝다. 수년 전 시작된 영어 공용화 논쟁이 사라졌는가 했더니 그게 아니었다. 제주도의 영어 공용화 추진을 비롯해 경기도가 파주시와 안산시에 영어 마을 건립을 추진 중이고, 서울시도 여러 곳에 영어 체험 마을을 건립할 예정이란다. 이미 많은 지방자치 단체들이 영어 마을을 시행 중이거나 추진하고 있다. 그런데 이번에는 서울시에서 공식 문서나 국장급 이상 간부 회의에서 영어를 사용하자는 영어 공용화를 내년 중 실시한다는 방침을 세웠다고 한다.

영어 공용화의 문제점들을 다시 논할 필요는 없다. 이미 많은 연구서와 논문들이 지적했으니까. 조금이라도 실상을 아는 사람들은 쉽게 영어 공용화를 주장하지 않는다. 공용화란 무엇인가. 공식 문서와 공공 서비스에서 영어와 한국어를 함께 사용하자는 것 아닌가. 그러니까 학교, 법정, 공문서, 화폐 등 사회의 모든 영역에서 영어를 공용으로 사용한다! 도대체 왜? 우리가 필리핀처럼 미국의 식민지였는가? 인도처럼 영어가 아니고는 소통 가능한 언어가 없는가? 아니면 싱가포르처럼 다민족 국가인가?

서울시마저 영어 회의 추진

서울시의 국장급 이상 간부들이라면 엘리트 중의 엘리트들이다. 그들이 시민들의 안녕과 복리를 위해 써야 할 시간과 에너지를 혹시라도 영어 연습에 소진한다면 될 말인가. 이럴 때를 대비해 쓰지도 않는 언어를 꾸준히 연습해 뒀을 간부들도 있겠지만, 그렇지 않은 간부들도 많을 것이다. 많은 공무원과 간부 지망자들이 영어 광풍에 내몰릴 것이다. 이런 설익은 아이디어들이 어떻게 정책으로 실행될 수 있는 것인지 이해할 수 없다.

언어란 조기에 습득하지 않으면 원어민처럼 구사하는 것이 불가능하다. 일상생활에서 쓰지 않는 언어는 잊혀지게 마련이다. 더욱이 우리나라처럼 영어 화자와의 접촉이 적은 나라에서는 배운 영어를 유지하는 것조차 쉽지 않다. 그런데 생전 써보지도 않았거나, 앞으로도 쓸 일이 별로 없을 영어를 갑자기 나이 지긋한 간부들에게 강요하는 것은 마치 오른손잡이에게 '만약을 위해서' 왼손을 사용하라고 강요하는 것과 다름없다.

영어 마을이니, 영어 카페니, 혹은 영어 회의니 하는 것들은 좋게 보면 영어를 잘해 보자는, 그래서 '국제적'이 되자는 취지일 게다. 그렇게 온 국민이 영어를 잘해서 어쩌자는 것인가? 서울 모 대학에서는 외국어학과 선호도가 이미 영어에서 중국어로 넘어갔다고 하지 않는가. 사람들은 본능적으로 안다. 자신이 무엇을 해야 먹고살 수 있는지를. 중앙정부나 지방정부가 영어 마을 어쩌고하면서 수백억 원의 예산을 낭비하는 동안, 그들은 제 살 길을 찾아 또 다른 외국어로 몰려갈 것이다. 영어 마을에는 누가 거주할 것인가. 외국인들을 데려다 무슨 인디언 보호촌 같은 것을 만들 셈인가? 영어를 쓰는 또 하나의 민속촌을 만들려는가? 아니면 수험생들을 모아다가 장사라도 하려는 것인가?

유동 인구가 많은 일부 동남아시아 국가 등에 가면 사람들의 유창한 영어 실력을 보고 놀라게 된다. 반대로 일본이나 프랑스 같은 선진국에 가면 영어를 너무 못하는 것을 보면서 우쭐함을 느끼기도 한다. 모두 부질없는 짓이다. 영어가 필요하면 배우고, 필요 없으면 안 배우면 된다. 자치 단체들까지 나서서 수백억 원의 예산을 쓰면서 영어 나라를 만들 필요는 없다.

상황·필요에 대한 고려 없어

실현 가능성도 없고 그럴 필요도 없는 일에 예산과 에너지를 낭비하는 데는 절대 반대이다. 진정으로 국민들의 영어 실력을 향상시키려면 사회 인프라의 경쟁력을 높여야 한다. 일본인이나 중국인이 대다수인 관광지에 영어 안내문만 있는 터무니없는 일부터 고쳐야 한다. 관광자원을 개발하고, 문화유산을 상품화하여 더 많은 관광객들을 유치한다면 사람들은 시키지 않아도 영어 실력을 키울 것이다. 8만 평 통일동산에 영어 마을 대신 영화 마을이나 미술 마을, 혹은 조각 마을을 건립하는 것이 더 바람직하다.

이민국도 아닌 서울시가 공식 문서나 국장급 이상의 간부 회의에서 영어를 사용하겠다는 방침을 세우는 것을 보면서 참으로 답답함을 금할 수 없다. 그 돈 있으면 실력 있는 영어 전문가를 필요한 곳에 고용하면 된다.

—「경향신문」, 2003. 12. 26.

글쓴이의 핵심 주장을 짧게 요약하고 주제를 파악해 보세요.

나도 세상에 한마디!

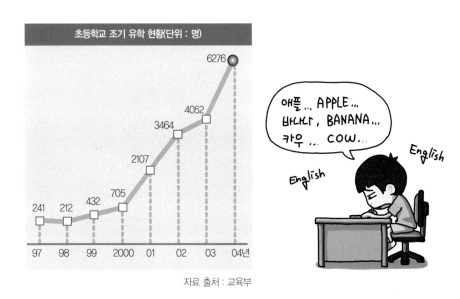

초등학교 조기 유학 현황(단위 : 명)

자료 출처 : 교육부

● 최근 유아나 초등학생 때부터 영어를 공부해야 한다는 영어 조기교육 열풍이 불고 있습니다. 이에 대해서 어린 시절엔 영어보다 모국어를 먼저 잘 가르쳐야 한다는 주장과 영어 학습은 어릴수록 좋다는 주장이 맞서고 있습니다. 여러분의 생각은 어떤지요? 영어를 공부해 온 여러분의 경험을 예로 들어 영어 조기교육에 찬성하거나 반대하는 글을 써 보세요.

책으로 읽는 우리 주제
_『십자군 이야기』

여러분, 십자군 전쟁이 뭔지 아세요? 중학교 2학년 1학기 사회 시간에 배우는데요. 음, 잘 모르는 눈치네요. 하하. 제가 교과서를 또 한 번 가져와야겠군요.

다음은 교과서에 서술되어 있는 십자군 전쟁의 내용입니다.

김태권, 『십자군 이야기』, 길찾기, 2003.

유럽 인들의 강렬한 신앙심, 십자군 전쟁으로 분출하다

이민족의 침략이 줄어들면서 서유럽 봉건사회는 11세기 들어 안정되면서 활력이 생겨났다. 농업 생산이 크게 늘고 상공업도 조금씩 발달하였다. 이에 따라 곳곳에 시장과 도시가 생겨나기 시작하였다. 인구도 크게 늘어 새로운 땅을 얻기 위한 바람이 커졌다.

이즈음 이슬람 세력인 셀주크 투르크가 예루살렘을 정복하고 비잔틴제국을 위협하였다. 비잔틴 황제는 로마 교황에게 도움을 요청하였으며, 교황 우르바누스 2세는 이를 동서로 분리된 교회를 통합하는 기회로 삼고자 했다. 이에 교황은 성지 예루살렘을 탈환하기 위한 전쟁을 선포하였다(1095). 십자군은 한때 예루살렘을 탈환하는 듯했으나, 곧 이슬람의 반격을 받아 다시 성지를 빼앗겼다. 이후 200년간에 걸쳐 지루한 전쟁이 계속되었으나, 결국 성지 탈환이라는 목표는 달성할 수 없었다.

—사회2(중앙교육연구소), p. 34.

그런데 바로 뒤에 「읽기 자료」에는 조금 다른 내용이 실려 있습니다.

십자군 전쟁은 당시 유럽 인들의 해외 진출 요구와 강렬한 신앙심이 결합되어 일어났다. 그러나 '성전'을 내세우고 일어난 십자군은 곳곳에서 약탈을 일삼았으며, 전쟁에 따라나섰던 소년들이 악덕 상인들에 의해 노예로 팔려 가기도 하였다.
최근 로마 교황청은 이와 관련하여 십자군 전쟁의 과오를 인정하는 성명을 발표하기도 하였다.

—사회2(중앙교육연구소), p. 35.

어쨌든 성지 탈환을 명분으로 한 전쟁이었으나, 결국 약탈 전쟁이 되어 버렸다는 이야기군요. 교과서 본문에 나와 있는 내용이 기독교 세계인 서양의 눈으로 본 세계사라면, 「읽기 자료」에서는 교과서를 서술한 사람이 진실의 균형을 맞추기 위해 노력한 것이 엿보입니다. 그런데 아예 셀주크 투르크의 성지 순례 탄압도 없었고, 비잔틴 황제의 구조 요청도 없었다면요? 아직도 이 약탈과 살육의 전쟁의 진실을 서양에서 감추고 있는 것이라면요?

『십자군 이야기』는 이런 문제 제기를 하고 있습니다. 우리가 교과서에서 배우는 세계사가 서양의 시각일 수 있다는 것을 잘 말해 주고 있습니다. 여러분, 만화책이니까 좋아하면서 읽을 수 있겠죠?

❶

여러분이 교과서에서 배운 '십자군 전쟁'과 무엇이 다르지요? 정리해 볼까요?

❷

교과서에서 배운 십자군 전쟁과 『십자군 이야기』에 나오는 십자군 전쟁의 모습은 다릅니다. 같은 사건을 놓고 왜 각각 다른 내용으로 서술한 것일까요?

❸

세계사를 공부하거나 서술할 때 어떤 태도가 필요할까요? 고민해 봅시다.

책 속에 숨어 있는 논술

● 다음은 또 다른 교과서에 나오는 십자군 전쟁에 대한 서술입니다. 안타깝게도 이 교과서에는 이 내용 외에 다른 내용은 없네요. 여러분이 한번 수정해서 교과서를 서술해 보세요. 그리고 그 이유를 교과서를 서술한 사람에게 설명해 봅시다.

십자군 전쟁은 셀주크 투르크가 크리스트 교도의 예루살렘 순례를 방해하고 비잔틴제국을 위협한 데에서 비롯되었다. 비잔틴 황제의 요청을 받은 로마 교황이 성지 탈환을 선포하자 많은 영주, 노인 등이 호응하였다. 종교적 열정이 넘친 제1회 십자군은 예루살렘을 탈환하였다. 그러나 점차 영주와 상인들이 십자군을 자신들의 세속적인 이익을 추구하는 방편으로 삼으면서 대부분의 십자군은 실패하고 말았다.

―사회2(지학사), p.32.

로고스 선생님 추천 도서

박채란, 『국경 없는 마을』, 서해문집, 2004.

9강

못사는 나라에 살면 불행한가요

클릭! 교과서

산업혁명을 계기로, 개인의 재산 소유와 자유 경쟁을 바탕으로 하는 시장 경제 체제가 확립되었다. 더 나아가 농업 중심의 사회가 공업 중심의 사회로 바뀌었고, 기술이 획기적으로 발달하여 대량생산이 가능해졌다. 이에 따라, 사람들의 생활수준도 크게 높아졌다.

이 과정에서 자연환경이 파괴되고, 각종 범죄가 늘어남에 따라, 사람들은 물질적 풍요만이 전부가 아님을 깨닫게 되었다. 또한 가난한 사람과 부자들 간의 격차는 더 벌어졌다. 의식주가 풍족해지면서 사람들은 더 많은 여가 시간, 깨끗한 환경, 문화와 예술의 체험 등을 원하게 되었다. 또한, 사회 공동체의 유지 · 발전을 위해 소외 계층에 대해 최소한의 생활을 보장해야 한다고 느끼게 되었다.

이에, 현대 시민사회는 다양한 욕구에 대한 만족도가 높은 사회, 즉 삶의 질이 높은 사회를 추구하고 있다.

「탐구활동」

삶의 질과 관련하여 현대사회의 당면 과제를 알아본다.

대도시의 아파트에 살고 있는 경숙이는 부모님과 함께 시골길을 지나다 멋진 별장을 보았다. 숲 속에 들어선 깨끗한 집과 주변 경관은 한 폭의 그림 같았다. 그러나 별장을 지나자 초라한 농가들이 다닥다닥 붙어 있었다.

"저 별장에 사는 사람은 굉장히 행복하겠지요?"라고 경숙이가 묻자, 부모님은 "그렇지만은 않단다."라고 하셨다.

—사회2(지학사), p.138.

다른 교과서에는 없나요?

사회2(중앙교육연구소), II-2. 시민혁명과 시민사회의 성립 (4)산업혁명, p.69~70.

사회2(지학사), V-1. 현대사회의 과제 (1)사회변동과 현대 시민사회의 특징, p.134.

사회2(지학사), V-1. 현대사회의 과제 (2)현대사회의 당면 과제, p.135~139.

사회3(중앙교육연구소), VI-3. 인구 및 도시 문제 (1)인구 문제와 해결 방안, p.169.

대화로 주제 찾기

 우 미 　오랜만에 햄버거 먹으니까 맛있다. 엄마 때문에 눈치가 보여서 집에선 먹

지도 못한다니까.

 지 혜 　아무래도 패스트푸드가 몸에 좋지 않다고들 하니까 그러시겠지.

 명 석 　도대체 언제부터 그런 말이 나오기 시작한 거야? 햄버거가 나온 지도 꽤

오래되었을 텐데.

 지 혜 　요즘 좋은 음식에 대해 관심이 높잖아. '웰빙'이란 말도 못 들어 봤니?

 명 석 　물론 알지. '웰빙', 순우리말로 '참살이!' 양보다 질이라는 말이지. 많이

먹는 게 아니라 질 좋은 것을 먹는 게 중요해졌다는 것이지.

우미 어? 그럼 넌 참살이랑 거리가 머네? 우리가 보통 크기 햄버거를 하나먹는 동안 넌 더블버거에 지혜 콜라까지 뺏어 먹었잖아. 완전 양으로 승부하는 군. 하하!

 명석 배가 너무 고파서 어쩔 수가 없었어. 무슨 일이든 예외가 있는 법. 아까 애 기했잖아. 오늘 하루 종일 굶었다고.

 지혜 그렇게 끼니를 굶다가 과식하는 것도 좋지 않은 식습관이래.

 우미 그래도 이렇게 맛있는 음식이 있는지도 모르고 사는 나라의 사람들은 얼 마나 불행할까?

 명석 다른 나라까지 갈 거 있니? 우리나라 사람들도 예전에는 이런 햄버거는 구경도 못했잖아.

 우미 그러고 보니 우리나라가 가난했던 시절엔 얼마나 불행했을까? 그렇게 생 각하면 우린 참 축복받은 세대야. 그렇지?

 지혜 글쎄, 꼭 그럴까?

 우미 이런 문제는 생각해 볼 것도 없잖아. 우리나라 사람들이 왜 열심히 일해서 이렇게 경제를 발전시켜 놓았겠니? 다 가난했던 시절의 고통을 이겨 내기 위해서 그런 거 아니야?

지혜 언젠가 들은 얘긴데, 자기 삶에 대해 행복함을 느끼는 정도는 지금보다 오히려 못살았던 60년대에 더 좋았다는 통계가 있대.

 명석 가난했던 시절이 더 행복했다고?

 지혜 응. 그런 걸 보면 가난한 나라 사람들이 우리보다 행복하지 못할 거라고 생각하는 것은 편견일 수도 있다는 생각이 들어.

 우미 설마……. 난 나보고 누가 시골 내려가서 살라고 그러면 절대 못살 것 같은데.

 지혜 물론, 당연히 힘들겠지. 네가 시골에서 살아 보지 않았기 때문에 그럴 거야. 햄버거 맛에 길들여진 사람이 어느 날 갑자기 된장국과 김치만 먹고 살라고 하면 아무래도 힘든 건 당연해.

 우미 정말 생각만 해도 끔찍해!

 지혜 그런데 만일 햄버거를 한 번도 먹어 보지 않은 사람이 햄버거가 없다고 불행해할까?

 우미 그거야 물론 아니지.

 명석 먹는 것도 먹는 것이지만, 요즘 웰빙 열풍이 부는 건 현대인의 생활이 너무

각박해서 그런 거라고도 하더라.

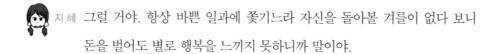

지혜 그럴 거야. 항상 바쁜 일과에 쫓기느라 자신을 돌아볼 겨를이 없다 보니
돈을 벌어도 별로 행복을 느끼지 못하니까 말이야.

우미 그렇다면 아까 내가 한 말 취소해야겠다. 우리 세대는 축복받은 세대가 아
니라 불행한 세대라고 해야 할 것 같다.

명석 왜?

우미 우리 세대야말로 마음껏 뛰어 놀지도 못하고 학원 가랴, 과외 하랴. 완전
히 공부 기계로 살아가는 거잖아. 이건 참살이가 아니라고 봐.

명석 와~ 우미가 그런 예리한 말을!

우미 그래서 나도 이제 참살이를 위해서 생각한 게 있어.

지혜 & 명석 뭘?

우미 오늘 학원 땡땡이 칠 거야!

지혜 & 명석 으윽, 우미야…….

로고스 선생님과 생각 주무르기

_"잘살아 보세!"

후진국 사람들은 불행하다?

"잘살아 보세~ 🎵 우리도 한 번
잘살아 보세~ ♪" 혹시 이 노랫말
을 아시나요? 예전에 '새마을 운
동'이라고 불렀던 농촌 개발 운동
주제가의 한 소절이랍니다. 가사
를 보니 우리나라가 한창 경제개
발을 할 무렵 만들어진 노래라는
게 짐작이 가죠? 새마을 운동 노래

경제개발이 한창이던 시기 농촌개발을 목적으로 진행된
새마을운동. 그러나 그 개발의 결과가 사람들에게 행복을
가져다 주었는지는 따져봐야 할 문제이다.

가 들려주고 있는 것처럼 당시 사람들은 경제가 발전하는 게 곧 '잘' 사는 것이라
고 생각했습니다. 모두가 가난해서 물자가 부족했던 시절, 물질적 풍요는 분명 잘
사는 길이었음이 분명합니다. 웃으면서 배고픔을 즐기는 사람은 없을 테니까요.

가난을 벗어나 잘살아 보고자 하는 열망 때문이었을까요. 우리나라는 이제 전

세계 국가들 중에서도 최상위권에 속하는 경제 규모를 갖추게 되었지요. 그렇다면 이제 우리나라 사람들은 정말로 '잘' 살게 된 것일까요? 불행히도 그렇지 못한 것 같습니다. 경제는 세계에서 열 손가락에 꼽힐 정도로 성장했지만, 국민들이 느끼는 행복감은 그에 한참 미치지 못하고 있다는 결과가 나왔으니까요. 오히려 이름도 생소한 후진국들이 우리 국민들보다 더 행복을 느끼고 산다고 합니다. 그토록 바라던 선진국의 문턱에 들어섰지만 선진국이 된다는 게 꼭 행복을 보장하는 일은 아니었나 봅니다.

로또는 행복의 보증수표?

선진국이 되어 경제적으로 잘살게 된다고 해서 꼭 행복해지는 게 아니라는 건 로또 복권에 당첨된 사람들의 이야기를 통해서도 알 수 있습니다. 당첨만 되면 행복은 저절로 올 것이라고 생각하지만 막상 당첨되고 나면 엄청난 규모의 당첨금을 두고 여러 가지 불행한 일이 벌어지기도 합니다. 로또에 당첨된 후에 당첨금 분배를 두고 이혼을 한 사연, 친구들을 잃고 혼자서 독거하는 사람 등 당첨 이후에 오히려 정신적으로 큰 고통을 겪은 사람들이 많다는 사실은 무엇을 말해 주고 있는 걸까요?

그렇다. 인생은 모르는거다. 로또에 당첨된다고 해서 그것이 곧 행복을 보장할지는 모르는 거다.

우리는 보통 돈이 많으면 행복할 것이라고 생각합니다. 틀린 생각은 아닙니다.

먹고살기 힘들 정도로 가난하면서 행복을 느끼는 사람은 거의 없을 테니까요. 하지만 그렇다고 옳은 생각만도 아닙니다. 어느 정도 먹고살만 한 여력이 되면 돈만이 행복을 보장하는 것은 아니거든요. 궁핍할 정도로 힘들면 먹고사는 게 바빠서 다른 일에 정신을 쏟을 겨를이 없지만, 어느 정도 먹고살 만하면 어떻게 살아야 잘사는 것인지를 고민하는 존재가 인간이기 때문입니다.

'잘' 살아 보세 – 참살이 열풍

'웰빙'이라는 말을 들어 보셨나요? 우리말로는 '참살이'라고 하지요. 표현이야 어찌 되었건 잘살아 보자는 뜻이지요. 어라? 잘살아 보자? 어디서 들어 본 말 아닌가요? 설마 벌써 잊어버린 건 아니겠죠? 예. 앞에서 언급한 새마을 운동 노래의 한 소절과 같은 맥락이죠. 그렇다면 참살이 열풍도 단순히 이름만 바꾼 새마을 운동의 반복일까요?

그렇지는 않습니다. 말은 같지만 그 속에 숨겨진 뜻은 다르지요. 새마을 운동이 궁핍한 시절 가난을 벗어나기 위한 노력이었다면, 참살이 열풍은 단순히 경제적으로만 풍족하게 사는 것을 넘어서 건강하고 행복하게 살고자 하는 노력이라고 말할 수 있습니다. 한마디로 이제 '양'이 아니라 '질'이 더욱 중요해졌다는 말이지요.

우리는 새마을 운동이 추구했던 목표에 도달했지만, 사람들은 그리 잘산다고 느끼지 못하고 있는 현실을 확인했습니다. 가난이 주는 고난을 벗어나 물질적으로 풍족하게 살면 행복해질 것이라고 기대했지만, 정작 물질적으로 풍족해지자 오히려 전에는 없었던 새로운 고난을 맞이해야 했던 것이죠. 그래서 사람들은 이제 행복이란 '돈의 양'에 달려 있는 것이 아니라, 삶을 살아가는 방식, 즉 '삶의 질'에 달려 있다고 생각하기 시작했습니다. 참살이 열풍은 바로 그런 생각의 전환에서 비롯된 것으로서 새마을 운동과 같은 경제 발전 운동과는 그 성격이 상당히 다릅니다.

얻은 만큼 잃다

경제 발전으로 인해 사람들의 생활은 전보다 훨씬 편리해졌습니다. 그런데 이렇게 편리한 세상이 진정 '사람'이 살기에 좋은 세상인지는 반성해 볼 필요가 있습니다. 편리한 세상과 살기 좋은 세상은 같은 말이 아니기 때문입니다.

한두 시간이면 가까운 이웃나라도 나갈 수 있는 세상이 되었지만, 그렇게 빠른 세상은 사람들로부터 삶의 여유를 빼앗아 갔습니다. 편안한 자동차나 빠르고 정확한 지하철을 타고 다님으로써 우리는 주변에 있는 나무 한 그루, 꽃 한 송이가 주는 아름다움과 향기를 음미할 여유를 잃어버린 셈이지요. 어떻게 하면 목적지에 더욱 빨리 도달할 수 있을까만 고민할 뿐, 어떻게 해야 가장 쾌적하고 즐겁게 도달할 수 있는지는 전혀 고려하지 않고 있는 것입니다.

또 경제 발전은 사람들을 배고픈 고통으로부터 벗어나게 해주었지만, 한편으로 또 다른 뜻에서 먹을 것을 걱정해야 하는 상황을 만들었습니다. 가난했던 시절 잔칫날이나 되어야 조금 얻어먹을 수 있었던 고기를 밥 대신에 먹을 수도 있는 세상이 되었지만, 육류 섭취량이 지나치게 늘어 건강을 해친 사람들도 늘어나고, 환경이 파괴되는 결과를 낳았습니다. 빠른 속도를 추구하는 시대에 맞게 개발된 각종 패스트푸드와 인스턴트식품은 바쁜 현대인의 끼니를 편리하고 신속하게 해결해 주었지만 이것 또한 사람들의 건강을 해치는 주요 원인으로 지목되고 있습니다.

느리게 살기

'총알 배달!' 어느 중국 요릿집 전단 광고에 쓰여 있는 문구입니다. 총알만큼 빨리 배달해 준다는 뜻이겠지요. 이렇듯 현대인들은 속도 경쟁 속에서 살아가고 있습니다. 신속함과 편리함에 길들여진 현대인들은 이제 느리고 불편한 것을 참아내지 못하는 성격으로 변해 버렸습니다. 배달이 조금만 늦으면 바로 음식점에 전화를 걸어 항의합니다. 차가 막히면 수시로 경보음을 울리지요. 인터넷 속도가 느린 피시방은 문을 닫아야 합니다.

하지만 빠를수록 편리할지 모르나, 행복하지는 않습니다. 인간은 로봇이 아닙니다. 빠른 만큼이나 스트레스는 더 쌓이고, 그만큼 마음의 여유를 잃어버리게 됩니다. 여러분의 일상 속에서도 이러한 예를 찾아볼 수 있습니다. 서둘러야 하는 등굣길과 그렇지 않은 하굣길 중 어느 시간에 여러분의 마음이 여유롭던가요? 친구들과 까르르 웃으면서 걸을 수 있는 시간은 어떤 시간이었나요? 느린 삶 속엔 답답함이 있는 게 아니라 인간의 행복이 있는지도 모릅니다.

영화로 보는 우리 주제

_「슈퍼 사이즈 미」

여러분은 패스트푸드 가게를 자주 이용하나요? 얼마나 자주 드세요? 패스트푸드 가게의 음식이 집에서 먹는 음식보다 맛나나요? 여러분에게 한 달 동안 패스트푸드 가게 자유 이용권이 생긴다면 날마다 가서 음식을 먹을 건가요?

이번에 함께 볼 다큐멘터리는 "인류의 건강을 위해, 햄버거만 먹었다."는 사람의 이야기입니다. 그에게 자유 이용권이 생긴 거냐고요? 하하. 그렇지는 않습니다.

1억 미국인이 비만이라고 합니다. 청소년

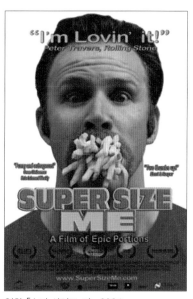

영화 「슈퍼 사이즈 미」, 2004.

과 아동의 37퍼센트가 지방 과다이며, 성인 세 사람 중 두 사람이 과체중이거나 비만입니다. 흡연 다음으로 미국 사람의 사망 원인으로 꼽히는 것이 바로 비만입니다.

미국의 여학생 두 명이 자신이 뚱뚱해진 것을 맥도날드사의 책임이라며 소송을 겁니다. 법원은 고심 끝에 "그들의 비만이 맥도날드 때문이라는 구체적 근거가 부족하여 맥도날드의 책임이라 보기 힘들다."고 판결을 내립니다. 이 뉴스를 본 다큐멘터리 감독 모건 스펄록은 본인이 직접 실험에 나섭니다. 그는 한 달 동안 하루 세 끼를 맥도날드 음식만 먹으면서 보낼 준비를 합니다. 전문 의료진과 건강 관련 전문가와 상담을 하고, 몇 가지 규칙을 정합니다. 점원이 슈퍼 사이즈를 권할 경우에는 언제나 승낙하고, 물을 비롯한 모든 음식은 맥도날드에서 파는 것으로만 섭취한다는 등의 규칙입니다. 광고 문구대로 그는 정말로 맥도날드의 햄버거만으로 한 달을 보냅니다. 모건은 실험 시작 전 '건강 체질'이라는 진단을 받습니다. 의사들은 살이 좀 찔 것이라는 예상만을 합니다. 한 달 뒤 모건의 건강 상태는 어떻게 되었을까요? 맥도날드사의 말대로 맥도날드 음식은 사람에게 아무 해가 없는 건강식일까요? 여학생 두 명의 소송은 어처구니 없는 해프닝에 불과할까요?

바쁘게 살아가는 현대인의 파트너인 패스트푸드는 우리의 건강에 어떤 영향을 끼치는지 지금부터 함께 지켜봅시다.

❶

가장 인상 깊었던 장면이나 대사를 말해 보세요.

❷

한 시민은 인터뷰에서 "먹고 싶지 않으면 안 먹으면 된다."고 말합니다. 그러나 이 말과는 다르게 사람들이 계속 맥도날드를 찾는 이유는 무엇인가요?

❸

맥도날드가 회사의 이미지를 높이기 위해 사용하는 방법들은 어떤 것들이 있었는지 되짚어 보고, 그런 방법들이 얼마나 효과를 보고 있는지 토론해 보세요.

❹

패스트푸드는 어떻게 해서 생겼을까요? 현대 문화의 특징과 연관시켜 생각해 보세요.

영화 속 논술을 찾아라!

● 맥도날드사를 고소한 두 소녀가 정당하다고 생각하나요? 그렇지 않다고 생각하나요? 그 이유는 무엇인가요? 소녀들에게 여러분의 생각을 편지로 전해 보세요.

세상 둘러보기
_패스트푸드사의 이미지 변신

날씬 스포티해진 맥도날드 마스코트

패스트푸드 체인 맥도날드의 마스코트인 '로날드 맥도날드'가 날씬해지고 훨씬 활동적으로 변모했다.

9일 NBC 17 등 미국 언론이 보도한 바에 따르면, 현재 미국에서는 맥도날드의 새로운 TV CF가 방송 중인데, 맥도날드 광대의 모습이 아주 날씬해져 있다. 또한 뒤뚱거리던 로날드가 축구와 스노보드 등을 즐기는 '웰빙족'으로 변신해 눈길을 끈다.

로날드 맥도날드의 변신은 그간 맥도날드에 쏟아졌던 사회적 비난을 비켜 가기 위한 것. 어린이를 포함한 고객들에게 더욱 활동적인 생활을 하도록 권고하는 한

편 "균형 잡힌 라이프스타일"의 중요성을 일깨우는 것이 이번 새로운 CF의 목표라고 맥도날드 측은 설명했다.

그러나 그런 '건강 메시지'가 고객들에게 전달되어 비만 문제 해결에 도움이 될지는 아직 미지수. 매장에서 판매되고 있는 햄버거 등 메뉴에는 거의 변화가 없기 때문이다.

—「팝뉴스」, 2005. 6. 10.

기사에 나오는 단어 중 모르는 단어의 뜻을 찾아서 적어 보세요.

❶

그동안 맥도날드에 쏟아졌던 비난은 무엇이었을까요? 기사의 내용을 미루어 짐작해 보세요.

❷

마스코트를 변화시킴으로써 앞으로 맥도날드 햄버거가 더욱 잘 팔릴 것이라고 생각하나요?
여러분이 예상하는 바와 그렇게 예상한 이유를 말해 보세요.

337

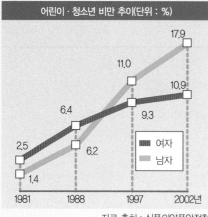

어린이·청소년 비만 추이(단위 : %)

17.9
11.0
10.9
6.4
2.5
9.3
6.2
1.4
□ 여자
□ 남자
1981   1988   1997   2002년

패스트푸드 매출 추이(단위 : 원)

롯데리아, 맥도날드, 버거킹, KFC, 파파이스의 한국시장
매출 합계.

1조 4000억
1조 1500억
1조
8000억
(추산)
1999   2002   2003   2004

자료 출처 : 식품의약품안전청

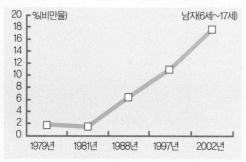

20 %(비만율)   남자(6세~17세)
18
16
14
12
10
8
6
4
2
0
     1979년 1981년 1988년 1997년 2002년

자료 출처 : Korean Journal of pediatrics. 47(30), 2004

❶

패스트푸드의 매출(판매량)과 어린이와 청소년의 비만은 어떤 관계에 있나요?

❷

패스트푸드의 매출이 2002년 이후로 떨어지는 이유는 무엇일까요?

❸

2002년 이후 현재 어린이와 청소년의 비만율은 어떻게 바뀌었을까요?

❹

여자보다 남자 어린이·청소년의 비만이 더 급속히 증가하는 원인은 무엇일까요?

❶

만화에서 말하는 것처럼, 우리는 왜 천천히 행동하는 것에 익숙하지 못한 걸까요? 현대사회의 어떤 특징이 사람들의 습관을 바꿔 놓고 있는지 생각해 보세요.

❶

위쪽 만화의 내용과 연관시켜, (1) 아래쪽에 있는 사진들에 나타난 현대사회의 문제점을 지적

해 보고, (2) 행복한 삶을 위해 어떻게 해야 하는지 여러분의 생각을 말해 보세요.

㉮

경제력			삶의 질		
1	미국	99.28	1	노르웨이	96.99
2	독일	96.99	2	스웨덴	96.56
3	일본	95.70	3	아이슬란드	91.40
4	영국	95.27	4	아일랜드	90.11
5	프랑스	94.41	5	네덜란드	89.25
6	이태리	91.40	6	핀란드	88.82
7	캐나다	89.68	7	호주	88.39
8	네덜란드	89.25	8	룩셈부르크	87.96
9	스페인	88.82	8	캐나다	87.96
10	벨기에	85.39	10	덴마크	87.10
11	한국	85.38	10	스위스	87.10
12	스위스	82.80	12	벨기에	86.81
13	오스트리아	82.37	13	스페인	81.08
14	멕시코	81.94	13	일본	81.08
15	스웨덴	81.08	15	오스트리아	80.65
16	호주	78.92	16	미국	80.22
17	아일랜드	78.06	16	프랑스	80.22
18	덴마크	77.20	18	이태리	78.92
19	노르웨이	76.34	19	독일	77.63
20	터키	73.76	19	영국	77.63
21	폴란드	72.47	21	포르투갈	76.34
22	그리스	71.18	22	뉴질랜드	75.48
23	핀란드	70.32	23	그리스	70.75
24	체코	68.60	24	체코	70.32
24	포르투갈	68.60	25	헝가리	67.74
26	룩셈부르크	67.74	26	한국	66.88
26	헝가리	67.74	27	슬로바키아	66.45
28	뉴질랜드	64.73	28	폴란드	66.02
29	슬로바키아	64.30	29	멕시코	63.87
30	아이슬란드	61.29	30	터키	61.29

자료 출처 : 삼성경제연구소

㉯

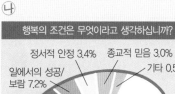

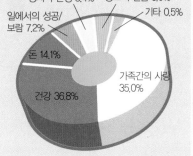

행복의 조건은 무엇이라고 생각하십니까?

정서적 안정 3.4% 종교적 믿음 3.0%
일에서의 성공/보람 7.2% 기타 0.5%
돈 14.1%
건강 36.8%
가족간의 사랑 35.0%

자료 출처 : 2001. 12. 국정홍보처

❶

통계자료를 본 후 가장 올바르지 못한 판단을 내린 친구는 누구인가요?

(1) 예 나 : 한 나라의 경제력과 삶의 질이 반드시 일치하는 것은 아니구나.

(2) 도 연 : ㉯에 나와 있는 행복의 조건을 만족시킨다면 우리나라의 삶의 질이 높아질 가능성이 크겠군.

(3) 수 홍 : 우리나라의 삶의 질이 낮은 것은 아직 개발도상국이기 때문이야.

(4) 미 림 : ㉯에서 행복의 조건으로 돈을 꼽은 사람들이 적어. 이것은 ㉮에서 한 나라의 경제력과 삶의 질이 일치하지 못하는 이유가 될 수 있을 거야.

이런 말 저런 얘기
_주 5일제와 삶의 질

주 5일제 시행, 삶의 질 정말 향상될까

주 5일 근무제가 우여곡절 끝에 오늘부터 시행된다. 이 제도 시행으로 근로자의 휴일과 휴가일 수가 선진국 수준으로 확충됨으로써 근로자 개개인의 삶의 질이 크게 개선되는 계기를 연 것은 반겨야 할 일이다. 하지만 생산성 향상만은 문제가 아닐 수 없다. 가족과 함께 여가를 즐기고 평생교육을 통해 자기 계발을 할 수 있다는 긍정적인 기대 효과는 노동시간이 줄고 인건비가 올라 생산성을 약화시키는 주 5일제가 될 때 퇴색될 수밖에 없다.

노사 간에 근로조건 등을 둘러싸고 진통이 계속되는 등 시작부터 파행 조짐을 보이는 것도 바로 그런 문제점 때문이다. 주 5일제 난항이 또 하나의 대형 사회 갈등의 불씨가 된 나머지 경제를 더욱 어렵게 하는 일이 없도록 원만한 타협을 이뤄야 할 것이다.

공공기관과 금융기관, 1,000명 이상 사업장을 대상으로 우선 실시되는 주 5일제는 근로자의 삶의 질을 높이고, 기업과 국가의 경쟁력을 끌어올리자는 게 도입 취지가 아닌가. 그러나 정부의 준비 소홀로 인한 첨예한 노사 대립이 문제다. 임금 삭감 없이 기존 근로조건을 유지할 것을 주장하는 노동계와 이런 일방적 요구를 결코 받아들일 수 없다는 사측의 입장이 평행선을 달리는 상황이고 보면, 이 제도 가 정착되기까지 상당 시간이 걸릴 것으로 보인다.

노·사·정은 특히 유예기간에 관계없이 주 5일제 시행 압력을 받게 될 중소기 업들의 처지를 고려해야 한다. 즉 이들 중소기업의 인력 손실이나 고용 비용 상 승, 생산 차질 등까지 감안하면서 이 제도 정착에 함께 노력해야 한다. 주 5일제 가 오히려 저소득 근로자의 상대적 박탈감을 키우고 수입 증가 없는 지출 증가를 초래하며, 시행 초 상당 기간 이혼율까지 높였다는 선진국 사례도 참고할 일이다. 제도 시행에 따른 부작용 최소화에 진력해야 할 것이다.

—「세계일보」, 2004. 6. 30.

글쓴이의 핵심 주장을 짧게 요약하고 주제를 파악해 보세요.

주 5일제 삶의 질과 생산성

5년여의 우여곡절 끝에 입법화를 마무리함으로써 주 5일 근무제가 사실상 첫걸 음을 내디딘 셈이다. 주 5일제는 엊그제 한국을 노동시간이 가장 긴 나라로 지목 한 국제노동기구(ILO)의 통계자료만 봐도 때늦은 감이 든다. 이제 시급한 것은 차 질 없는 후속 대책 마련이다.

본격 시행될 내년 7월까지는 1년도 채 남지 않아 정부와 노사 모두에게 시간이 빠듯하다. 노·사·정이 그동안 주 5일제 도입 여부와 근무 조건을 둘러싼 논쟁 에 초점을 맞추느라 막상 일상생활과 사회 전반의 혁명적 변화에 대비한 큰 그림

그리기에는 소홀했다고 해도 과언이 아니다.

　주 5일 근무제의 궁극적 목표는 삶의 질 높이기이다. 그렇지만 생산성 향상이 뒤따르지 않으면 목표 실현은 힘들어진다. 노동시간 단축과 단기 비용 상승에 따른 경쟁력 약화를 보완할 수 있는 대응책 마련에 노사가 머리를 맞대는 것이 선결 과제다. 이를 계기로 소모적인 갈등 체제를 넘어 상생의 새로운 노사 관계 틀을 정착시킨다면 금상첨화가 될 것이다.

　정부는 특히 시차를 두고 도입하는 제도로 인한 계층 간의 위화감을 줄이는 방책을 내놓아야 할 숙제를 안고 있다. 대기업 우선 정책으로 타격이 클 수밖에 없는 중소기업의 지원책도 실효성 있게 짜야 한다.

　여가 시간 활용을 위한 레저 인프라와 문화시설 확충도 정부에겐 큰 짐이다. 무엇보다 상대적 박탈감을 느끼기 쉬운 저임금 근로자들이 건전하고 값싸게 즐길 수 있는 다양한 시설과 프로그램이 필수불가결하다. 기업들도 근로자들이 휴일을 생산적으로 활용하는 데 지원을 아끼지 않아야 한다. 근로자들이 레저 생활 향유 못지않게 자기 계발과 능력 향상 욕구가 높다는 점에 유념할 필요가 있다.

—「경향신문」, 2003. 8. 3.

글쓴이의 핵심 주장을 짧게 요약하고 주제를 파악해 보세요.

나도 세상에 한마디!

● 두 사진을 보고, '생활의 편리함과 인간의 행복 간의 관계'라는 주제로 글을 써 보세요.

책으로 읽는 우리 주제
_『오래된 미래』

헬레나 노르베리 · 호지, 『오래된 미래』, 녹색
평론사, 2001.

얼마 전 텔레비전에 서울에서 살던 젊은 부부가 산골 마을로 내려가서 사는 이야기가 방영된 적이 있습니다. 그들은 이른바 좋은 대학을 나와 꽤 괜찮은 직장을 다니던 엘리트 계층의 사람들이었는데요, 농사라고는 지어 본 적이 없는 전형적인 도시 촌놈들이기도 했습니다.

프로듀서가 부부에게 어떻게 이런 쉽지 않은 결정을 하게 되었는지 이유를 물었습니다. 아내가 조용히 말하더군요. "출근 시간에 지하철 타보셨어요? 어느 날 지하철에 짐짝처럼 실려 있는 저를 보고 깜짝 놀랐어요. 이게 사는 걸까 싶은 생각이 들었죠. 그래서 남편과 충분히 의논해서 결정을 내렸어요."

어느 정도 안정이 보장된 미래도 버릴 수 있었던 건 '인간답게' 살기 위해서였다고 합니다.

서울에서는 보기 힘든 아름다운 하늘과 논두렁 밭두렁 길을 거니는 그들의 평화로운 모습이 오래도록 기억에 남더군요. 특히, 지하철 안에서 짐짝이 되어 있을 때는 간절하기까지 합니다.

『오래된 미래』는 '작은 티베트'라고 부르는 라다크 사람들의 이야기입니다. 자원도 별로 없고, 기후도 좋지 않은 곳인데, 이곳에 사는 이들은 정서와 심리가 안정되어 있고, 평화롭고 건강한 공동체를 유지하며 살고 있습니다. 그들의 검소한 생활과 협동, 그리고 생태적 지혜가 그것을 가능하게 했다고 하네요.

우리는 모든 것을 빨리, 많이 생산하고 소비하는 것에 익숙해진 산업사회에 살고 있습니다. 산업사회와 함께 생겨난 물질 만능주의, 환경 파괴, 빈부 격차 등의 문제를 끌어안고 대안을 고민하고 있지요. 라다크는 우리들에게 행복한 미래를 위해 어떻게 살아야 하는지 그 길을 보여 주고 있습니다.

❶

이 책의 제목이 왜 '오래된 미래'일까요?

❷

라다크 사람들이 가장 나쁘게 평가하는 사람은 '화를 잘 내는 사람'입니다. 이유가 무엇일까요?

❸

라다크가 오랜 세월 동안 가난하지만 풍요로운 공동체를 유지할 수 있었던 이유는 무엇일까요?

❹

라다크에 서구식 '개발'이 시작되면서 변화가 생깁니다. 어떤 변화들이었나요?

책 속에 숨어 있는 논술

● 서구식 산업화가 시작된 후 라다크의 많은 젊은이들이 마을을 떠나 생활합니다. 젊은이들은 현대적인 삶에 매료됩니다. 다와라는 젊은이는 관광 안내업을 시작하는데요. 그는 마을이 너무나 뒤떨어졌다고 말합니다. 여러분이 다와를 만난다면 어떤 이야기를 나누고 싶나요? 대화문을 작성해 봅시다.

로고스 선생님 추천 도서

투이아비, 『빠빠라기』, 동서고금, 2003.

헨리 데이빗 소로우, 『월든』, 강승영 역, 이레, 2004.

10강

이미지는 '진짜' 모습을 잘 보여 주나요?

클릭! 교과서

대중사회

시민혁명 이후 민주주의가 발전하면서 참정권과 교육이 대중에게 확대되자, 대중의 정치적·문화적 수준이 향상되었다. 그 결과, 20세기에는 대중민주주의가 출현하여, 정치에서 대중의 발언권이 강화되고, 여성의 지위와 역할도 증대되었다.

현대사회에서 대중의 역할은 정치, 경제, 사회, 문화 전반에 걸쳐서 증대되고 있으며, 특히 노동조합과 정당 활동 등을 통하여 사회 전반에 큰 힘을 발휘하고 있다. 그러나 대중은 산업화와 도시화, 정보화의 진전으로 이웃과의 교류가 축소되어 사회는 점점 개인주의적인 방향으로 흐르고 있다.

대중문화

현대에 들어서면서 교통과 통신뿐만 아니라 대중매체가 비약적으로 발달하였다. 이에 따라 대중들이 문화를 공유하게 되고, 이들이 즐기는 대중문화가 날로 융성하였다. 그러나 한편으로는 사람들이 개성을 잃어버리고, 획일화되는 문제도 나타난다. 그러므로 우리는 대중매체를 통해 얻은 풍부한 지식과 정보 등을 활용하여, 현재의 상황 판단과 미래의 방향 설정에 올바르게 이용할 수 있도록 힘써야 한다.

—사회2(금성출판사), p.126.

다른 교과서에는 없나요?

기술가정2(두산동아), V-2. 청소년의 일과 시간 (2)청소년의 생활 내용, p.199.

사회2(디딤돌), IV-3. 21세기를 맞으며 「대중사회, 우리는 이 사회의 주인공인가」, p.131.

사회2(금성출판사), IV-3. 현대사회의 변화와 시민 생활 (2)현대 시민 생활, p.126.

사회2(중앙교육연구소), IV-3. 현대사회와 시민 생활의 변화, p.125.

사회2(교학사), IV-3. 현대사회의 변화와 시민 생활 (2)대중사회의 도래, p.114~115.

대화로 주제 찾기

우 미 지혜야, 내 남자 친구 사진 보여 줄까?

지 혜 남자 친구? 언제 남친 생겼어?

우 미 짜잔!

지 혜 에이~ 뭐야? 영화배우 이준 사진이잖아?

우 미 어때, 멋있지? 어쩌면 이렇게 잘생겼을까? 난 이런 스타일이 너무 좋아.
너무 예쁘게 생기지 않았니?

명 석 뭔데 나도 보여 줘.

지혜 우미 남자 친구 사진이란다.

 명석 어디 나도 좀 봐. 엥? 뭐야. 장난하니?

 우미 멋지지? 착하기도 얼마나 착한데.

 명석 착한지 네가 어떻게 알아? 본 적도 없으면서.

 우미 왜 몰라? 인터뷰할 때 보면 얼마나 겸손한지 몰라.

 명석 그거 다 이미지야, 이미지. 그러는 척하는 것뿐이라고.

 우미 쳇! 누가 같은 남자 아니랄까봐 질투하긴…….

 명석 헉! 질투? 야, 내가 질투할 게 따로 있지. 뭐 하러 영화배우를 질투하냐?

 우미 우~.

 명석 하여튼 텔레비전이 문제야. 멀쩡한 애 하나 또 버렸군.

 우미 너도 본 적 없으면서 이준이 착한지 안 착한지 어떻게 알아?

 명석 바보야, 연예인들은 다 이미지 관리를 하는 거야. 연예인들 실제 생활은 다를 거라고.

 우미 또 선생님처럼 구네. 아무리 그래도 타고난 성품을 바꿀 수는 없는 법이라고. 너
이준 인터뷰하는 거 본 적 있어? 얼마나 겸손하게 말하는지 알기나 해?

 명석 됐다. 관두자.

 지혜 우미야, 명석이 말도 일리가 있어.

 우미 나도 알아. 그렇지만 텔레비전에 나올 때 모습이 다 꾸며낸 거라고 볼 순
없잖아. 연예인도 사람인데 말이야.

 명석 누가 다 꾸며낸 거래? 실제랑 다를 가능성이 많다는 거지. 뉴스 같은 경우면
또 모를까……, 연예인에 대한 이런저런 소문을 다 믿으면 안 되는 거야.

 지혜 뉴스는 다르다고?

 명석 그럼. 뉴스는 다르지. 그날 실제로 있었던 일들을 전해 주는 거니까.

 지혜 꼭 그럴까?

 명석 의심할 이유가 없지. 뉴스야말로 사실 그대로를 전달해 주는 걸 목적으로
하는 프로그램이잖아?

지혜 난 아닐 수도 있다고 생각해.

 명석 왜?

 지혜 얼마 전에 엄마가 그러시는데, 뉴스도 사실과 다르게 왜곡 보도를 한다고 하셨어.

 명석 왜곡 보도?

 지혜 예를 들어 권력을 가진 사람들의 눈치를 보기도 한다는 거지. 연예인도 텔레비전에 나오기 때문에 이미지 관리를 하는 거라면, 뉴스라고 해서 덮어 놓고 믿을 이유는 없잖아?

 우미 하긴, 정치인들도 선거 철에 텔레비전에 나올 때 보면 다 착한 사람 같더라. 그런 것도 다 유권자의 표를 의식해서 그런 거겠지?

 지혜 좋은 예인 것 같다.

 명석 뭐야, 그럼 우리는 온통 가짜가 판치는 세상에 살고 있는 건가? 아, 비극이도다!

 우미 내 사랑 이준 빼고.

로고스 선생님과 생각 주무르기

_"미디어는 이미지 공장"

첫인상

흔히들 대인관계에서 첫인상이 좋아야 한다고 말합니다. 그래서 우리는 새 학년이 되어 새로운 선생님과 친구들에게 호감을 주려면 처음 만날 때 좋은 인상을 남겨야 한다고 얘기하기도 하고, 취업난이 극심한 시대에 직장을 얻기 위해서는 면접관들에게 좋은 인상을 남겨야 한다고 말하기도 합니다. 처음 만날 때 사람들에게 준 느낌이 이후의 모든 일을 좌우한다고 생각하기 때문일 것입니다.

아닌 게 아니라 첫인상이 좋으면 왠지 성격이나 집안, 능력도 좋을 것 같다는 느낌을 받습니다. 이런 현상을 후광효과라고 합니다. 첫인상이 좋은 사람은 얼굴뿐 아니라 그 사람이 갖고 있는 여러 가지 다른 특성들도 좋을 것이라고 판단하게 되는 심리적 효과를 일컫는 말입니다. 말 그대로 얼굴 뒤 배경에 환한 광채가 있어 보이는 거지요. 성화 속에 자주 등장하는 예수님이나 부처님 모습을 생각해 보세요. 예수님의 얼굴 뒤에는 항상 광채가 빛나고 있지요?

물론 사람을 첫인상으로만 판단하는 것은 옳지 않습니다. 그런데 많은 사람들이 그런 점을 알고 있으면서도 사람을 겉모습만 보고 판단하는 것은 어쩔 수 없는 인간의 약점인가 봅니다. 지금부터 우리가 생각해 볼 이미지도 이런 첫인상과 비슷한 점이 많습니다. 이미지도 첫인상처럼 합리적인 판단을 방해하면서도 동시에 어떤 사람이나 사물을 판단할 때 큰 영향을 끼친다는 점에서 말입니다.

예수의 이미지가 담긴 그림. 예수의 얼굴 뒤에 후광을 그려 넣음으로써 예수를 보다 특별하고 성스러운 존재로 표현하고 있다.

이미지에 의존하는 상품판매

A : 이 회사 것은 별로야.

B : 왜? 나는 괜찮은 것 같은데.

A : 아무래도 텔레비전 하면 SG 회사 제품이 제일 낫지 않아?

B : 그렇긴 하지.

가전제품 대리점에서 텔레비전을 고르고 있는 중인가 봐요. 그런데 두 사람의 대화에서 뭔가 이상한 점이 없나요? 예, 그렇습니다. 텔레비전의 성능에 대해 꼼꼼하게 따지기보다는 특정한 회사 것이 좋다는 어떤 선입견 같은 것에 의존해 텔레비전을 고르고 있는 것처럼 보이죠? 이때 이 사람들이 의존하고 있는 일종의 선입견과 같은 것을 이미지라고 말할 수 있습니다.

여기서 알 수 있듯이, 이미지는 첫인상과는 조금 다른 면이 있습니다. 첫인상은 그저 어떤 특정한 사람을 처음 만났을 때 느끼는 호감의 정도를 평가할 때 쓰이는 잣대라고 할 수 있는 반면에, 이미지는 그 대상이 더 광범위하다고 말할 수 있습니다.

흔히 요즘 세상을 일컬어 이미지의 시대라고 합니다. 그만큼 현대인은 이미지의 홍수 속에 살고 있다고 해도 과언이 아닙니다. 위에서 살펴본 것처럼 물건을 살 때도 제품을 만든 회사의 이미지를 보고 사는 경우가 바로 그 예입니다. 이는 우리가 얼마나 이미지의 영향을 많이 받으며 살고 있는지 알게 해주지요. 그런데 이러한 이미지는 첫인상과는 다르게 치밀하게 계획해서 만들어진다는 사실을 알고 있나요?

미디어 - 이미지를 생산하는 공장

물건을 만들어 내기 위해서는 공장이 필요한데, 알다시피 이미지는 공장에서 만들어 낼 수 있는 물건이 아니지요. 그렇다면 도대체 누가 혹은 무엇이 이미지를 만들어 내고 있는 것일까요? 그렇죠. 여러분도 일상생활에서 흔하게 접하게 되는 각종 미디어라고 할 수 있습니다. 신문, 라디오, 텔레비전, 인터넷, 휴대폰 등을 통해서 끊임없이 이미지들이 생산됩니다. 이런 매체들이야말로 이미지를 생산하는 공장인 셈이지요.

이렇게 가공된 이미지는 우리의 삶에 엄청난 영향을 주고 있습니다. 특히 이미지는 특정한 인물이나 사물, 또는 사건에 대해 우리가 어떤 판단을 내릴 때 많은 영향을 주지요. 가장 대표적인 경우가 여러분이 좋아하는 연예인이라고 할 수 있습니다. 연예인이야말로 이미지를 파는 것이 가장 중요한 일인 대표적인 직업이라고 할 수 있습니다. 드라마에 등장하는 배우들은 비록 사람이지만 실제 현실 속에 존재하는 사람은 아닙니다. 영화 속에서 깡패로 나온 사람을 실제 깡패라고 착각하는 사람은 없겠지요? 마찬가지로 아무리 멋있고 예쁘게 나온 주인공일지라도 실제로 그런 사람은 아닌 것이지요. 그럼에도 깡패역할을 자주 맡은 배우는 아무래도 '깡패 이미지'에서 벗어나기 어렵고, 그래서 계속 깡패와 같은 악역을 맡게 되는 경우가 많습니다.

뉴스밖에 없다?

연예인이야 전문으로 이미지를 팔아서 생계를 유지하는 직업이기 때문에 별 문제될 것이 없지만, 정말로 이미지가 문제가 되는 경우가 있습니다. 어떤 문제에 대해 합리적으로 판단을 내려야만 하는 경우가 그런 경우입니다. 대표적인 경우가 정치적인 결정을 내려야 할 때입니다.

최근 정치인들은 유권자들 앞에서 자신의 정치적 능력을 보여 주기보다는 미디어를 활용해 어떤 특정한 이

문상원, 만화 『민아리song』 중 「메스꺼운 매스컴」.

미지를 부각시킴으로써 유권자들의 정서를 움직이려고 합니다. 가령 평소에는 소외된 사람들 근처에도 가지 않던 후보가 선거 철만 되면 노인정, 고아원을 찾아다니며 눈물을 흘립니다. 그 모습을 방송을 통해서 본 유권자들은 그 후보를 정이 많은 인물이라고 판단하게 됩니다.

그래서 신문이나 뉴스도 주의 깊게 볼 필요가 있습니다. 광고나 드라마와 달리 뉴스는 사실만을 보도하는 프로그램이라고 생각하는 게 상식이지요. 그러나 정치인들의 이미지를 전달하는 예에서 볼 수 있었던 것처럼 뉴스는 이런저런 이미지를 생산하고 퍼뜨리는 데 아주 큰 역할을 담당하고 있답니다.

미디어 기술이 발달하는 한 우리는 어쩔 수 없이 이미지로 가득 찬 세상 속에서 살 수밖에 없지요. 이미지 자체는 좋고 나쁘다고 말할 수 없습니다. 가령 예술과 같은 영역에서 활용되는 이미지라면 우리의 정서를 훨씬 풍요롭게 해줍니다. 그

러나 정치나 사회문제와 같이 공동체를 위한 합리적이고 올바른 판단을 해야 할 때 활용되는 이미지의 경우라면 신중할 필요가 있습니다. 이런 경우 이미지는 우리가 올바른 판단을 내릴 때 큰 장애가 되기도 합니다.

이미지는 이미지만을 말하는 것입니다. 진실을 전달하지 않을 수도 있습니다. 하기야 이미지와 진실을 구분한다는 게 그리 쉬운 일이 아닐지도 모릅니다. 뉴스가 이미 그렇듯, 우리는 이미 이미지와 이미지가 아닌 것을 구분하기도 힘든 세상에 살고 있으니까요. 진실을 가려내는 것은 여러분의 정신이 얼마나 깨어 있느냐에 달려 있는지도 모릅니다.

영화로 보는 우리 주제
_「리틀 빅 히어로」

대한민국헌법 제21조

❶ 모든 국민은 언론·출판의 자유와 집회·결사의 자유를 가진다.

❷ 언론·출판에 대한 허가나 검열과 집회·결사에 대한 허가는 인정되지 아니한다.

❸ 통신·방송의 시설 기준과 신문의 기능을 보장하기 위하여 필요한 사항은 법률로 정한다.

❹ 언론·출판은 타인의 명예나 권리 또는 공중도덕이나 사회윤리를 침해하여서는 아니된다. 언론·출판이 타인의 명예나 권리를 침해한 때에는 피해자는 이에 대한 피해의 배상을 청구할 수 있다.

영화 「리틀 빅 히어로」, 1992.

미국헌법 수정 제1조〔종교, 언론 및 출판의 자유와 집회 및 청원의 권리〕

연방 의회는 국교를 정하거나 또는 자유로운 신앙 행위를 금지하는 법률을 제정할 수 없다. 또한 언론·출판의 자유나 국민이 평화로이 집회할 수 있는 권리 및 불만 사항의 구제를 위하여 정부에게 청원할 수 있는 권리를 제한하는 법률을 제정할 수 없다.

위에서 볼 수 있듯이 대한민국을 비롯한 대부분의 나라에서는 언론의 자유를 헌법으로 보장하고 있습니다. 그리고 꼭 그만큼 언론은 '객관적이고 공정한 진실을 담은 보도'에 대한 책임을 갖고 있습니다. 물론, 많은 언론인과 언론사가 노력하고 있지만, 현실에서 언론이 진실만을 보도한다고 보기는 어려운 실정입니다. 오히려 '객관적이고 공정한 척하는 이미지'를 만들어 내고 있다고 해도 과언이 아닙니다. 어떻게 보면 가지고 있는 권리만큼 그 책임을 다하지 못하고 있는 것이지요.

「리틀 빅 히어로」의 주인공 버니는 평소 "남의 눈에 띄지 않게 조용히 산다."는 신조를 가지고 있습니다. 소매치기나 장물 거래를 해서 먹고사는, 그다지 바람직한 인물은 아닙니다. 그런데 그가 우연히 비행기 사고 현장을 보게 되고, 실수로 많은 사람들의 목숨을 구하게 됩니다. 마침 사고 비행기에는 야심만만한 여기자 게일이 타고 있었는데요, 그녀와 방송국은 많은 사람들의 목숨을 구한 영웅을 찾아내려 합니다. 그리고 마침내 찾아내지요. 사람들은 비행기 사고 현장의 영웅에게 모두 반하고 맙니다. 소매치기에 장물아비인 우리의 주인공 버니가 사람들의 영웅이 된 것일까요? 글쎄요. 어떤 일이 벌어지는지 함께 가봅시다.

❶

"카메라는 그 자체의 역사를 가지고 있어."라는 카메라 기자의 말은 어떤 의미를 담고 있나요?

❷

버니는 우연히 비행기 사고에서 승객을 구합니다. 사고 현장에 남겨진 것은 신발 한 짝. 버니는 남은 한 짝의 신발을 우연히 만난 존에게 줍니다. 방송국에서 대대적으로 비행기 사고 현장의 영웅을 찾자, 존은 신발을 갖고 방송국으로 찾아갑니다. 존은 마치 성직자와 같은 모습으로 사람들에게 꿈과 희망을 주는 영웅이 되지요. 자, 여러분이 생각하기에 진정한 영웅은 누구인가요? 그리고 그 이유는 무엇인가요?

❸

게일은 버니가 비행기 사고 현장에서 승객을 구한 사람이라는 것을 눈치 챕니다. 버니에게 묻지만 그는 아니라고 답합니다. 그러다가 영화 끝부분에 게일은 다시 버니에게 "기자가 아니라 인간으로서 묻는 거예요."라고 단서를 붙인 후 묻습니다. 게일이 이렇게 물은 까닭은 무엇일까요?

영화 속 논술을 찾아라!

● 처음에 존은 자신이 비행기 사고 현장에서 승객을 구했다고 거짓말을 합니다. 상금만 챙기면 된다고 생각했지만, 방송국은 그를 완벽한 '영웅'으로 만듭니다. 사람들의 관심과 사랑은 가히 폭발적이었습니다. 그러나 점점 존은 거짓말을 해서 갖게 된 부와 명예, 사람들의 관심이 부담스러워지기 시작합니다. 결국, 그는 자살을 결심하게 되지요. 그가 마지막에 버니에게 준 편지에는 사건의 진실과 그동안 그의 심정이 담겨 있을 겁니다. 여러분이라면 어떤 내용을 남겼을까요? 상상해서 써 보세요.

셋째
시간

세상 둘러보기
_조작된 스타 이미지

돈을 위해 철저히 조작된 스타 이미지

돈을 위해 스타의 이미지는 철저히 조작된다.

대중은 스타에 대해 환호하는 것이 실체라고 믿지만 실제는 신문, 방송, 영화 제작사 등 미디어 텍스트에 의해 구축되거나 조작된 스타 이미지다. 스타가 소속된 영화사나 에이전시, 연예 기획사는 이윤을 최대한 창출하기 위해 스타 이미지를 철저하게 조작하거나 구성하는 경향이 짙다.

문화이론가이자 학자인 토마스 해리스는 마릴린 먼로와 그레이스 켈리 등 두 사람의 미국 대형 스타를 중심으로 스타 이미지의 조작 과정을 설파하는 논문「대중 이미지 구축하기 The Building of Popular Images」를 발표해 눈길을 끌고 있다.

해리스에 따르면, 할리우드의 영화사와 홍보 담당자들은 스타의 사생활과 성격 등을 스크린의 이미지(캐릭터)에 일치시키기 위해 모든 노력을 기울이는 과정에서 인위적인 조작 작업이 진행된다는 것이다. 이것은 순전히 더 많은 수입을 얻기 위한 것이다.

홍보사나 영화사는 스타가 스크린에서 보여지기 몇 달, 심지어는 몇 년에 걸쳐 예비 홍보 구축에 돌입하고, 이 과정에서 홍보 직원들은 스타의 매혹적인 사진이나 대중에게 잘 알려진 다른 스타와의 로맨스, 스캔들을 퍼트리거나 중요한 작품에 주연을 맡을 것이라고 소문을 내는 등 조작된 정보를 대중매체에 제공한다. 이런 스타 이미지의 조작 작업은 영화 촬영 중, 개봉을 앞둔 시점, 그리고 상영되는 동안 무차별적으로 이뤄진다.

영화사는 대중들의 선정성에 대한 호기심을 충족시키기 위해 마릴린 먼로를 철저하게 섹시 심벌로 조작했다. 영화사나 홍보사에서 대중매체에 제공하는 자료들은 주로 돌봐 주는 가족 없는 가정에서 태어나 호스티스 생활, 양부의 강간설 등 조작된 불행한 과거의 삶에 관한 것과 노출이 심한 옷, 반쯤 감은 눈 등 선정적인 사진 등을 집중적으로 배포해 섹시 이미지를 조작해 냈다. 또한 있지도 않은 많은 남자 스타들과의 염문설을 잡지, 신문 등에 흘려 남성들로 하여금 손에 넣을 수 있는 만만한 여성의 이미지로서 먼로를 형상화했다.

반면 그레이스 켈리의 경우는 정반대다. 영화사나 홍보사는 켈리의 이미지를 맑고 깨끗하면서도 우아한 이미지로 구축하기 위해 세계적인 기업 GM의 부회장이었던 켈리의 아버지 등 부유하고 가문 좋고 화목한 가정에서 태어나 좋은 교육을 받았다는 사생활과 성장 배경을 영화 개봉 전에 잡지와 신문 등에 집중적으로 홍보하고, 우아하고 단아한 분위기가 풍기는 의상을 입은 사진을 배포했다.

또한 동료 연기자들에게 켈리는 정숙하다는 이야기를 기자나 PD들에게 자주 하게 함으로써 켈리를 정숙과 우아함의 표상으로 이미지를 조작해 냈다.

이 같은 스타 이미지의 조작에 관한 연구는 우리 현실에서 행해지는 스타 이미지 구축 과정을 이해하는 데 많은 도움을 준다. 현재 우리 연예 기획사에서 구축하고 있는 스타 이미지는 상당 부분 미국에서 행해지는 스타 이미지 구축 모델을 따르고 있기 때문이다.

—「마이데일리」, 2005. 1. 2.

● 기사에 나오는 단어 중 모르는 단어의 뜻을 찾아서 적어 보세요.

세상 1

❶

신문 기사에 대한 친구들의 판단 중 가장 올바르지 않은 것은 무엇인가요?

(1) 아 영 : 기사의 내용은 대부분 토마스 해리스의 논문에 나와 있는 얘기들을 전달하고 있구나.

(2) 유 림 : 마릴린 먼로나 그레이스 켈리는 미국의 스타야. 우리나라의 경우는 전혀 다를 거야.

(3) 현 빈 : 저 정도로 철저하게 이미지가 관리하는 것을 보면 스타는 하루아침에 출현하는 게 아니라 만들어진다는 말이 맞는 얘기 같다.

❷

이 기사와 비슷하게 "당선을 위해 철저하게 조작된 정치인 이미지"라는 신문 기사를 쓰려고 합니다. 정치인들은 어떻게 이미지를 관리하는지 조사하여 기사를 작성해 봅시다.

❶

첫인상 때문에 생긴 특별한 일화가 있나요? 여러분의 경험을 말해 보고, 첫인상이 왜 중요하다고 생각하는지 친구들과 토론해 보세요.

❷

자신의 모습을 온전하게 전달할 수 있는 방법은 무엇일까요? 여러분의 의견을 말해 보세요.

373

사용자/용도별 자동차 브랜드 이미지
귀하께서 여러가지 최고급차들이 많이 등장하는 영화를 만드는 감독이라고 가정할 때, 영화 속의 인물들에게 어떤 차를 타게 하겠습니까? (단위 : %)

		체어맨	에쿠스	오피러스	벤츠	BMW	집	링컨	캐딜락	볼보	렉서스	재규어	포르쉐	계
사용자	장차관/국회의원	40.7	31.0	10.3	4.5	3.6	3.7	1.8	1.6	1.0	0.8	0.4	0.4	100.0
	중소기업 사장	23.7	27.1	26.5	4.5	6.8	3.2	0.3	1.3	1.6	3.6	0.8	0.6	100.0
	유명한 중년 전문직(의사/변호사)	18.0	16.6	21.9	7.2	16.4	2.5	0.6	3.0	2.2	7.9	2.6	1.2	100.0
	대기업 회장	16.6	30.5	4.1	23.7	8.6	0.8	4.9	5.7	1.9	1.2	1.1	0.7	100.0
	폭력조직 두목	11.3	29.0	4.5	15.6	10.2	5.8	2.8	7.2	5.4	2.5	3.9	1.8	100.0
	중장년 인기 연예인	9.9	12.1	8.0	20.7	15.2	2.1	3.5	4.7	7.3	10.0	4.2	2.3	100.0
	졸부	8.9	15.3	5.8	20.1	14.2	6.6	4.0	8.2	5.5	4.3	2.9	4.2	100.0
	젊은 인기 연예인	5.0	4.6	4.0	8.3	26.0	9.2	0.8	3.8	2.2	7.1	11.5	25.3	100.0
	철부지 재벌 2세	5.0	5.2	4.0	6.6	20.2	9.2	0.7	3.5	3.0	4.2	13.2	25.3	100.0
용도	국가귀빈 의전용	15.3	20.2	3.8	14.1	4.0	0.9	15.2	20.6	2.0	1.0	1.5	1.3	100.0
	장례식 선도차량	13.0	15.2	3.9	8.6	3.0	0.9	13.1	34.6	3.2	1.2	1.6	1.3	100.0
	결혼식 후 드라이브	6.9	8.3	5.5	9.3	13.6	4.2	4.4	13.3	2.1	5.2	7.9	19.0	100.0
	운동선수 카퍼레이드	6.4	7.7	3.8	5.9	6.9	28.0	5.7	15.1	3.1	3.3	5.9	8.1	100.0

사례수 : 7,028명

자동차의 이미지는 어떻게 만들어지는 걸까요? 자동차의 이미지를 만드는 수단과 방법에는 어떤 것들이 있는지 말해 보세요.

❶

만화의 주제와 어울리는 제목을 붙여 보세요.

❶

우리가 이 단원에서 다루고 있는 '이미지'라는 주제와 관련지어 만화의 제목을 붙여 보고, 각 종 매체를 통해 장애인들의 이미지가 어떻게 전달되고 있는지 조사하여 토론해 보세요.

세상 6

㉮ **2004 국가 브랜드 가치평가(10억불)**

미국	3219
독일	1752
일본	1078
프랑스	1077
영국	1067
캐나다	732
이태리	703
네덜란드	612
중국	597
벨기에	442
홍콩	404
한국	374

자료 출처 : 산업정책연구원

㉯

행복지수	
세계 상위권	아시아 순위
1. 푸에르토리코	24. 싱가포르
2. 멕시코	29. 베트남
3. 덴마크	31. 필리핀
4. 아일랜드	32. 대만
5. 아이슬란드	42. 일본
6. 스위스	48. 중국
7. 북아일랜드	49. 한국

자료 출처 : 아시안월스트리트저널

❶

위 그래프를 본 후 친구들이 내린 결론 중 가장 올바른 것은 무엇인가요?

(1) 지 수 : 역시 미국의 브랜드 가치가 가장 높구나. 미국인들이 아마 세계에서 가장 행복할거야.

(2) 재 웅 : 베트남의 행복지수가 우리보다 높으니까 베트남의 국가 브랜드 가치도 우리보다 높다고 할 수 있어.

(3) 무 환 : 국가 이미지와 그 나라 국민들의 행복과는 별개의 문제인 것 같아.

(4) 아 람 : 우리나라도 빨리 국가 이미지를 키워서 국민들의 행복지수를 높일 필요가 있어.

❷

국가 브랜드도 일종의 이미지입니다. 그렇다면 국가 이미지는 어떻게 만들어질까요?

이런 말 저런 얘기
_황우석 영웅 만들기

언론이 쓴 '황우석 영웅 만들기' 이제는 중단되어야 한다

……(생 략)……

　그동안 종교계, 생명 윤리학계를 중심으로 황우석 교수의 연구에 대한 문제 제기가 끊임없이 이어져 왔다. 난자 기증에서부터 배아줄기세포 연구 과정 전반에 대한 비판적 시각이 존재해 왔던 것이다. 이 외에 현 단계에서 가능성에 불과한 치료 효과 및 경제적 효과에 대한 과장이 이어져 왔다는 지적도 나왔다. 황 교수의 연구에 대한 다각적인 조망이 필요했던 까닭이다.

　하지만 이 같은 비판적인 목소리를 언론에서 찾아보기는 어려웠다. 황 교수에 대한 찬양일색의 목소리만 줄기차게 전파됐던 것이다. 그의 일거수일투족은 그 자체로 뉴스였고, 그 앞에서 언론은 단순한 중계자로 전락해 버렸다. 지난 1999년 복제 소 영롱이가 태어났을 때부터 이런 기조는 줄곧 유지되어 왔다. 환자의 체세포를 이용해 줄기세포 배양에 성공한 올 5월 이후 언론은 그에게 '신의 손'이라는 이름을 부여하기에 이르렀다.

그 사이 황 교수의 연구에 대한 비판적인 성찰은 완전히 자취를 감추고 말았다. 이 같은 언론의 직무 유기로 인해 과학 기술에 대한 국민의 환상은 극에 달했고, 황 교수의 연구를 바라보는 시각은 한 방향으로 이끌리게 됐다.

이에 대해 과학사회학자 이충웅 씨는 "황우석 신드롬은 과학이 아닌 영웅담"이라며 "복제배아에 대한 것이라기보다 승리한 한국인에 대한 열광"이라고 비판한 바 있다. 황상익 서울대 의대 교수도 "한국 언론이 (황우석 교수) 관련 보도에서 과학기술주의와 애국주의에 지나치게 빠져 있다."며 "대부분의 언론 보도에서 도구로서의 과학 기술은 있을지언정, 합리성과 비판성이라는 과학 정신은 거의 찾아볼 수 없게 됐다."고 지적했다. 이와 같은 지적은 황우석 교수의 연구와 관련해 그간 언론이 노정해 온 문제점을 신랄하게 꼬집고 있다. 동시에 향후 언론의 보도가 어떤 방향으로 나아가야 하는지를 말해 주고 있다.

하지만 황우석 논란이 한창인 현재, 우리 언론은 여전히 황우석 지키기의 최일선에 서 있을 뿐 감시와 비판이라는 본연의 역할을 찾지 못하고 있다. 황 교수팀의 문제점을 지적한 TV프로그램을 은근히 때리는 것에서 시작, 의기소침해 있는 황 교수팀의 분위기를 감성적으로 전하거나, 이번 논란으로 그의 연구에 상당한 차질이 불가피할 전망이라며 황 교수에 대한 반대 입장을 위축시키려는 시도가 이를 증명한다. 이런 상황에서 "황우석 교수에 대한 맹목적인 추종이 지금의 상황을 불러왔으니 우리 함께 반성합시다."라고 말한다면 언론은 과연 어떤 반응을 보일까?

백범 김구 선생은 "눈길을 걸을 때 함부로 밟지 마라. 내가 걷는 발자국이 뒤에 오는 이의 길잡이가 될 것임을 명심하여라."는 말을 남겼다. 이 말은 미개척의 영역을 걸어가고 있는 황우석 교수에게 그대로 적용되는 말이다. 동시에 이 말은 그를 지켜보는 우리 사회, 특히 언론에도 그대로 해당된다고 할 수 있다. 왜냐면 언론은 그의 앞에 놓인 윤리적 난제를 인지하고, 함께 풀어 가야 할 의무를 지고 있기 때문이다.

황우석 논란이 우리에게 주는 교훈은 과학 기술 하나만으로 세계 과학사가 쓰일 수 없다는 점이다. 이제 황 교수는 세계적 수준의 과학 기술, 그리고 그에 못지않은 윤리성이라는 두 다리로 다시 일어나야 한다. 이를 위해 언론은 실의에 빠진 황우석 교수를 위무하되 이제까지 계속해 왔던 영웅 신화 작성을 중단하고, 과학자 황우석과 함께 그를 둘러싼 난제를 해결하는 데 머리를 맞대야 할 것이다.

—「마이데일리」, 2005. 11. 24.

글쓴이의 핵심 주장을 짧게 요약하고 주제를 파악해 보세요.

나도 세상에 한마디!

● 만화가 말하고자 하는 것은 무엇인가요? 만화가 비판하고 있는 문제점을 지적하고, 바람직한 언론 보도는 무엇인지 자신의 견해를 논술하세요.

책으로 읽는 우리 주제
_『주홍글씨』

「나의 그리스식 웨딩」을 보기 전에 청교도 의 특징에 관한 이야기를 했었지요. 기억나 나요? 도덕적으로 엄격하고, 금욕적인 생활 을 강조한다고 했었지요. 역사적으로 화려하 고 부패했던 구교를 비판하며 생겨난 신교라 그런 모양입니다. 그리고 이들은 종교 탄압 을 벗어나기 위해 영국을 떠나 아메리카 대 륙에 자리를 잡게 됩니다. 땅 설고, 물 설은 곳에서 살아남기 위해서는 더욱 엄격하게 근 면하고 금욕적인 생활 윤리를 강조할 수밖에 없었겠지요.

나다니엘 호돈, 『주홍글씨』, 김종건 역, 청목사. 2001.

『주홍글씨』는 초기 미국 청교도 사회를 배경으로 한 작품입니다. 여러분은 "이

것은 현대판 주홍글씨다."라는 표현을 들어 본 적이 있나요? 주로 어떤 잘못을 저지른 사람을 사회로부터 영원히 격리한다는 뜻으로 사용합니다. 소설 『주홍글씨』에서 나온 말이지요.

미국 보스턴의 한 작은 마을, 처형대에 이 소설의 주인공 헤스터가 아기를 데리고 서 있습니다. 가슴에는 주홍글씨 'A'가 수놓아져 있습니다. 이 'A'는 간통을 의미하는 'Adultery'의 첫 글자입니다. 영국 출신인 그녀는 남편보다 먼저 미국 땅에 도착해 살고 있었습니다. 몇 년이 지나도 남편은 오지 않았지요. 그런데 여자가 임신을 했습니다. 도덕적으로 엄격한 청교도 사회에서는 있을 수 없는 일이지요. 사람들은 그녀를 처형대 위에 세우고, 가슴에 주홍글씨를 새겨 넣습니다. 그 순간부터 주홍글씨가 헤스터를 대신합니다. 헤스터의 진실과 행동은 주홍글씨라는 이미지 뒤로 다 없어집니다. 주홍글씨는 그녀가 마을 공동체를 완전히 떠나지 않는 한 지울 수 없습니다. 주홍글씨는 마을 사람들에게, 또 그 이웃 마을 사람들에게, 그녀의 딸 펄에게, 펄의 숨은 아버지에게는 각각 다른 의미이며, 이미지입니다. 각각의 사람들에게 주홍글씨는 어떤 의미를 갖는지, 이런 식의 공개적인 왕따가 어떻게 가능했는지 17세기 미국 보스턴으로 떠나 봅시다.

❶

작가는 헤스터와 펄을 큰 죄를 지은 이들로 묘사하나요? 피해자로 묘사하나요? 그 의도는
무엇일까요?

❷

헤스터는 마을을 떠날 수도 있었을 텐데 왜 떠나지 않았을까요?

❸

여러분이 딤스데일 목사였다면 어떤 태도를 취했을까요? 그 이유는 무엇인가요?

❹

헤스터에 대한 마을 사람들의 처벌은 정당했나요? 그렇지 않았나요? 여러분의 입장을 정하
고, 그 이유를 정리해 마을 사람들에게 전달해 봅시다.

책 속에 숨어 있는 논술

● '주홍글씨'는 헤스터, 딤스데일 목사, 펄, 마을 사람들에게 각각 다른 이미지를 갖습니다. 각각 어떻게 다른지 정리해 보고, 그 이유를 생각해 봅시다.

로고스 선생님 추천 도서

제인 오스틴, 『오만과 편견』, 전승희 역, 민음사, 2003.

김동훈, 『여간내기의 영화교실』, 컬처라인, 2003.

11강
과학이 발달할수록
더 행복해지나요

클릭! 교과서

클릭! 교과서

　런던하면 떠오르는 것이 안개이다. 안개는 런던을 분위기 있는 도시로 만들어 주는 역할을 톡톡히 하고 있다. 하지만 안개가 도시의 주민들을 죽음으로 몰고 갔다고 하면 믿을 수 있을까? 선뜻 믿기지는 않겠지만 엄연한 사실이다. 안개가 매연과 결합하여 형성되는 스모그는 인간에게 큰 해를 준다. 안개가 자주 끼는 대도시인 런던도 스모그 현상에서 예외는 아니었다.

　특히 1952년 12월 5일부터 9일까지 5일간 계속된 스모그 현상은 '살인적 스모그'라고 불릴 정도로 그 피해가 심각했다. 이 기간 동안 약 4,000여 명이 급성 호흡기 질환으로 사망하였는데, 이듬해 2월까지 사망자 수가 계속 증가하여 약 8,000여 명이 스모그로 인해 목숨을 잃었다.

　그 당시 런던의 대기오염은 주로 석탄을 연료로 사용하는 공장의 매연과 빌딩이나 가정의 난방 매연이 주요 원인이었는데, 여기에 공기의 순환을 방해하는 안개가 더해지면서 발생한 참사였다.

—사회3(디딤돌), p.146.

……현대사회의 지식인들이 현대사회의 여러 문제들에 대처해 나가려면 과학 지식의 습득이 절대적으로 필요해졌다. 물론, 이에는 어려움이 따르지만, 일반 지식인에게 요구되는 것은 과학을 직접 연구해서 지식을 얻어 내는 것이 아니라, 일단 얻은 지식을 이해하는 것이며, 이것은 과학의 고도(高度)의 전문화에도 불구하고 어느 정도 가능하다. 중요한 것은 과학의 위상이 더할 나위 없이 높아진 현대사회를 사는 지식인들이 그러한 과학을 어렵다고 무턱대고 싫어하거나 피하려고 하는 무책임한 태도를 버리고 이를 이해하려고 노력해야 한다는 점이다.

오늘날, 많은 지식인들이 문학이나 미술, 음악 등에는 관심을 가지고 이해하려 노력하면서도 과학에 관한 무지에 대해서는 당연한 것으로 여기고 있다. 심한 경우에는 시나 음악에 관한 무지와 무관심은 수치스러워하고 감추려고 하면서도, 과학 지식에 대한 무지는 은근히 내세우기까지 하는 것을 볼 수 있다. 이는 반드시 버려야 할 태도이다.

—국어3-1(교육인적자원부), p.51~53.

다른 교과서에는 없나요?

기술가정1(두산동아), Ⅲ-1. 기술의 발달과 미래 (2)생명 기술과 재배, p.90~106.

기술가정3(두산동아), Ⅰ-1. 산업의 이해, p.11~20.

생활국어1-1(교육인적자원부), 6.(1)상황에 맞게 말하는 방법 「세상의 모든 어버이들께」, p.127~130.

사회3(지학사), Ⅴ-2. 자원의 이용과 자원 문제 (3)자원의 이용과 환경문제, p.134~135./ p.139~140.

사회3(디딤돌), Ⅴ-2. 자원의 이용과 자원 문제 「탐구활동」, p146~147.

사회3(중앙교육진흥연구소), Ⅴ-3. 공업 발달과 공업 지역의 형성 (3)공업의 발달과 환경문제, p.145~147.

대화로 주제 찾기

우미 아~~함. 졸리다. 해야 할 공부는 많은데 잠은 오고…….

명석 그러니까 평소에 공부를 해야지. 꼭 시험 기간에 공부를 하려니까 그렇지.

우미 잘났어, 정말! 그런 너는 얼마나 공부를 많이 했길래 그러시나.

명석 나야 뭐. 졸리면 잘 시간이 있을 정도는 해 놓았지. ^^

우미 재수 없어, 정말!

지혜 우미야, 너무 걱정하지 마. 언젠가 잠 오지 않게 해주는 약이 발명될 거야.

우미 정말 그러면 좋겠다.

392

명석 꿈 깨라. 지금 당장 발명되진 않을 테니까.

 우미 정말 과학이 빨리 발전했으면 좋겠다.

 지혜 너무 기대하지 마. 그런 약이 개발된다고 꼭 좋기만 하겠니?

 우미 안 좋을 게 뭐 있어. 지금 당장이라도 그런 약 있으면 한 알 먹었으면 좋겠다.

 지혜 그래도 사람이 잠을 자야 정상으로 생활할 수 있지. 그런 약이 있다고 필요할 때마다 먹으면 건강을 해치지 않겠어?

 우미 그렇긴 하지.

 지혜 과학 기술을 너무 믿지는 마. 믿는 도끼에 발등 찍힐지도 모르니까.

 우미 그래도 과학 기술이 발전하면 좋은 거 아니야? 지금 우리가 이렇게 편리하게 사는 것도 과학 기술이 발전한 덕분이잖아.

 지혜 그렇긴 하지만 과학 기술이 발달해서 어떤 점에서는 불행해지기도 했지.

 우미 무슨 불행?

지혜 얼마 전에 텔레비전에서 체르노빌 원자력 발전소 폭발 사건에 대한 프로그램을 보고 그런 생각이 들었어. 예전에 소련이라는 나라의 체르노빌이란 도시에 있던 원자력 발전소가 폭발하면서 엄청나게 많은 사람이 죽었대. 살아남은 사람들도 아직까지 병을 앓고 있고, 방사능에 오염된 부모에게서는 기형아들이 태어나고 말이야. 정말 끔찍하더라!

 우미 저런!

 지혜 그러니 과학 기술이 발전한다고 무조건 살기 좋은 세상이 된다고 말할 순 없지.

 우미 하지만 반대로 그런 사건이 일어났다고 해서, 무조건 과학 기술 탓만을 할 순 없잖아. 체르노빌 사건은 발전소를 운영하던 사람들이 실수해서 그런 게 아니었을까? 우리나라에 있는 원자력 발전소들은 그런 사고 없이 잘 운영되고 있잖아.

 지혜 우리나라의 원자력 발전소라고 그런 사고가 일어나지 마라는 법은 없지.

 우미 어쨌든 과학을 탓할 수만은 없지. 결국 과학 기술을 사용하는 인간에게 그 책임이 있는 거니까.

 지혜 우미, 너, 과학을 너무 믿는 거 아니야?

우미 그럼. 말 못하는 과학이 무슨 죄가 있니? 과학은 그저 학문일 뿐이라고.

 지혜 말을 못한다는 게 더 문제일 수도 있지. 어떻게 보면 과학이라는 학문 자체가 많은 위험을 갖고 있는 학문일 수도 있어. 사람들이 악용할 수도…….

 우미 그만! 이대로 가다간 또 너의 골치 아픈 토론 분위기에 말려들어 갈 것 같다. 이쯤에서 우리 미래의 과학자에게 물어보는 게 어때?

 지혜 미래의 과학자?

 우미 명석이 말이야. 어디 전문가께서는 어떻게 생각하는지 물어보자고. 자, 과학 기술이 발달하면 세상이 어떻게 될 것이라고 보십니까, 박사님?

 명석 다 풀었다! 너희들 떠드는 동안 열 문제나 풀었다. 아무래도 내일 과학 시험은 만점일 것 같은 예감이 드는데…….

 우미 & 지혜 야, 이 배신자!!

로고스 선생님과 생각 주무르기

_"인간의 오만과 자연의 반격"

자연은 인간의 친구

인간이 살아가는 데 가장 필요한 것은?……음, 논술을 너무 열심히 했나요? 자못 심각해지는 여러분의 얼굴이 눈에 선하군요. 좋습니다. 무슨 질문이든 진지하게 생각해 보려는 여러분의 모습을 보니 제가 가르친 보람을 느낍니다. 하지만 이번에는 좀 다르네요. 제가 던진 질문의 의도는 그리 심각한 것이 아니랍니다. 그저 한 생명체로서 인간이 살아가는 데 가장 필요한 것이 무엇이냐고 물어본 것이니까요.

"그야 뭐 깊게 생각해 볼 것도 없지요. 당연히 음식을 먹어 영양분을 섭취해야 하는 것 아닌가요?" 딩동댕! 맞았습니다. 그렇죠. 아무래도 먹어야 일단 생명을 유지할 수 있지요. 자, 그럼 그 음식을 어디서 얻나요? 냉장고? 동네 슈퍼? 마트? 정말로 이렇게 대답하면 실망할 겁니다. 궁극적으로 우리에게 영양분을 공급해 주는 곳은 자연임을 여러분도 잘 알고 있을 겁니다. 슈퍼나 마트에서 먹을 것을 사다 먹는 게 지금 우리의 일상이지만, 그렇다고 해도 그런 것들의 원료가 자연에서 생산되고 있음을 잊어서는 안 되겠죠.

그 때문에 사람들은 자연을 소중하게 생각하자고 말하는지 모릅니다. 아무래도 인간이 생존하는 데 필요한 가장 기초적인 영양분을 제공하기 때문일 것입니다. 때문에 자연은 인간에게 없어서는 안 될 소중한 친구처럼 느껴지기도 하고요. 그런데 자연은 정말 인간의 친구이기만 할까요?

친구일 수만은 없는 자연

자연이 우리의 친구인 것은 맞는 얘기입니다. 그런데 자연은 좀 변덕이 심한 친구라고 할 수 있습니다. 좋을 때는 우리에게 필요한 것들을 한없이 베풀어 주지만, 기분이 좋지 않을 때는 우리의 목숨까지 앗아가기도 하니까요. 지금도 태풍과 홍수, 지진과 같은 천재지변으로 인해서 많은 사람들이 불행해지지요. 현대인은 그나마 나은지도 모릅니다. 과학 기술이 발달한 덕분에 이러한 천재지변을 어느 정도 예측하고 미리 대비할 수 있게 되었으니까요. 그러나 우리의 조상들은 그렇지 못했죠. 그들에게 자연은 공포의 대상이었습니다.

인간이 무리를 지어 떠돌아다니던 시절에는 비바람만 불어도 공포를 느꼈을지 모릅니다. 추위를 막아 줄 옷도 없고, 끊임없이 힘이 센 짐승들을 피해 도망 다녔지요. 그런데 다행스럽게도 인간에게는 타고난 지능이 있었습니다. 생각할 수 있는 힘이야말로 다른 생명체가 갖고 있지 못한 강력한 무기였던 셈이죠. 이로써 인간은 비록 힘은 약하지만, 자연을 극복하고 환경을 개발하는 도구를 만들어 내면서 자신을 보호할 수 있었던 것입니다.

강진이 휩쓸고 지나간 인도네시아 중부 자바섬의 족자카르타에서 한 여성이 폐허가 된 집 앞에서 망연자실한 표정으로 앉아 있다.(족자카르타 : 로이터연합뉴스.)

이처럼 인간이 생각하는 힘을 발휘하기 시작한 것은 생존을 위협하는 자연이 있었기 때문이라고도 말할 수 있습니다. 자연은 인간이 생존할 수 있게 해줌과 동시에 한편으로는 생존을 위협하는 두 얼굴을 지녔던 것입니다. 참으로 이상한 친구이지요? 나를 위해 주는 친구이면서 동시에 내 목숨을 위협하는 친구라니. 그러나 자연의 이런 변덕을 탓할 수는 없습니다. 자연은 말 그대로 자연이기에 어떤 의도를 갖고 그러는 것은 아닐 테니까요. 문제는 오히려 자연이 아닌 인간의 생각에서 비롯됩니다. 자신을 위협하는 자연을 조금씩 이겨 내기 시작한 인간은 어느 순간 오만해지기 시작합니다.

생각하는 힘이 인간의 오만이 되다

자연을 극복하면서 자신의 생명을 지키고, 나아가 전보다 더 풍족한 식량을 자연으로부터 얻기 시작하자 인간은 자연을 이겨 내는 정도를 넘어서 자연을 정복하고 지배할 수 있을 거라고 생각하기 시작합니다. 이런 인간의 야심은 특히 근대 이후 서양에서 본격적으로 실천에 옮겨지기 시작합니다. 여러분도 한 번쯤 들어 보았을 "아는 것이 힘이다."라는 말도 바로 이 시기 영국의 학자이자 정치가였던 베이컨이 한 말입니다. 그냥 아무 생각 없이 들으면 굉장히 좋은 구호인 것 같지만, 실은 이 말 속에는 생각하는 힘에 대한 인간의 과신이 고스란히 배어 있기도 합니다.

베이컨의 말은 그저 공부 많이 한 사람이 사회에서 출세한다는 말이 아닙니다. 베이컨의 말 속에는 인간이 생각하는 힘을 통해서 자연을 정복할 수 있다는 굳은 의지가 담겨 있는 것입니다. 생각하는 힘이란 결국 과학적 지식과 그것을 응용한 기술을 가리킵니다. 요컨대 베이컨의 말은 인간은 태어날 때부터 갖고 있는 생각하는 능력을 통해서 얻게 된 과학적 지식을 활용하여 자연을 지배해야 한다고 주장하는 것입니다. 이런 베이컨의 생각은 많은 사람들로부터 호응을 얻었고, 현재 인류는 베이컨의 말처럼 과학 기술을 이용해 자연을 지배하며 살고 있습니다. 그러나 최근 인간은 이런 베이컨의 생각이 잘못되었다는 반성을 하기 시작했습니다. 도대체 어떤 일이 벌어졌기에 그럴까요?

자연의 반격과 과학의 인간 지배

과학 기술을 발달시켜 자연을 극복하자는 건 틀린 말은 아닙니다. 그러나 '극복'과 '정복'은 다른 말입니다. 인간은 도를 지나쳐 자연을 인간 앞에 무릎 꿇게 하고자 했습니다. 그러나 인간이 잊은 점이 있다면 자연은 적이기도 하지만, 때로 인간의 친구이기도 하다는 사실입니다. 자신을 때리는 친구를 좋아할 친구는 없습니다. 자연도 바보가 아니었는지 인간이 자연에게 가한 폭력을 되돌려 주고 있는데, 환경문제가 바로 그런 복수인 셈이지요. 지금 지구는 인간이 행한 무분별한 개발 때문에 곳곳에서 몸살을 앓고 있습니다. 이제 자연은 이상기후와 각종 재난으로 인간에게 경고의 메시지를 보내고 있습니다. 환경문제에 대해서는 기초 편에서 저와 함께 이미 생각해 보았기 때문에 여러분도 잘 알고 있으리라고 봅니다.

환경문제 말고도 인간의 어리석음을 보여 주는 사실은 인간이 과학 기술을 이용하는 것이 아니라 오히려 과학 기술에 의해 인간이 이용당하고 있다는 점입니다.

베이컨이 살았던 시대만 해도 그저 자연을 개발하기 위한 도구로만 여겨졌던 과학 기술이 오히려 지금은 인간의 삶을 지배하고 있는 것입니다. 가령 에너지를 얻기 위해 개발된 핵 기술은 폭탄 제조에 응용되어 인간을 불행하게 만들었지요. 이렇게 커다란 역사적 사실을 떠올릴 것도 없습니다. 여러분의 일상생활을 보세요. 휴대폰이 있어서 편리하기만 한가요? 혼자 조용히 있고 싶을 때 여러분의 휴대폰은 그런 여러분의 마음을 얼마나 잘 알고 다독거려 주던가요? 여러분이 휴대폰을 지배하고 있나요, 휴대폰이 여러분을 지배하고 있나요?

영화로 보는 우리 주제
_「가타카」

농사를 짓는다는 것은 보통 일이 아닙니다. 해충도 막아 줘야 하고, 김매기도 해야 합니다. 제때 비가 오지 않으면 물길을 만들어 물도 대줘야 하지요. 그런데 만약 해충에 강한 농작물을 만들 수 있다면? 이런 수고가 덜어지겠지요. 또한 제초제에 강해 약을 쳐도 죽지 않는다면, 정말 고맙겠죠?

이런 일은 이미 현실이 되었습니다. 해충에 강하고, 제초제에 강한 콩, 토마토, 옥수수 등이 만들어지고 있습니다. 이른바 '유전자 조작 식품'들이 우리 식탁을 장악하기

영화 「가타카」, 1997.

시작했지요. 이러한 유전자 조작 식품은 처음에는 각광을 받았으나, 점점 인간에게 해를 끼치고, 생태계 질서를 파괴한다는 주장이 나오면서 사회 문제가 되고 있

습니다.

그런데 이런 유전자 조작이 인간에게도 가능하다면 과연 어떤 일이 벌어질까요?

옛말 중에 "될성부른 나무는 떡잎부터 안다."는 말이 있습니다. 어른이 된 다음에 어떤 사람이 될지 어린 시절의 됨됨이를 보면 알 수 있다는 의미로 사용하는 말입니다. 영화 「가타카」에서는 그야말로 과학 기술의 눈부신 발전으로 '될성부른 유전자'로만 사람을 만듭니다. 인위적인 유전자의 결합이 가능해져 어떤 아이를 낳을지 부모가 미리 결정합니다. 외모, 건강, 지능 등 모든 것을요. 지금처럼 과학의 힘을 빌리지 않고 남녀의 사랑으로 태어나는 아이를 '신의 아이'라고 부릅니다. '신의 아이'라고 하면 남부러울 것이 없어 보이지만, 영화 속 신의 아이는 사정이 좀 다릅니다. 열성인자를 제거하지 않은 채 태어났다는 이유로 사회에서 다른 사람과 경쟁할 기회조차 갖지 못하거든요.

주인공 빈센트는 '신의 아이'입니다. 빈센트는 우주 항공사가 되겠다는 꿈을 꾸지만, 우주 항공 회사 가타카는 '신의 아이'를 '부적격자'로 취급할 뿐입니다. 어떤 기회도 주지 않습니다. 오직 유전인자만으로 사람을 판단하면서 과학 기술이 사람의 운명을 결정하는 지경에 이른 것입니다. 이런 과학 기술 속에서 사는 사람들은 행복할까요? 빈센트 같은 사람이야 행복하지 않다는 것을 쉽게 추측할 수 있습니다. 그러면 완벽한 유전자를 갖고 태어나 사회적 혜택을 받고 사는 이들은 행복할까요? 「가타카」의 주인공들을 만나 이야기를 나눠 봅시다.

❶

인상에 남는 대사들을 적어 보고, 그 대사들이 품고 있는 뜻을 풀어서 얘기해 보세요.

❷

유진 머로우는 완벽한 유전자를 갖고 태어났습니다. 하지만 그는 교통사고로 하반신이 마비됩니다. DNA 거래상을 통해 빈센트와 만나 빈센트가 가타카에 선발되고 우주 비행을 할 수 있도록 자신의 유전자를 제공합니다. 영화 마지막에 빈센트는 우주 여행을 떠나게 되고, 유진 머로우는 자살합니다. 그는 왜 자살했을까요? 그가 유서에 남겼을 말을 적어 보세요.

❸

우주 탐사에 이르기 직전, 유전자 확인 담당자는 새로운 유전자 확인 방법으로 빈센트가 부적격자라는 사실을 알게 되었지만, 모르는 척합니다. 그리고 그의 아들 역시 '신의 아들'이라는 말을 전하지요. 그는 왜 빈센트를 감싸 주었을까요? 그가 아들에게 했을 대사를 써 보세요.

❹

영화의 마지막 문구인 "인간의 정신은 유전되는 것이 아니다."에 들어맞는 사례들을 영화 속에서 찾아 보세요.

영화 속 논술을 찾아라!

● 우주 항공 회사 '가타카' 는 유전자를 이유로 사람들에게 균등한 기회를 보장하지 않습니다. '가타카' 의 회장에게 항의 편지를 보내 봅시다.

❶
「참고 자료」는 세계인권선언문의 일부입니다. 이를 근거로 활용하세요.

❷
과학 기술의 발전이 인류에게 어떤 방향으로 공헌해야 할지를 내용 속에 포함시키세요.

「참고 자료」

1조 : 모든 사람은 태어나면서부터 자유로우며, 동등하게 존엄성과 권리를 보장받아야 한다. 여러분은 인간이라는 이유만으로, 지구상의 모든 사람들과 똑같은 권리를 가지고 있습니다. 이 권리는 양도될 수 없는 것으로, 누구도 빼앗을 수 없는 권리입니다. 모든 개인은 자신이 누구든지, 어디에 살든지 관계없이 존엄성을 보장받아야 합니다.

2조 : 모든 사람은 어떠한 제한도 없이 세계인권선언문에 제시된 권리와 자유를 누린다.

여러분은 자신의 인종, 성, 언어, 종교 또는 정치적 견해 때문에 차별을 당하거나 자신의 권리를 침해받아서는 안 됩니다. 여러분의 기본적 권리는 어느 국가에서 태어났든, 어떠한 사회적 계급에 속하든, 또 부유하거나 가난한 것과 관계없이 동등하게 적용되는 것입니다. 모든 사람은 세계인권선언문에 제시된 모든 권리를 누릴 권리가 있습니다.

—「세계인권선언문」 중에서

세상 둘러보기
_과학의 부작용

셋째 시간

로플린 KAIST총장 "과학 부작용 더 나은 과학으로 해결"

"과학은 숨겨진 비밀을 파헤치는 먼 여행이다."

로버트 로플린 한국과학기술원(KAIST) 총장이 21일 경북 포항문예회관에서 국제물리올림피아드에 참가한 73개국 과학 영재 327명과 전국 과학고 학생 등 900명이 참석한 가운데 열린 특별강연에서 강조한 말이다.

'물질의 자기조직화'라는 주제로 강연한 로플린 총장은 "작은 입자들로 구성돼 있는 세상은 아무리 성능이 뛰어난 컴퓨터라도 정확하게 설명할 수 없다."며 "과학자들은 이 신비의 세계를 조금씩 밝히는 데 무한한 자부심을 가져야 한다."고 강조했다.

강연 도중 로플린 총장과 학생들은 과학에 대한 '철학적인' 이야기를 주고받기도 했다.

한 학생은 "과학의 발달로 많은 사회적 문제가 생기기도 하는데, 왜 과학 공부를 꼭 해야 하는가."를 물었고, 로플린 총장은 "과학으로 인해 생기는 문제는 더 나은 과학으로 풀어 나가야 한다."고 답했다.

한국 대표로 참가한 서울과학고 2학년 김석현 군은 "짧은 시간이었지만 과학자가 평생 어떤 자세로 연구해야 하는지를 잘 보여 준 것 같다."며 "수많은 입자들이 서로 관계하면서 이루어진 세상을 보는 눈도 생겼다."고 말했다. 강연에 앞서 로플린 총장은 포항공대에서 부인 및 대학생 두 아들과 함께 기자 간담회를 가졌다. 이 자리에서 그는 "노벨상은 국력과 경제력의 뒷받침도 필요한 만큼 한국은 10년 안에 노벨상을 바라볼 수 있을 것"이라고 말했다.

—「동아일보」, 2004. 7. 21.

기사에 나오는 단어 중 모르는 단어의 뜻을 찾아서 적어 보세요.

①

여러분이 기사에 나온 강연회에 참석한다면, 과학과 관련하여 로플린 총장에게 어떤 질문들을 던지고 싶은가요? 묻고 싶은 질문들을 적어 보세요.

②

로플린 총장은 과학에서 비롯된 사회문제들은 과학으로 풀어야 한다고 말합니다. 이때 한 학생이 다음과 같이 반론합니다. 로플린 총장의 생각에 어떤 반론을 펼 수 있을지 빈 칸을 채워 보세요.

"총장님. 저는 과학으로 인해 발생한 사회문제들이 과학으로만 해결된다고 생각하지 않습니다. 물론 과학이 더욱 발전하면 지금의 환경문제 같은 것들을 해결할 수도 있겠지요. 그러나 과학이 발달하면 지금과는 또 다른 문제가 발생할지도 모릅니다. 저는 그래서 과학으로 인해 발생한 문제들을 근본적으로 해결하기 위해서 더욱 중요한 것은 _____."

한국 최초 액체로켓(KSRR-111) 발사 성공. 2002년 11월 28일 14시/ 자료 출처 : 한국항공우주연구원

❶

왼쪽 사진은 우리나라 최초의 액체 로켓이 발사되는 장면이고, 오른쪽 사진은 원자폭탄이 폭
발하는 모습입니다. 두 사진이 각각 말해 주고 있는 바를 연관지어 '과학 기술의 두 얼굴'이
라는 제목으로 한 편의 짧은 글을 지어 보세요.

❶

만화가 그리고 있는 미래 사회의 모습은 낙관적인가요, 비관적인가요?

❷

'편리함'과 '행복'은 어떻게 다를까요? 만화를 참고하여 차이를 설명해 보세요.

유전자를 조작해서 팔을 달다니…… 복수를 할 수가 없잖아. 이거 뭐 이래?!

❶

여러분이 알고 있는 동화나 우화 속 이야기를 위의 만화처럼, 과학이 발달한 미래 사회에 있을 법한 이야기로 바꿔서 얘기해 보세요.

❶

만화의 주제를 잘 나타낼 수 있는 제목을 붙여 보세요.

❶

옛날 신문에서 예상한 미래(오늘날)의 모습입니다. 실제로 현실이 된 것들은 무엇인가요? 또 신문은 미래의 모습을 어떻게 보고 있나요? 신문의 예상은 맞았다고 할 수 있나요?

이런 말 저런 얘기
_ 생명 윤리

생명공학과 윤리

1996년 제작된 「멀티플리시티(Multiplicity)」는 '내 몸이 한 개만 더 있으면' 이라는 가정법을 현실화한 영화다. 일에 묻힌 자신을 되찾기 위해 '복제' 인간을 만들었다가 그 복제인간이 다시 '불량' 복제품을 만든다는 경고성 메시지가 담겨 있다. 공상과학소설 작가들의 상상력을 동원한 인간복제 이야기는 소설이나 영화일 때는 흥미진진하지만 현실 세계에 들어서면 결코 재미 있을 수만은 없다.

1997년 2월 영국 로슬린 연구소 월머트 박사 연구팀은 생후 7개월째인 세계 최초 복제 양 '돌리'를 공개했다. 전 세계 과학자들이 실험 결과에 대해 크게 놀란 것은 물론이고, 특히 종교 단체가 인간복제 가능성에 대해 즉각적 반응을 보였다.

교황청 일간지 사설은 "유전자 조작 실험으로 인간을 만드는 것은 신의 생명 창조론에 배치될 뿐만 아니라 인간 존엄성과 결혼의 숭고함을 파괴하는 죄"라고 언급했다.

불교계 관점은 인간 생명이란 원래 무아(無我)이며 업보에 의한 실체가 없는 존재인데, 실재하는 자아(自我)가 있다고 집착한 나머지 내 생명을 위해 타인 생명을 이용하려는 욕망을 경계했다. 그럼에도 불구하고 생명공학 기술은 획기적으로 진전했다.

2004년 2월 황우석 박사 연구팀은 인간배아줄기세포 연구로 유전병 등 난치성 질환 치료에 희망의 빛을 전했고, 그 후 최초로 복제 개 '스너피'를 공개해 세계를 다시 놀라게 했다. 요즘은 '난자 출처 의혹' 여부에 대한 '윤리' 문제로까지 번져 국내외적으로 떠들썩했다.

생명공학 연구가 기존 사회의 안정적 질서를 파괴할 개연성이 높은 부분에 대해서는 이를 법률로 통제하고 금지해야 함이 마땅하다. 그러나 앞으로 생명공학은 국민 삶의 질에만 영향을 미치는 것이 아니라 국가 간 우열을 가름하는 기준이 될 것이 분명하다. 선진국 논리에 지혜롭게 대처하지 못하면 '과학 후진국'으로 머물 수도 있다.

그렇다면 데카르트가 그의 『방법서설』에서 "선한 마음을 갖는 것만으로는 충분치 않다. 중요한 것은 그것을 훌륭히 이용하는 것이다."라고 말한 것처럼 오히려 인류가 참다운 의미에서 발전하기 위해서는 '과학의 상식화' 내지 '과학의 철학화'를 기대해 봄이 합리적이지 않을까?

―「매경춘추」, 2005. 11. 28.

> 글쓴이의 핵심 주장을 짧게 요약하고 주제를 파악해 보세요.

생명 윤리 짓밟는 난자 불법 매매

인터넷을 통해 불법으로 난자를 매매한 여성들과 이를 알선해 온 브로커가 경찰에 적발돼 충격을 주고 있다. 젊은 여성들을 중심으로 난자 매매가 은밀하게 이뤄지고 있다는 항간의 소문이 사실로 확인됐기 때문이다.

경찰에 구속된 브로커는 지난 5월부터 인터넷 포털사이트에 관련 카페 네 곳을 운영하며 20대 여성 회원들과 불임 여성 간의 난자 판매를 알선해 왔다. 그를 통해 건당 300만~400만 원씩 이미 세 건의 매매가 이뤄진 것으로 밝혀졌다. 또 여덟 건에 대해 계약을 한 상태였고, 난자 제공 의사를 약속한 여성도 23명에 이른다고 한다. 더구나 경찰은 해외에도 난자가 팔린 단서를 포착해 추적 중이라고 밝혀 난자 매매가 조직적이고 광범위하게 이뤄졌음을 보여 준다.

난자를 팔았거나 판매 의사를 밝힌 여성들은 대부분 대학생인 것으로 조사됐다. 주로 카드 빚 등 경제적 이유 때문이지만 스키장 시즌권을 구입하기 위해 난자를 제공한 여대생도 있었다니 기가 찰 노릇이다. 난자는 고귀한 생명의 원천이자 모체다. 그런 만큼 돈을 주고 사고파는 대상이 될 수 없다. 카드 빚을 갚거나 유흥비를 마련하기 위해 이를 팔아넘기는 것은 생명 윤리를 짓밟는 행위다. 난자 인공 채취로 인한 부작용도 한두 가지가 아니라는 게 전문가들의 경고다. 과배란 유도제와 호르몬 주사 등을 투여해 한꺼번에 30여 개의 난자를 강제로 배출하는 것이어서 심한 경우 불임으로까지 이어질 수도 있다는 것이다.

인터넷 등을 통한 대리모 알선 행위도 문제다. 이번에 적발된 브로커 역시 건당 3,000만 원씩 받고 다섯 차례에 걸쳐 불임 부부와 대리모를 연결해 줬던 것으로 드러났다. 여성의 자궁을 상품화했다는 점에서 비난받아 마땅하다. 그럼에도 경찰은 이에 대해선 법적 책임을 묻지 못했다. 처벌 법규가 없어서다.

정부는 난자 거래를 인공수정을 위한 증여로 위장할 수 있는 현행법의 미비점을 보완해야 한다. 유해 인터넷 사이트에 대한 감시도 강화해야 한다.

— 「중앙일보」, 2005. 11. 7.

글쓴이의 핵심 주장을 짧게 요약하고 주제를 파악해 보세요.

나도 세상에 한마디!

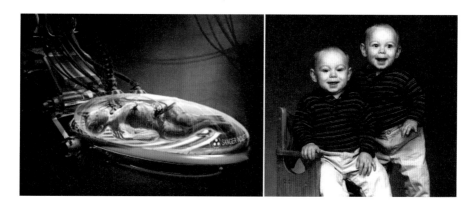

● 미래의 어느 날 여러분이 복제인간과 마주친다면 그의 인격을 존중하고 친구로 받아들일 수 있을까요? 아니면 복제인간을 만든다는 것은 인간의 존엄성을 훼손하는 일인가요? 여러분의 생각을 논술해 보세요.

책으로 읽는 우리 주제
_『하리하라의 과학블로그』

책 제목이 신기하지요? 하리하라는 이 책
을 쓴 저자의 필명이랍니다. 인도 신화에
나오는 신의 이름이에요. 창조와 생명의 신
인 비슈누와 종말과 파괴의 신 시바, 두 신
을 합친 이름입니다. 이 신을 통해 세상의
일에는 생명이 있으면 죽음이, 빛이 있으면
그림자가 있다는 사실을 엿볼 수 있습니다.

그렇다고 "세상 일에 빛과 그림자가 있는
것은 당연하지."라고 생각하지 않았으면 합
니다. 인간은 생각할 수 있는 힘을 가진 존
재잖아요. 어떤 '빛'을 만들어 낼 것인가도

이은희, 『하리하라의 과학블로그』, 살림, 2005.

중요하지만, 어떻게 '그림자'를 줄여 나가고 없앨 것인가도 중요한 문제 아니겠
어요?

『하리하라의 과학블로그』는 제목에서 보이듯 현대 과학의 양면성에 대한 이야기를 하고 있습니다. 과학 기술의 발전으로 인류가 누릴 수 있는 것은 과거보다 많아졌지만, 또한 감내해야 할 것이 생겨난 것도 사실이지요. 저자는 과학 기술의 발전으로 인간이 예전보다 훨씬 더 과학에 대해 관심을 갖고 똑똑해져야 할 필요가 있다고 주장합니다. 좀더 많은 빛이 생길 수 있다는 이야기는 그만큼 그림자도 생길 수 있다는 이야기이니까요.

이 책에서 다루고 있는 주제는 과학에 관심을 갖고 있던 친구들이라면 한 번쯤 들어 보았을 겁니다. 그런 친구들은 책을 좀더 재미 있게 읽겠지만, 그렇지 않더라도 겁먹지 마세요. 이 책의 가장 큰 매력은 어려운 내용을 쉽게 풀어 썼다는 것이니까요.
『하리하라의 과학블로그』를 여러분의 '즐겨찾기'에 등록하시지 않을래요?

❶

항생제를 사용할 때 유의해야 할 점은 무엇인가요?

❷

유전자 조작 식물은 '인류의 식량 문제 해결'을 위해 꼭 필요할까요? 책을 참고하여 여러분의 생각을 적어 보세요.

❸

불임인 부부가 아이를 갖기 위해 대리모를 통해 아이를 낳는 일이 종종 있다고 합니다. 앞으로는 점점 더 많아질지도 모릅니다. 미국의 경우 점차 대리모에게는 친권이 없고, 법적인 부모에게 양육권을 주는 판례를 내리고 있다고 하는데요, 이 문제에 대해 여러분은 어떻게 생각하나요?

❹

'죽음'을 선고하는 방식에는 크게 두 가지가 있습니다. 심장이 멈춘 순간을 죽음이라고 하는 심장사와 뇌가 죽은 순간을 죽음이라고 하는 뇌사가 있습니다. 뇌사자의 장기이식에 대한 여러분의 생각을 말해 보세요.

책 속에 숨어 있는 논술

● 환경호르몬이 인체에 해롭다는 사실은 너무도 잘 알려져 있습니다. 환경호르몬이 가장 많이 나오는 것으로 알려진 일회용 용기들은 만드는 사람들도 문제가 있지만, 일상생활에서 무심코 사용하는 것도 큰 문제입니다. 자, 떡볶이 집이 두 곳 있습니다. '로고스 떡볶이 집'은 일회용 용기를 사용하지 않습니다. 그 옆의 '8282 떡볶이 집'은 식당 안에서 사용하는 모든 용품이 일회용입니다. 환경호르몬에 대해 공부한 여러분은 '로고스 떡볶이 집'을 이용하고 싶습니다. 친구들에게 '로고스 떡볶이 집'으로 떡볶이를 먹으러 가자고 설득하는 글을 써 봅시다.

● 『하리하라의 과학블로그』에 나와 있는 환경호르몬에 대한 내용을 참고하여 인용하세요.

● 과학 기술의 발달로 문제가 발생할 수 있다는 사실의 근거로 '환경호르몬'을 활용하세요.

● 과학 기술의 발달로 생기는 문제에 어떤 자세가 필요한지를 내용에 포함시키세요.

로고스 선생님 추천 도서

루카 프라이올리, 『기술의 역사』, 이충호 역, 사계절, 2004.

낸시 파머, 『전갈의 아이』, 백영미 역, 비룡소, 2004.

최재천, 『생명이 있는 것은 다 아름답다』, 효형출판, 2001.

샤를로테 케르너, 『블루 프린트』, 이수영 역, 다른우리, 2002.

메리 셸리(원작), 마르그레테 라몬, 『프랑켄슈타인』, 최인자 역, 웅진주니어, 2006.

주디스 콜·하버트 콜, 『떡갈나무 바라보기』, 후박나무 역, 사계절, 2002.

필 게이츠, 『DNA와 유전자의 신비』, 박혜진 역, 지경사, 2004.

12강
공부도 컴퓨터가
대신해 줄 날이 오나요

클릭! 교과서

　정보와 지식이 중심이 되는 정보사회에서는 산업화 시대에는 찾아볼 수 없었던 새로운 사회문제가 나타난다.

　먼저 나이, 교육 수준, 경제적 수준, 지역에 따라 정보에 접근할 수 있는 기회에 격차가 발생한다. 기성세대, 교육 수준이 낮은 계층, 경제적으로 여유가 없는 계층, 산골이나 벽지 등 정보화 시설이 부족한 지역의 주민들은 정보를 이용할 수 있는 기회가 크게 부족하다. 정보사회에서는 정보에 접근하고 이를 활용할 수 있는 능력이 중요한 경쟁력이므로 이러한 정보 격차는 사회적 불평등의 원인이 될 수 있다.

　둘째, 사생활이 침해될 수 있다. 개인이 컴퓨터에 기록된 다른 사람의 정보를 빼내 부정하게 이용할 수 있으며, 국가 기관에서 일반 시민을 감시하기 위해 개인 정보를 관리·통제할 수도 있다.

　셋째, 정보화는 급속하게 진행되고 있으나 사이버 공간의 규범은 아직 정착되지 않았다. 이에 따라 해킹, 컴퓨터 바이러스 유포, 익명성을 이용한 언

어폭력 등의 문제가 나타난다. 또한 인터넷을 절제하지 못해 사회생활을 정
상적으로 하지 못하는 사람들이 늘어나고 있다. 최근 들어 이러한 인터넷
중독은 심각한 사회 문제로 대두되고 있다.

—사회3(디딤돌), p.125.

다른 교과서에는 없나요?

기술가정2(두산동아), IV-2. 인터넷의 활용 (4)인터넷과 컴퓨터 윤리에 대하여 알아보
자, p.178~180.

사회2(금성출판사), V-1. 현대사회의 이념과 과제, p.139.

사회3(중앙교육연구소), IV-1. 현대사회의 변동 특성 (1)현대사회의 변동 경향, p.94.

사회3(중앙교육연구소), IV-3. 현대사회의 사회문제 (3)정보화로 인한 사회문제,
p.111~112.

사회3(지학사), IV-3. 현대사회의 사회문제 (2)여러 가지 사회문제 「생활 속으로」,
p.118.

사회3(디딤돌), IV-3. 현대사회의 사회문제 「탐구활동」, p.125, p.128.

대화로 주제 찾기

 명석 아~ 이놈의 스팸 메일. 정말 귀찮고 짜증난다!

 지혜 아무리 없애도 계속 오지?

 명석 도대체 어떻게 내 전화번호를 아는 걸까? 별의별 이상한 데서 다 귀찮게
해. 휴대폰을 없애든가 해야지.

 우미 휴대폰 없이 어떻게 살려고?

 명석 못살건 또 뭐 있어?

 우미 그래도 그렇지. 휴대폰이 주는 편리함도 생각해야지.

명석 정말이지 난 없애고 싶어. 갖고 있다고 해서 특별히 편리하지도 않아. 어차피 이 휴대폰, 엄마의 감시 도구일 뿐이니까.

 지혜 감시 도구?

 명석 응. 휴대폰 생기고 나서부터 엄마가 수시로 전화해서 내가 어디에 있는지, 뭐 하고 있는지 캐물으시거든. 아주 귀찮아 죽겠어. 얼마 전에는 학원 땡땡이 쳤다가 휴대폰 위치 추적에 걸려서 엄청 혼났어. 하필 그 때 딱 걸릴 게 뭐람.

 우미 큭큭큭. 그러니 나쁜 짓을 하지 말아야지.

 명석 나쁜 짓 안 했어! 그냥 그날따라 학원에 가기 싫어서 도서관에서 내가 읽고 싶었던 책 읽었을 뿐이야.

 지혜 너네 엄마도 조금 심하시다. 하긴 생각해 보면, 명석이 엄마만 탓할 수도 없지, 뭐. 이게 다 정보화 시대의 문제점이라고 할 수 있지 않겠어?

 우미 그렇게만 보면 정보화 시대의 문제점만 보이는 건 당연해. 하지만 정보화 시대가 되어 살기 좋아진 점이 더 많지 않아? 옛날에는 상상도 할 수 없었던 일들이 현실이 되었잖아.

 지혜 그건 그렇지. 그러나 발전이 꼭 행복을 주는 건 아니라고 봐. 명석이의 경우만 봐도 그렇잖아.

우 미 그래도 정보화 시대의 편리함을 쉽게 무시할 순 없지. 편지 쓰는 걸 한번 생각해 봐. 예전에는 편지 쓰면 보내는 데 이틀, 답장 받는 데 이틀이나 걸 렸대. 그런데 지금은 인터넷에서 메일로 바로 보내고 받을 수 있잖아. 이 처럼 좋은 점도 있는 거라고.

 명 석 하지만 편리함을 주는 반면에 개인의 사생활이 언제 어디서 노출될지 모 르는 위험도 있잖아? 메일함을 열어 봐. 거의 다 스팸 메일이야. 내 정보 가 나도 모르게 새고 있다는 증거잖아.

 우 미 넌 뭐든 그렇게 부정적으로만 보니?

 명 석 부정적으로만 보는 게 아니야. 실제로 그렇잖아. 무조건 빠르다고 해서 좋 은 건 아니야. 시간은 오래 걸리지만, 옛날 방식으로 편지를 쓰는 것도 좋 다고 생각해. 예쁜 편지지에 정성스럽게 손으로 써서 직접 우체통에 갖다 넣고 답장이 오기를 기다리는 과정이 마음을 더욱 설레게 할 수도 있잖 아? 마음을 전하는 방법에선 옛날 방식으로 편지를 쓰는 게 오히려 더 인 간답지.

 우 미 오늘따라 너답지 않다. 네가 언제부터 취향이 바뀐 거야?

 명 석 내 취향이 그렇다는 게 아니라 일반적으로 그럴 수도 있다는 거지.

 지 혜 그래, 명석이 말에 일리가 있다.

우 미 어머, 지혜 너까지 편들어 주는 거야?

 지 혜 편을 드는 게 아니야. 네가 말한 것처럼 정보화 시대가 사람들의 생활을 편리하게 만들어 주기도 했지만, 동시에 명석이 말처럼 사람들이 점점 인간다운 모습을 잃어 가고 있는 건 아닌지 생각해 볼 필요가 있다는 거야.

 우 미 지혜, 너 오늘 양체 모드다. 이 편에도 붙고 저 편에도 붙고. 어쨌든 기술을 더욱 발전시켜 지금보다 더 편리한 정보화 세상을 만들어야 해. 난 오히려 시대를 잘못 만났다는 생각이 들어. 조금 더 있다가 태어났으면 좋았을 걸.

 명 석 아니, 왜?

 우 미 앞으로도 정보 기술이 더 발전하면, 미래에는 공부도 할 필요가 없어질 것 같아서. 머리 쓰는 모든 일은 이제 컴퓨터가 다 알아서 해줄 테니까. 아~ 좋겠다. 내 자식들은······.

 지혜 & 명석 아우, 머리야!

로고스 선생님과 생각 주무르기

_"감시하는 사회"

책상 위의 또 다른 세상

하하! 정말이지 우미의 말처럼 앞으로 정보화가 더 진전되면 어렵고 귀찮게 머리 쓰는 일은 컴퓨터나 인터넷이 다 해결해 주는 세상이 올지도 모르겠군요. 하기야 요즘도 인터넷이 여러분의 숙제를 도와주고 있지 않나요? 가끔 지식 검색 사이트에 들어가 보면 이런 글들을

나태하게 앉아 있는 듯해 보이는 저 사람은 실은 대단히 바쁠지도 모른다. 손가락 운동만으로도 순식간에 미국을 다녀올 수도 있으니까.

종종 보게 됩니다. "학교에서 토론해야 하는데여. 정보화 사회의 문제점에 어떤 것이 있을까여? 내공 팍팍 드림."

물론 논술을 공부하는 여러분이 그럴 거라고 생각하진 않습니다. 어쨌든 인터넷에 떠돌아다니는 정보의 위력이 대단하긴 합니다. 과거에는 원하는 정보나 지식을 얻기 위해서는 열심히 발품을 팔아야 했습니다. 그러나 이젠 여러분의 작은 숙제뿐만 아니라 전문적인 연구가 필요한 대학생이나 대학원생들의 논문조차도 마음만 먹으면 책상에 앉아서 쉽게 찾아낼 수 있습니다. 또 밖에서 힘들게 쇼핑하지 않아도 원하는 물건을 집에서 받아 볼 수 있게 되었습니다. 게임을 즐기기 위해서 굳이 오락실에 가지 않아도 됩니다. 심지어 친구를 만나는 것조차 따로 시간 약속을 정할 필요가 없습니다. 인터넷이 마련해 준 사이버 공간에서 만나면 되니까요. 정말이지 책상 앞에 앉아서 모든 것을 해결할 수 있을 것 같은 시대가 곧 올 것만 같습니다.

정보 기술의 발달이 가져온 삶의 변화

정보화 시대에 접어들면서 누리게 된 기술 발달의 혜택은 사람들로 하여금 다가올 미래를 낙관적으로 보게끔 하였습니다. 앞으로 기술은 더욱 발전할 것이고, 그렇게 되면 지금보다 더 편리한 세상이 올 것이라고 말입니다. 어쩌면 정보 통신 기술의 발달이 가져올 미래는 우리가 상상하는 것 이상으로 우리의 삶을 변화시킬지도 모릅니다. 과거에 전화기가 처음 발명되었을 때도 사람들은 그것이 가져올 삶의 변화를 알지 못했습니다. 그때처럼 우리 또한 상상할 수 없을 정도로 편리한 미래와 마주하고 있는지도 모릅니다.

그러나 지금까지 기술이 발달해 온 역사를 돌이켜 보건대, 기술 발달이 가져온 변화가 반드시 인간의 삶에 유익하기만 했던 것은 아니라는 사실을 알 수 있습니다. 정보 통신 기술도 마찬가지입니다. 예컨대, 휴대폰은 원하는 때에 원하는 상대방과 신속하게 전할 말을 주고받을 수 있는 편리함을 주었지만, 한편으로는 그 때문에 원하지도 않는 스팸 메일에 시달려야 하지요. 이처럼 작은 일상생활 속에서도 우리는 통신 기술의 발전이 가져온 밝은 면과 어두운 면을 찾아볼 수 있습니다. 여기서 잠깐! 혹시 스팸 메일이 여러분이 생각하는 것 이상으로 무서운 것인지 알고 있나요?

경고! 당신의 사생활이 위험하다

사람들은 보통 스팸 메일이 오면 조금 불쾌하지만 그냥 그러려니 하고 넘어갑니다. 어디서 어떻게 내 전화번호를 알게 되었는지, 그것을 일일이 추적해서 알아낸다는 것은 불가능할 테니까요. 오히려 이젠 익숙해져서 당연한 듯 여겨지기까지도 하지요. 그러나 스팸 메일이 온다는 것은 여러분의 개인 정보가 여러분의 뜻과는 상관없이 다른 사람들에게 알려지고 있다는 사실을 말해 줍니다. 여러분의 사생활이 침해되고 있다는 일종의 경고인 셈이지요.

핸드폰 번호 하나쯤 다른 사람들이 알게 되는 게 뭐 그리 큰 대수냐고 물을지도 모르겠군요. 그러나 핸드폰 번호를 알고 있다는 것은 이미 여러분이 누구인지 어느 정도 알고 있다는 사실을 증명합니다. 만일 어떤 사람이 나쁜 마음을 품는다면, 여러분의 개인 정보를 이용해서 범죄를 저지를 수도 있다는 말이지요. 실제로 다른 사람의 신상 정보를 악용해 벌어지는 사이버 범죄가 문제가 되고 있기도 합니다.

더 큰 문제는 여러분의 정보가 국가나 기업 등 힘 있는 기관에서 체계적으로 관리될 때 생깁니다. 흔히 국가가 개인의 정보를 관리하면 더 안전하다고 생각할지 모릅니다. 물론 국가나 기업이 개인 정보를 관리할 때 좋은 점이 있기도 합니다. 몇 해 전 수능 시험에서 핸드폰을 이용해 부정 시험을 치렀던 학생들과 범죄 조직을 잡아낼 수 있었던 것도 수사기관이 통신회사에 보관된 메시지 기록을 열람할 수 있었기 때문이었으니까요. 하지만 국가나 기업이 개인 정보를 관리한다고 해서 좋은 점만 있는 것은 아닙니다.

감시 사회

  '딩동댕~!' 드디어 학교 수업이 끝났습니다. 시험 기간은 얼마 남지 않았지만 오늘은 모처럼 친구와 함께 농구 시합을 하기로 했습니다. 신나게 운동을 하고 땀을 빼고 나니 머리도 맑아지고 공부할 의욕도 새롭게 생기는 것 같습니다. 다음날 기분 좋게 학교에 갔습니다. 그런데 담임 선생님께서 부르십니

정보화사회의 다른 이름은 감시 사회인지도 모른다. 내가 모든 정보에 쉽게 접근할 수 있는 만큼 나 또한 다른 사람의 시선으로부터 자유롭지 못하다.

다. 교무실에 가자 담임 선생님께서는 다짜고짜 호통을 치십니다. "너, 이 녀석! 시험이 얼마나 남았다고 농구나 하고 다녀! 내가 모를 줄 알았니?"

  여러분이 만일 이런 일을 겪는다면? 기분이 좋을 리 없겠죠. 어제 한 일을 선생님이 어떻게 아셨는지 궁금한 건 둘째 치고, 운동을 하고 나서 기껏 다잡았던 마음도 싹 달아나 버릴 거예요. 이렇듯 내 사생활을 누군가 알고 있다는 것은 별로 유쾌한 일이 아닙니다. 항상 감시당하고 있다는 느낌에 자유롭게 살 수가 없거든요.

  이와 비슷하게 국가가 범죄를 예방한다는 명분을 내세워 개인의 모든 정보를 관리하는 시대가 온다면 어떨까요? 여러분이 무엇을 하는 사람이고, 지금 학교에 있는지 학원에 있는지, 이번 시험에선 반에서 몇 등을 했는지, 이 모든 것들을 국

가가 원한다면 언제든 알 수 있는 세상이라면 어떨까요?

아무리 사회의 안전을 위한 일일지라도 이런 일들이 당연하게 벌어지는 사회를 올바른 사회라고 말하기는 어려울 것 같습니다. 제대로 된 민주주의 사회에서 개인은 국가의 부속품이 아닙니다. '민주주의'가 말 그대로 국민 개개인이 주인인 세상을 뜻하는 말이라면, 당연히 이런 일이 있어서는 안 되겠죠. 범죄를 예방한다는 목적을 내세워 개인의 일거수일투족을 감시한다는 것은 국민을 범죄자로 취급하는 것이기 때문입니다.

그럼에도 우리는 그런 일들에 너무 익숙한 나머지 그 심각성을 잘 모르고 있습니다. 아무리 나쁜 것이라도 익숙해지면 당연하게 느껴지는 걸까요? 그러나 논술을 공부하는 여러분만큼은 그렇게 생각하지 마세요. 익숙한 일들 속에 숨겨진 어떤 문제점을 찾아내는 것이야말로 논술을 잘하기 위한 첫걸음이란 것을 명심하세요!

영화로 보는 우리 주제
_「에너미 오브 스테이트」

여러분은 지갑을 갖고 다니나요? 지갑 속
에는 무엇이 들어 있지요? "3천 원, 학생증,
교통 카드, 친구들이랑 찍은 스티커 사진,
도서관 대출증……그런데 왜 묻죠?" 하하.
저는 별게 다 궁금해요. 하나만 더 물을게
요. 여러분이 어른이 되면 지갑에 무엇이
들어 있을까요? 지금하고 비슷하겠지요. 돈
은 조금 더 많이 들어있겠고, 주민등록증,
교통 카드, 은행 현금 카드, 신용카드 등.
지갑이라는 게 별것 아닌 듯한데, 일상생활
을 하는 데 필요한 기본적인 것들이 들어

영화 「에너미 오브 스테이트」, 1998.

있다 보니 한번 잃어버리면 여간 골치 아픈 것이 아닙니다. 그래서 현금은 없어졌
어도 괜찮으니 나머지 것들이라도 찾을 수 있으면 꽤나 운이 좋은 편이라고 생각

하게 되지요. 그런데 어느 날 문득 지갑을 잃어버리는 것이 돈 얼마 잃는 것보다 훨씬 무서운 일이라는 것을 알게 되었어요. "에이, 선생님은 무서운 것도 많아요." 하하. 맞아요. 저는 무서운 게 많아요. 그런데 한번 생각해 보세요. 주민등록증에는 내 개인 정보인 이름은 물론이고, 주민등록번호가 들어 있어요. 교통 카드엔 내가 평상시에 어느 역에서 몇 시에 지하철을 타고 내리는지가 다 기록되어 있지요. 신용카드엔 내가 어느 식당에서 밥을 먹고, 어느 맥주집이 단골인지도 알 수 있는 정보가 있는걸요. 누군가 마음먹고 내 지갑을 가져갔다면, 그 사람이 일정한 장비를 갖고 있는 사람이라면 내 사생활은 그대로 노출되어 버린다는 거죠. 휴대폰까지 들어 있는 가방을 송두리째 잃어버린다면 내 지인들까지 다 알게 되겠죠. 도대체 누가 그런 짓을 하냐고요? 제가 그렇게 대단한 사람이냐고요? 그런 첨단 시스템을 누가 갖고 있냐고요? 가정을 해보자는 거죠. 어쨌든 우리는 우리의 사생활을 일일이 기록하면서 살고 있다는 이야길 하고 싶어서예요. 그런데 굳이 지갑을 가져가지 않아도 우리의 개인 정보를 알고 있는 곳이 있어요. 바로 국가예요. 국가는 정보 통신이 발달하기 이전부터 여러 가지 이유로 우리의 개인 정보를 많이 가지고 있어요. 정보 통신 덕분에 이전과 비교할 수 없을 정도로 훨씬 더 많은 정보를 가질 수 있게 되었지요.

「에너미 오브 스테이트」의 미국은 이미 개인의 정보가 다 데이터화되어서 국가 시스템 안에 있는 상태라는 것을 인정하고 시작하는 영화입니다. 그런데 거기에 덧붙여 국가 안보국의 감청 및 도청 행위를 법적으로 승인하자는 법안을 놓고 싸움이 벌어지지요. 주인공 딘은 어쩌다가 이 사건에 휘말리게 된답니다. 상상에서만 존재할 것 같은 각종 첨단 장비가 등장하고, 할리우드 식 액션도 있어 볼거리도 많습니다. 일단, 신나게 보고 그 다음에 여러 가지 이야기를 나누도록 하죠.

❶

브릴은 냉전 시대 때 국제적인 도청을 하던 국가 안보국 출신입니다. 그는 그 일을 청산하고, 15년 동안 정보 노출이 차단된 곳에서 살아갑니다. 그런 환경에서 브릴의 삶은 어땠을까요? 그가 썼을 일기 중 한 편을 상상해서 써 보세요.

❷

영화 속 도시 곳곳에는 안전을 위해 설치한 감시 카메라가 있습니다. 우리나라에도 설치 여부를 놓고 논쟁을 벌이고 있지요. 여러분은 감시 카메라 설치에 대해 어떻게 생각하나요?

❸

딘은 마피아 집단의 범죄 행위를 녹화한 비디오테이프를 갖고 있습니다. 이처럼 범죄자를 대상으로 한 감청과 도청에 대해 여러분은 어떻게 생각하나요? 찬성하나요? 반대하나요? 그 이유를 말해 보세요.

영화 속 논술을 찾아라!

● 영화 속 국가 안보국은 국가 안보를 위해 개인 감청 및 도청을 합법화하고자 합니다. 여러분은 이 법안에 찬성하나요? 혹은 반대하나요? 자신의 생각을 밝히고, 그렇게 생각하는 이유를 적어 보세요.

세상 둘러보기
_휴대폰 문자 메시지 보관 논란

문자 메시지 보관 찬반 논란

 SK텔레콤, KTF, LG텔레콤 등 이동통신업체 3사가 휴대폰 단문 메시지를 계속 저장할 것인지 여부를 두고 고민하고 있는 가운데 수사기관과 인권 단체들 사이에 찬반 논란이 확산되고 있다.

 검찰 관계자는 5일 "통신은 국가 재산이어서 개인과 개별 통신 사업자가 함부로 보관 여부를 결정할 수 없다."며 "통신의 공공성을 감안해 법률을 제정해서라도 메시지를 보관토록 할 방침"이라고 말했다.

 경찰 관계자도 "각종 수사에 통신 자료는 반드시 필요하다."며 "메시지 내용이 보관되지 않는다면 국민들은 오히려 더 많은 범죄에 노출될 것"이라고 강조했다.

 반면 진보네트워크 등 인권 단체들은 "경찰이 대학수학능력시험 부정 행위를 수사한다는 명목으로 수능이 치러진 날 보내진 모든 문자 메시지 2억 건을 검색할 수 있는 영장을 발부받은 것은 전 국민을 범죄 혐의자로 취급하는 것"이라고 밝혔다

—「한국일보」, 2004. 12. 5.

기사에 나오는 단어 중 모르는 단어의 뜻을 찾아서 적어 보세요.

세상 1

❶

친구들이 신문 기사를 읽고 판단한 것 중 가장 올바르지 못한 것은 무엇인가요?

(1) 가 람 : 어머, 그동안 내가 보낸 메시지들이 통신 업체에 보관되고 있었구나.

(2) 현 서 : 검찰의 말을 들어 보니, 아직까진 통신 업체들이 메시지를 보관해야 할 의무는 없
는 것 같아.

(3) 주 영 : 이런, 메시지 보관 여부를 두고 통신 업체들 사이에 갈등이 크구나.

(4) 민 정 : 인권 단체들이 반대하는 것을 보면 수사기관이 메시지를 열람하는 것은 인권 문
제와도 관련이 깊다고 생각할 수 있어.

❷

신문 기사에서 논란이 되고 있는 쟁점에 대한 여러분의 생각을 써 보세요.

● 유비쿼터스 세상

1000만원짜리 MBA 집에서 저렴하게 수강

책가방 없이 등교. 거실TV를 통해 해외유명 MBA과정 수강.

관련 산업 : 이러닝(e-learning) 엠러닝(m-learning)

MP3 재킷 입고 걸으면서 음악감상

목걸이 PC에 안경 통해 뉴스 검색.

관련 산업 : 입는 MP3플레이어, 입는 PC.

2030년쯤 인간두뇌능력 지닌 PC를 1000달러에 구입

2010년쯤 초고속인터넷 지금보다 50배나 빨라짐.

냉장고가 식음료 알아서 주문

계란 우유 등 부족한 식음료 자동 주문

관련 산업 : RFID, USN(Ubiquitous Sensor Network)

사청 중인 TV드라마 속 미녀 스타 핸드백 구입

TV보며 쇼핑하고, 국회의원 투표 참여. 욕실 거울을 통해 뉴스 검색.

관련 산업 : 양방향TV, 홈 네트워크, 지능형 로봇, 음성인식기술

휴대전화기로 TV드라마 공짜 시청

불필요한 광고 없애고 스포츠 중계 시청. 원하는 방송만 골라 시청.

관련 산업 : DMB(Digital Multimedia Broadcasting), VOD(Video On Demand)

손목시계로 골프장 날씨 즉시 검색

주머니 속의 명함크기 퍼스널 서버 컴퓨터로 수시로 정보 검색.

관련 산업 : 워치폰, 스마트 워치, 퍼스널 서버

두루마리 디스플레이로 신문 구독

지하철 · 버스에서 인터넷 접속.

관련 산업 : 이페이퍼(e-paper) 이잉크(e-ink), 휴대인터넷(WiBro)

원하는 곳까지 자동 운전

최적 경로 검색해 목적지까지 이동

관련 산업 : 텔레매틱스, 위치기반 서비스(LBS)

❶

그림에 나와 있는 각각의 기술들이 실현되었을 때 나타날 편리함과 부작용에는 어떤 점들이 있을지 적어 보세요.

❶
정보화 시대의 쇼핑은 어떤 편리함과 문제점을 갖고 있을까요? 만화가 지적하고 있는 문제와 연관 지어 자신의 생각을 서술해 보세요.

㉮

2004년 국가 정보화지수(ISI)

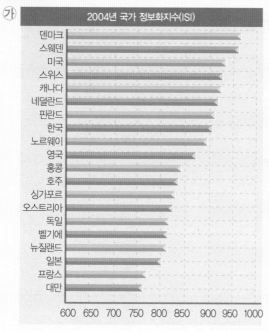

덴마크
스웨덴
미국
스위스
캐나다
네덜란드
핀란드
한국
노르웨이
영국
홍콩
호주
싱가포르
오스트리아
독일
벨기에
뉴질랜드
일본
프랑스
대만

600 650 700 750 800 850 900 950 1000

자료 출처 : IDC 2004.

㉯

사이버 쇼핑몰 사업체 현황

3000
2500
2000
1500
1000
500
0

2001 2002 2003 2004

'2004년 12월 및 연간 사이버쇼핑몰 통계조사'
2004. 2. 자료 출처 : 통계청.

㉰

❶

그래프 ㉮에 대한 설명 중 옳은 것은 무엇인가요?

(1) 국가 정보화 지수가 높은 나라일수록 잘사는 나라이기 때문에 한국의 경제력은 세계 8위이다.

(2) 한국은 프랑스보다 정보화에서 앞서 있기 때문에 한국이 프랑스보다 잘산다고 말할 수 있다.

(3) 정보화 지수가 높은 나라일수록 정보화에 따른 부작용을 겪을 가능성이 있다.

(4) 스웨덴이 한국보다 정보화 지수가 높기 때문에 네티즌의 숫자도 더 많을 것이다.

❷

그래프 ㉯에 대한 설명 중 틀린 것은 무엇인가요?

(1) 사이버 쇼핑몰 업체는 꾸준히 늘어나고 있다.

(2) 사이버 쇼핑몰이 늘어날수록 몸이 불편한 노인들이 쇼핑을 더 많이 하게 될 것이다.

(3) 사이버 쇼핑몰의 증가는 ㉮그래프가 보여 주는 국가 정보화 지수와도 무관하지 않다.

(4) 재래시장이 점점 활기를 잃어 가는 이유 중 한 가지를 보여 주는 그래프일 수 있다.

❸

다음은 신문 기사의 일부분을 발췌한 것입니다. 신문 기사가 지적하고 있는 우리 사회의 문제점과 연관시켜, 사진 ㉰에 어울리는 제목을 붙이고, 왜 이러한 문제가 발생하는지 자신의 견해를 쓰세요.

노년층 정보화 소외 심각······ 한국 50세 이상 9%만 인터넷 이용

'초고속 인터넷 가입률 세계 1위(전 가구의 70%), 인터넷 이용률 세계 3위(전 국민의 60%).' 정부가 '디지털 강국'을 강조할 때 자주 인용하는 수치다. 그러나 한국의 50세 이상 고(高) 연령층의 인터넷 이용률이 9.3%로 경제협력개발기구(OECD) 회원국 중 최하위권임을 아는 사람은 많지 않다. 영국 고령층의 인터넷 이용률은 한국보다 5배에 가까운 44.0%다. 또 스웨덴 39.0%, 미국 37.1%, 일본 28.0%로 모두 우리보다 훨씬 높다. 노년층의 디지털 문화 소외는 이미 부작용을 낳기 시작했으며, 이를 방치할 경우 '그늘'은 갈수록 커질 전망이다.

······(이하 생략)······

—「동아일보」, 2004. 10. 24.

이런 말 저런 얘기
_인터넷 종량제 시행 논란

우리의 인터넷 이대로 좋은가

얼마 전 인터넷 종량제에 대해 제가 언급한 내용이 신문에 보도된 바 있습니다.

많은 네티즌들의 반대가 있는 줄 잘 알고 있습니다. 그러나 종량제는 전면적이 아니면 일부라도 시행하여야 합니다. 그동안 정액제가 우리나라의 인터넷 발전에 많은 기여를 해왔습니다만 이제는 종량제를 도입할 때입니다. 수입은 늘어나지 않는데 인터넷 트래픽 양은 매해 두 배씩 늘어나고 있습니다. 망에 지속적으로 투자하지 않으면 얼마 안 있어 우리나라 인터넷은 초고속이 아니라 초저속이 될 것입니다. 또, Email의 80%를 차지하는 스팸에 요금을 부과하여야 합니다.

도시 사용자는 평균 주당 20여 시간을 접속하지만, 농촌 사용자는 4시간 미만을 접속합니다. 다시 말해, 농촌 사용자가 도시 사용자의 요금을 대납해 주고 있는 셈이지요. 쓰는 만큼 비용을 부담하는 것이 원칙 아닐까요? 현재의 정액제를 유지하려면 요금 수준을 올려야 현재의 기능을 유지할 수 있게 됩니다.

참고로 전화도 처음에 나왔을 때는 정액제였습니다. 그러나 수요가 늘어나고 서비스가 발전하면서 통화 도수에 따라 요금을 내게 되었고, 시외전화, 국제전화 서비스가 나오면서 통화 시간에 따른 통화료를 계산하여 정산하는 체제로 발전하여 오늘날에 이르게 되었습니다.

일부 네티즌들이 말씀하시는 대로 종량제를 하면 인터넷 산업이 죽는 것이 아니라 오히려 이대로 가면 얼마 안 가서 우리나라 인터넷이 올 스톱하게 됩니다.

우리가 고쳐야 할 것은 또 있습니다. 전 세계에 한국어를 사용하는 인구는 1%밖에 안 되지만 한글로 된 음란물 등, 유해 사이트는 17%를 차지하고 있습니다. 앞으로 우리가 진정한 IT 강국으로 계속 발전하여 나가려면 사용량에서뿐만 아니라 제도와 규범에서도 세계를 선도해 나아가야 합니다.

정보 격차도 문제입니다. Early adaptor와 follower 사이의 정보 격차는 근본적으로 해결할 수 없지만, 정부와 우리 모두의 노력이 없으면 이 격차는 지속적으로 커질 것입니다. 이는 정치 참여, 사회참여가 많이 on-line으로 이루어지게 될 현 참여정부의 비전을 실현하는 데 걸림돌이 될 것입니다.

우리 모두가 이성적으로 목표를 공유하며 나아갈 때입니다.

—「KT사장 이용경 - 블로그 이용경 이야기」, 2005. 4. 5.

글쓴이의 핵심 주장을 짧게 요약하고 주제를 파악해 보세요.

「DT시론」 인터넷 종량제 도입 신중해야

우리나라는 세계적으로 유례가 없을 정도로 단기간에 인터넷 강국이 되었다. 인터넷이 대중화된 지 꼭 10년 만에 전 국민의 76%에 해당하는 3400만 명이 인터넷을 사용하고 있다. 이제 인터넷은 우리나라 정치, 경제, 사회, 문화 등 사회 전반에 걸쳐 국민 의식 수준 및 생활양식까지도 변화시켜 나가고 있으며, 인터넷의 개방적, 네트워크적인 특성은 새로운 산업과 문화를 만들어 내고 있다.

이와 같이 우리나라에 인터넷이 단기간에 사회 전반에 확산될 수 있었던 데에는 정부의 강력한 정책 드라이브, 세계 최고의 초고속 인프라 구축, 그리고 인터넷을 마음껏 사용할 수 있는 환경, 특히 인터넷 정액제가 결정적 원인을 제공했다고 생각한다.

최근 들어 인터넷 종량제 도입에 대한 논란이 뜨겁게 일고 있다. 인터넷 종량제란 휴대폰처럼 한 달에 사용한 만큼 돈을 지불하는 것으로, 수익자 부담 원칙에 비추어 본다면 일면 정당할 수 있다고 하겠다. 종량제를 옹호하는 측에서도 상위 5%의 사용자가 전체 인터넷 트래픽의 43%를 차지하고 있어 형평성에 문제가 있고, 현 추이가 지속되면 조만간 트래픽의 증가로 인해 인터넷 속도가 크게 저하될 것이며, 중·고등학생의 인터넷 중독에 따른 부작용을 줄일 수 있을 것이라고 종량제 조기 도입을 주장하고 있다.

그러나 전 세계적으로도 인터넷 종량제는 일부 국가에서만 제한적으로 시행될 뿐 대다수 국가는 인터넷 정액제를 시행하고 있다. OECD 23개국 중 오직 오스트리아와 벨기에만 인터넷 종량제를 실시하고 있고, 호주, 캐나다 등 6개 국가는 종량제와 정액제 서비스를 병행하고 있으나 미국, 일본 등 나머지 15개국은 모두 정액제를 시행하고 있다.

그동안 우리나라 초고속 인터넷 기반을 구축하는 데 통신 사업자의 노력이 절대적이었으며 그 공로는 높이 평가받아 마땅하나, 현 시점에서 인터넷 종량제 도입에는 다음 사항들이 검토되어야 한다고 생각한다.

첫째, 인터넷 사용률이 급격하게 저하될 것이다. 인터넷 종량제는 현실적인 요금 체계로 시행된다 해도 평균적으로 우리 국민의 통신비 부담을 가중시킬 것이며, 사용량에 따라 요금이 부과되기 때문에 일반인들은 불요불급한 경우를 제외하고는 인터넷 사용을 억제하게 될 것이다. 예전에 종량제로 운영됐던 천리안, 나우누리 등 통신 서비스의 성패를 타산지석으로 삼아야 할 것이다.

둘째, 인터넷 기업의 경영 환경이 악화될 것이다. 트래픽 사용이 많은 인터넷 쇼핑몰 등 인터넷 기업들은 인터넷 종량제의 직격탄을 맞게 될 것이고, 그 피해는 일반 국민에게까지 영향을 미치게 될 것이다. 결국 인터넷 종량제는 수익자 부담 원칙이라는 좋은 취지보다는 국가 정보산업 후퇴라는 더 큰 충격을 초래할 수 있다.

셋째, 정보 격차가 확대될 것이다. 지금도 정보 격차는 시급히 해소해야 할 문제로 인식되고 있는데, 인터넷 종량제는 정보 격차를 현재보다 더 심화시킬 것으로 생각된다. 빈부 격차에 따라 인터넷 사용량이 달라지게 될 것이며, 종량제 요금이 무서워 인터넷 사용 시간이 줄어든다면 과도한 트래픽을 유발시키는 계층이 아니라 오히려 현재에도 정보화 혜택을 누리지 못하고 있는 소외 계층이 될 것이다.

우리나라는 최근에 세계 최초로 무선인터넷 서비스인 와이브로 시제품 개발을 완료하였고, 인터넷전화(VoIP)의 대중화를 앞두고 있다. 새로운 산업을 이끌고 나갈 차세대 성장 산업으로 주목받고 있는 이러한 제품들이 빨리 발전하고 자리 잡기 위하여 무엇보다 중요한 것은 국민 누구나 인터넷을 마음껏 사용할 수 있는 환경이 지속되어야 한다는 것이다. 작은 것을 얻으려다 큰 것을 잃는 실수를 범해서는 안 된다. 인터넷 종량제를 도입함에 있어서는 정보통신 산업의 진흥이라는 관점에서 신중한 검토가 선행되어야 한다.

—「디지털타임스」, 2005. 4. 20.

글쓴이의 핵심 주장을 짧게 요약하고 주제를 파악해 보세요.

나도 세상에 한마디

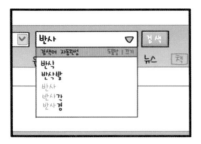

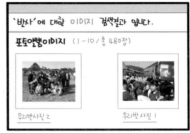

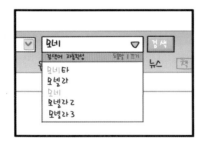

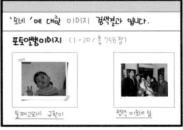

● 지식과 정보를 편리하게 검색할 수 있는 정보화 시대에 인간의 능력은 얼마나 필요할까요? 정보화가 될수록 인간의 지적 능력이 필요 없게 될까요? 두 만화를 보고 '정보화 시대에 인간의 능력이 갖는 가치'를 주제로 자신의 생각을 논술해 보세요.

중학생을 위한 교과서 속에 숨어 있는 논술 : 심화편

| 펴낸날 | 초판 1쇄 2006년 8월 23일 |
| | 초판 5쇄 2015년 3월 27일 |

지은이	로고스교양연구회
펴낸이	심만수
펴낸곳	(주)살림출판사
출판등록	1989년 11월 1일 제9-210호

주소	경기도 파주시 광인사길 30
전화	031-955-1350 팩스 031-624-1356
홈페이지	http://www.sallimbooks.com
이메일	book@sallimbooks.com

ISBN   978-89-522-0533-9   44100
       978-89-522-0531-5   (세트)